一般社団法人 ジャパン・リスク・フォーラム
**有吉 章・酒井重人** 編著

# 差し迫る脅威、日本の生き残りをかけた戦略は？

ジャパン・リスク

一般社団法人**金融財政事情研究会**

# はじめに

　2022年2月からのロシアによるウクライナ侵攻は、冷戦終結後の欧州、世界の安全保障体制の枠組みを根幹から揺るがすものである。日本の国家安全保障体制は、日米安全保障条約を基盤としているが、米国では国内分断が深刻化し、その対外政策を戦後の世界の警察としての役割を縮小する方向に修正してきている。一方、米中対立がさらに深刻化するなかで、米国の安全保障戦略の重点は、インド太平洋にシフトしているが、ロシアのウクライナ侵攻のなかで、米国は、対中国、ロシア、イラン、北朝鮮等の四面以上での対応を迫られている。こうした変化に対して、わが国として、どう対応するか。

　わが国は、国家安全保障に限らず、多くの面で構造的な転換に直面している。

　リスク管理を考えるとき、ともすればベースラインを想定し、たとえば経済成長が低かったり金利が上がったりといったベースラインからの乖離をもとに議論することが多い。しかし、ベースライン自体に根本的な変化がある場合には、こうしたアプローチでは決定的に不十分である。

　ジャパン・リスク・フォーラムでは、東日本大震災前となる2010年に「ストレスシナリオ研究会」として発足し、2015年からは、非営利・中立の一般社団法人ジャパン・リスク・フォーラムとして活動してきている。金融機関、企業、調査機関、コンサル等の意思決定や立案にかかわる役員および主要なスタッフ、中央官庁の現役、あるいはその出身者等が集まり、10年以上にわたり個人の立場で、日本および日本にかかわる経済的、政治的リスク、および自然大災害リスクを個別に、また、統合的に、専門的知見を得ながら分析、議論してきた。そのなかで一貫して重視してきたのは、日常のリスク管理では議論しにくいインパクトの大きいリスク―ストレスシナリオ―を取り上げることである。さらに、極端な仮定をただ「置く」というのではなく、シナリオの背景となる経済的・政治的・社会的な要因を、できるだけ論

理的に想定していこうというものである。

　ストレスシナリオを生む構造転換にはさまざまなものが想定されるが、わが国の備えは心許ない。冒頭で述べた国家安全保障に関しては、より現実味が増した台湾や尖閣諸島等での有事対応への具体的な備えが求められている。しかし、そうしたことについては従来ほとんど議論すらできていない。ウクライナでもみられるように、サイバー戦が国際紛争のかたちを大きく変える可能性があるが、わが国のサイバー戦対応もきわめて脆弱である。

　経済面に目を転じると、日本は1990年代以降の「失われた30年」ともいうべき低成長経済のなかで低迷している。一方、南海トラフ地震や首都直下地震は、この30年で発生する蓋然性がかなり高いとみられる。その巨額の経済損失と長期にわたりインフラが失われるリスクとその影響は、従来の自然災害と質的にまったく違うものである。

　さらに、わが国の人口減少・少子高齢化は急速に進行し、コロナ禍も加わって国家財政赤字、国債発行額はさらに増加している。政府債務の記録的な増大は財政危機を引き起こす可能性にとどまらず、経済政策のあり方や、財政面の制約から社会構造にも大きな影響を与える可能性がある。

　安全保障は、経済安全保障と一体化され議論されなければならない。資源の多くを海外に依存するわが国経済のサプライチェーン問題には、国レベルでの戦略的なアプローチが求められる。今回のロシアのウクライナ侵攻に伴う制裁措置で、石化資源調達の地政学的リスクが顕著に浮き上がった。また、日本での再生可能エネルギーのコストは国際的に非常に高い。カーボンニュートラルへの道筋は、イノベーションと適切なファイナンスがなくしてはつけえないであろう。カーボンファイナンスを強化し、DXを進め、先端科学技術開発や研究、高等教育を活性化するには、民間の努力とともに国ベースのリーダーシップの発揮が求められる。

　日本にかかわるリスクを全体的に評価すると、安全保障リスクに加え、自然大災害リスクを含め、経済価値ベースで非常に大きくなりうるということがいえる。喫緊の最重要問題に対して、具体的な対策はどのように議論され、解決策が見出されてきているであろうか。それぞれの問題についての政

策対応は遅れがちとなり、解決策が先延ばしされたなかで、問題の解決がより困難になってきてはいないであろうか。

　日本の重要な問題とそれらへの具体的対策を、個々に深く理解し、また同時に全体として統合的にとらえることが求められる。これらの問題は、お互いに絡み合って、さらに問題の深刻さが増していく可能性が高い。特定分野の専門家は、その専門分野については専門家であろうが、そのために逆にサイロ的な思考にも陥りやすいかもしれない。そのため、私たちは、自らの専門分野にとらわれることなく、各問題の領域の専門的知見を自ら身につけながら、企業経営や国全体の観点で統合的に考えることが肝要だ。

　多くの個人や、企業経営や政策立案の関係者が、国全体の対応を、再構築して、具体的で実効性のある考え方や戦略にまとめていく努力がいま求められている。また、国レベルでの必要な対応を考えることは、対応がどの程度進んでいるかの判断も含め、個々の企業、組織、個人のリスクへの備えを考えるうえで有益であろう。

　本書は、ジャパン・リスク・フォーラム（JRF）で10周年記念ディスカッションとして2021年に実際に行われた議論をベースに、最新の議論内容をコンパクトにまとめ、読者にお届けしようとするものである。

　JRFでは誰が何をいったかは外部には伝えないという、いわゆる"Chatham House Rule"のもとに組織を超えた立場で、議論を繰り返してきた。議論の場の回数は、過去11年間で130回を超えている。本書ではなるべく多くの章に対談、Q&Aなどを入れている。JRFでは、会社や組織に関係なく、専門家や経営層の参加者が、個人ベースで真剣な議論を交わしている。それにより、より深い理解や多くの気づきがもたらされ、先をみた具体的な対応策の検討につながり、大変有用だと感じている。本書ではそうしたJRFでの雰囲気もできるだけ伝えてみたいと考え、対談、パネルディスカッション、Q&Aを多くの章で取り込む試みを行った。

　本書は啓蒙書の体裁をとってはいるが、企業そして国家レベルでのERM（エンタープライズリスクマネジメント）対応に具体的に資するものとなることを目指した。金融機関や企業の経営にあたる方々、政策立案の立場の

方々、研究者、学生の皆さんを含め、すべての関心のある方々にとって、重要な議論のきっかけになることを期待したい。

注：本書は10周年記念ディスカッションをベースに編纂したため、それ以前にJRFとして議論した中国に係る問題、パンデミックリスクと新型コロナウイルスへの政策対応や金融政策については具体的な章を設けて論じてはいないが、財政リスクや日本のリスク全体の議論のなかで随時触れさせていただいた。また文中の意見等に関する部分はすべてそれぞれの筆者の個人的な見解であり、その属する組織等の見解ではないことを付記させていただきたい。

　最後に、本書を実現することができたのは、一般社団法人金融財政事情研究会出版部長の花岡博氏、本書で取り上げた論点の議論に加わっていただいているジャパン・リスク・フォーラム会員の皆様、内田弘毅氏、この出版企画に当初より加わっていただいた皆様、そして、ジャパン・リスク・フォーラム事務局として支えていただいている株式会社共立の平賀隆二氏や職員の皆様からの、多大なるご支援のおかげであり、この場を借りて心からの感謝を申し上げたい。


　2022年6月

有　吉　　章・酒井　　重人

# 編著者略歴

## 有 吉 　章（ありよし　あきら）

一般社団法人ジャパン・リスク・フォーラム代表理事・会長。国際大学特任教授。東京大学工学部卒、オックスフォード大学Ph.D.（経済学）。1976年大蔵省入省。銀行局、証券局、国際金融局、金融庁等で金融行政、国際金融政策に携わる。副財務官、大臣官房審議官などを歴任。また国際通貨基金（IMF）においても、1998年から2000年に金融為替局（現通貨金融システム局）の局長補などを務め、欧州復興開発銀行（EBRD）調査局等にも在籍。2005年から2010年までIMFアジア太平洋地域事務所長。2010年から2017年まで一橋大学教授。ほかにMUFGリスク委員会委員（2013−2019年）、ASEAN+3 Macroeconomic Research Office（AMRO）Advisory Panel委員（2015−2017年）、同議長などを務める。2017年9月より国際大学特任教授。専門は国際金融、金融規制。

## 酒井　重人（さかい　あつひと）

一般社団法人ジャパン・リスク・フォーラム理事・幹事代表。グッゲンハイムパートナーズ株式会社取締役副会長、シニアマネージングディレクター。1977年東京大学経済学部卒業後、株式会社東京銀行入行、資本市場、財務アドバイザリー業務等に従事。1990年クレディ・スイス入社、投資顧問常務取締役等。1998年スイス再保険会社入社、スイス・リー・キャピタルマーケッツ証券会社取締役東京支店長、グループ投資銀行部門業務執行委員会メンバー等。2009年ソシエテジェネラル証券会社東京支店副社長。2014年グッゲンハイムパートナーズ在日代表、同年グッゲンハイムパートナーズ株式会社代表取締役社長。2020年より現職。経済同友会会員、日本保険・年金リスク学会名誉会員、日本価値創造ERM学会評議員、日本アクチュアリー会ERM委員会アドバイザー、文部科学省指定国立大学法人部会委員。特定研究大学制度検討のための有識者会議委員、経済産業省リスクファイナンス研究会委員、等歴任。米山＝酒井『保険ERM戦略：リスク分散への挑戦』（共著、保険毎日新聞社、2015年）、『企業のリスクマネジメント』（慶應義塾大学出版会、2005年）等。シカゴ大学MBA、CMA、CFP®。

## 伊東　寛（いとう　ひろし）

国立研究開発法人情報通信研究機構主席研究員。1980年慶應義塾大学大学院工学研究科了後、陸上自衛隊入隊。以後、技術、情報およびシステム関係の部隊指揮官・幕僚等を歴任。最後の補職は陸自初のサイバー戦部隊であるシステム防護隊の初代隊長。2007年に退官し、以後、株式会社シマンテック総合研究所主席研究員、株式会社ラック常務理事、ナショナルセキュリティ研究所所長など民間のセキュリティ企業で勤務した後、2016年5月より経済産業省大臣官房サイバーセキュリティ・情報化審議官。2018年5月に退官後7月よりファイア・アイ株式会社最高技術責任者。2020年6月に退社し10月より現職。著書に『「第5の戦場」サイバー戦の脅威』（祥伝社新書、2012年）、『サイバー・インテリジェンス』（祥伝社新書、2015年）、『サイバー戦争論：ナショナルセキュリティの現在』（原書房、2016年）などがある。工学博士。

## 引頭　麻実（いんどう　まみ）

1985年一橋大学法学部卒、同年大和證券に女性総合職第1期入社。大和證券経済研究所（現大和総研）配属。電機業界などのアナリスト、ストラテジストなどを経験後、IPO、M&Aなど投資銀行業務、コンサルティング業務などを経験。2009年大和総研執行役員、2013年同常務執行役員、2016年同専務理事。2016年12月大和総研を退職し、証券取引等監視委員会委員就任。2019年12月退任。2020年6月より各社社外役員に就任。現在、東京ガス株式会社社外取締役、味の素株式会社社外取締役（監査委員）、AIGジャパンホールディングス株式会社社外取締役、フジテック株式会社社外取締役、デロイト・トーマツ合同会社独立非執行役員、有限責任監査法人トーマツ独立非執行役員。公認会計士・監査審査会、企業会計審議会、法制審議会、原子力損害賠償支援機構運営委員会などの委員および官民競争入札等監理委員会委員長を歴任。

## 上山　隆大（うえやま　たかひろ）

総合科学技術・イノベーション会議常勤議員、政策研究大学院大学客員教授。大阪大学経済学部経済学科博士課程修了。スタンフォード大学歴史学部大学院修了（Ph.D.）。上智大学経済学部教授・学部長、慶應義塾大学総合政策学部教授、政策研究大学院大学副学長を経て、2016年4月から現職。スタンフォード大学歴史学部・客員教授、東北大学工学部大学院工学研究科客員教授などを歴任。主な著書に『アカデミックキャピタリズムを超えて：アメリカの大学と科学研究の現在』（NTT出版、読売・吉野作造賞）などがある。専門は、科学技術政策、科学

技術史、公共政策、イノベーション政策、高等教育論。

## 大久保　琢史（おおくぼ　たくじ）

一般社団法人ジャパン・リスク・フォーラム理事。株式会社ZEN PLACE CFO。Japan Macro Advisors株式会社代表取締役。1997年東京大学経済学部卒、2004年INSEAD経営学修士（MBA）、2006年UPF（バルセロナ、スペイン）経済経営大学院博士課程単位取得退学（金融経済学専攻）。ゴールドマン・サックス証券、メリルリンチ日本証券にてシニアエコノミストとして勤務後、ソシエテジェネラル証券会社で、先進アジア地域（日本、韓国）担当チーフエコノミスト。2013年には、Japan Macro Advisors株式会社を創立し、代表取締役、チーフエコノミストに就任。2020年3月より、2021年6月までザ・エコノミスト・コーポレートネットワーク、北東アジア統括ディレクター。2021－2022年日本電気株式会社の全社 Thought leadership 統括（Global Head of Thought Leadership）。在日英国商業会議所理事。Harbor Space University（スペイン）で、客員教授として、毎年3週間の金融集中講義を担当。東京大学では井上育英会奨学生となり、現在その母体である公益財団法人・井上奨学金で財務委員を務める。週刊金融財政事情、FT等に寄稿多数。

## 大槻　奈那（おおつき　なな）

名古屋商科大学大学院教授、ピクテ・ジャパン・シニアフェロー。東京大学文学部卒、ロンドン・ビジネス・スクールでMBA、一橋大学ICSで博士号（経営学）取得。スタンダード＆プアーズ、UBS、メリルリンチ、マネックス証券等の金融機関でリサーチ業務に従事、2022年9月より現職。財政制度等審議会委員、規制改革推進会議議長代理、中小企業庁中小企業政策審議会・金融小委員会委員、文部科学省大学設置分科会特別委員、ロンドン証券取引所アドバイザリーグループのメンバー等。

## 奥村　隆一（おくむら　りゅういち）

株式会社三菱総合研究所キャリア・イノベーション本部主席研究員。早稲田大学大学院修了。東京工業大学情報理工学院博士課程修了。博士（工学）。一級建築士。1994年4月、三菱総合研究所入社。少子高齢化問題、雇用・労働問題、社会保障政策にかかわる研究を行う。2021年より現職。著書に『仕事が速い人は図で考える』（KADOKAWA、2016年）、『図解人口減少経済早わかり』（中経出版、2010年）、『今の「日本」が続かない理由：JAPAN ver.3.0』（電子出版、三菱総研、2017年）などがある。その他講演、寄稿、出版等多数。事業構想大学院大学客員准教授、サイバー大学客員准教授等を務める。

## 勝　悦子（かつ　えつこ）

明治大学政治経済学部教授。株式会社商船三井取締役（非常勤）、株式会社電通グループ取締役監査等委員、独立行政法人国際交流基金運用委員会委員長、IAU（国際大学協会）理事など。慶應義塾大学経済学部卒業後、東京銀行（現三菱UFJ銀行）ニューヨーク支店調査部を経て、株式会社日本総合研究所シニアエコノミスト。茨城大学助教授を経て、1998年明治大学政治経済学部助教授。2008年から2016年まで明治大学副学長（国際交流担当）。主に国際通貨制度、国際金融経済の研究に従事。財務省関税・外国為替等審議会、厚生労働省労働政策審議会、最低賃金審議会、文部科学省中央教育審議会等委員等を歴任。現在文部科学省科学技術学術審議会、国立大学法人評価委員会委員、学術振興会世界展開力強化事業プログラム委員会委員など。著書に、『新しい国際金融論』（単著、有斐閣、2011年）、*Unconventional Monetary Policy and Financial Stability*（共著、Routledge、2020年）など。

## 駒形　康吉（こまがた　こうきち）

一般社団法人ジャパン・リスク・フォーラム理事。Dimensional Japan Ltd.シニア・アドバイザー。公益財団法人国際通貨研究所監事。東京大学工学部卒。1975年東京銀行（現三菱UFJ銀行）入行。2000年東京三菱インターナショナル社長を経て、2002年東京三菱銀行執行役員、三菱セキュリティーズインターナショナル社長。2004年三菱証券（現三菱UFJモルガン・スタンレー証券）常務執行役員に就任。2008年常務取締役業務本部長、法人本部長。2009年6月国際投信投資顧問（現三菱UFJ国際投信）取締役副社長、2010年6月より代表取締役社長、同会長等歴任。2015年10月よりDimensional Japan Ltd.シニア・アドバイザー。1984年からオプション・スワップ等、為替、金利のデリバティブ市場の形成、育成に携わる。国際スワップデリバティブ協会委員、証券アナリストジャーナル編集委員、不動産証券化協会委員、投資信託協会理事等歴任。

## 指田　朝久（さしだ　ともひさ）

東京海上ディーアール株式会社経営企画部主幹研究員　兼　立教大学21世紀社会デザイン研究科客員教授。1979年に東京大学工学部を卒業し東京海上火災保険株式会社に入社、1996年現会社設立とともに出向。危機管理、事業継続計画、情報セキュリティなどのコンサルティングに従事。法政大学ビジネススクール兼任講師、慶應義塾大学ビジネススクール非常勤講師ほか兼務。京都大学博士（情報学）、気象予報士、情報処理技術者システム監査の資格をもつ。著書に『図解入門ビジネス　最新リスクマネジメントがよ〜くわかる本』（秀和システム、2012年）ほか多数。国土強靱化貢献団体認証委員会委員、政府業務継続に関する評価

等有識者会議委員、経済産業省防災・危機管理の在り方に関する有識者会議委員など歴任。

## ジョセフ・クラフト

ロールシャッハ・アドバイザリー株式会社代表取締役。1985年6月カリフォルニア大学バークレイ校卒業、同年7月モルガン・スタンレーNYK入社、1986年7月同社東京支社。為替と債券トレーディングの共同ヘッドなどの管理職を歴任。2000年以降はマネージングディレクターを務める。コーポレート・デリバティブ・セールスのヘッド、債券営業そしてアジア・太平洋地域における為替営業の責任者なども歴任。2007年4月ドレスナー・クラインオート証券入社。東京支店キャピタル・マーケッツ本部長、2010年3月バンク・オブ・アメリカ入社、東京支店副支店長兼為替本部長、2015年7月現職。SBI FXトレード株式会社取締役およびソニー株式会社取締役。

## 陳野　浩司（じんの　ひろし）

国際金融公社チーフ・インベストメント・オフィサー。1982年慶應義塾大学卒業、同年興亜石油株式会社入社、1990年ゴールドマン・サックス証券会社、投資銀行本部、1994年モルガン・スタンレー証券、2001年J.P.モルガン、マネージング・ディレクター、2005年あおぞら銀行専務取締役、2008年グローバルMAパートナーズ代表取締役兼CEO、2010年ドイツ証券株式会社マネージング・ディレクター兼投資銀行本部長、2012年ナティクシス日本証券株式会社マネージング・ディレクター兼金融・事業法人本部長、2015年6月より現職。経済産業省「事業再生のあるべき姿懇談会」第一グループ座長、事業再生実務家協会常務理事、経済同友会幹事。対内直接投資推進委員会副委員長、企業経営委員会副委員長、アフリカ委員会副委員長等歴任。イエール大学経営大学院経営学修士。

## 鈴木　英夫（すずき　ひでお）

日本製鉄株式会社常任顧問。1981年京都大学法学部卒業、同年通商産業省入省、大臣官房、通商政策局、貿易局、産業政策局、機械情報産業局、中小企業庁、英国貿易産業省（自動車、エレクトロニクス産業担当）、茨城県商工労働部長、経済産業省大臣官房審議官（産業資金担当）、通商機構部長、防衛省取得改革担当審議官、経済産業省産業技術環境局長、通商政策局長兼内閣審議官を歴任。2015年7月退官、2016年4月より日本製鉄株式会社（当時、新日鉄住金株式会社）常務執行役員、2022年6月から現職。イエール大学大学院修士（開発経済学）、ワシントン大学法科大学院法学修士。埼玉大学大学院経済学科客員教授。

## 瀧　俊　雄（たき　としお）

株式会社マネーフォワード執行役員Chief of Public Affairs。2004年、慶應義塾大学経済学部を卒業後、野村證券株式会社に入社。株式会社野村資本市場研究所にて、家計行動、年金制度、金融機関ビジネスモデル等の研究業務に従事。スタンフォード大学MBA、野村ホールディングス株式会社の企画部門を経て、2012年より株式会社マネーフォワードの設立に参画、同社取締役、2021年より現職。経済産業省「産業・金融・IT融合に関する研究会」に参加。金融庁「フィンテック・ベンチャーに関する有識者会議」メンバー。

## 田近　栄治（たぢか　えいじ）

一橋大学名誉教授。1973年一橋大学経済学部卒業、1981年ミネソタ大学大学院経済学部博士課程修了、経済学博士号取得。1973年アジア経済研究所入所、1985年同所退社、同年一橋大学経済学部助教授。1990年一橋大学経済学部教授、2003年一橋大学大学院経済学研究科長・経済学部長、2005年一橋大学国際・公共政策大学院長、2006年一橋大学大学院経済学研究科、国際・公共政策大学院教授、2008年一橋大学理事・副学長。2016年成城大学経済学部特任教授、2020年一橋大学名誉教授。

## 中　曽　宏（なかそ　ひろし）

株式会社大和総研理事長。東京国際金融機構（FinCity.Tokyo）会長。1978年東京大学経済学部卒業、同年日本銀行入行。1997年信用機構課長、2003年金融市場局長、2008年に日本銀行理事。2013年日本銀行副総裁に就任。バブル崩壊後の日本の金融システム不安に対処したほか、2007－2009年の国際金融危機時には各国中央銀行と協調して収拾にあたった。国際決済銀行（BIS）市場委員会、指標金利に関するBIS・経済諮問委員会ワーキンググループおよびG20コモディティ・スタディグループ等の議長を歴任。2018年大和総研理事長就任（現職）。2019年東京国際金融機構（FinCity.Tokyo）会長就任。2021年APECビジネス諮問委員会（ABAC）日本委員就任。同年国立研究開発法人科学技術振興機構（JST）内大学ファンド運用・監視委員会委員（同年11月委員長）就任。

## 原　誠　一（はら　せいいち）

ジャパン・リスク・フォーラム理事（監事）。インテグリティ総合研究所合同会社代表社員。東京大学法学部卒。米国カーネギーメロン大学経営大学院修了（MSc取得）。日本債券信用銀行入行。営業第一部、ニューヨーク支店、事業開発部を経て、1991年より金融リスク管理コンサルティング業務に従事。1998年10月

よりあらた監査法人（PricewaterhouseCoopers Arata）パートナー。2017年より現職。官公庁、大手金融機関、政府系金融機関、外資系金融機関向けにリスク管理態勢全般のコンサルティングを実施。著書に、『オペレーショナルリスク管理入門』（日本経済新聞社、2004年）、『リスクマネジメントキーワード170』（共著、金融財政事情研究会、2009年）等。

# 目　次

## 第1章

### 日本の大規模地震災害リスクと国家レベルのBCP対応

指田　朝久

## 第2章

### 国債危機は起きるのか

有吉　章

## 第3章

# わが国の人口減少・少子高齢化と政策対応：長期的視点

田近　栄治／大槻　奈那／奥村　隆一

第 **6** 章

## 気候変動リスクとカーボンニュートラルへの対応
### —高コストリスク—

鈴木　英夫

## 第7章

# カーボンニュートラルとサステナブル・ファイナンス
### —企業、金融機関、国際機関の取組み—

引頭 麻実／陳野 浩司

## 第8章

# 国際金融センターとしての日本の役割
### —脱炭素化を支える日本の国際金融センター—

中曽 宏／（対談）駒形 康吉

---

## 第9章

# デジタルファイナンスが日本にどのような影響を与えるか

瀧　俊雄／（対談）大久保琢史

第12章

# 再考　日本のリスクへの戦略的な対応とは

原　誠一／酒井　重人

# 解　　題

酒井　重人

第1章は、日本の大規模地震災害リスクについてである。わが国にとって、巨大地震がここ30年で発生する確率が高く、またその経済損失とインフラ破壊の規模は甚大であり、復興にはきわめて長期の期間と資源を必要とするという意味で、最も重要なリスクと考えられる。指田朝久氏より、日本の大規模地震災害リスクと国レベルのBCP対応について、専門的な解説がされる。

　今後30年以内に発生する可能性が高い2つの国難級地震災害として、「南海トラフ地震」および「首都直下地震」の2つの地震について被害想定が政府より公表されている。2013年の推定では、「南海トラフ地震」の被害想定は、死者約30万人、全壊・全焼建物約240万棟、経済損害が約220兆円となる。「首都直下地震」では、死者約2万人、全壊および全焼建物約60万棟、経済損失約95兆円との想定だ。また、土木学会は2018年に長期にわたる全体の被害額として、20年間の経済損失額を推定、「南海トラフ地震」では1,240兆円、「首都直下地震」では778兆円と試算した。20年でも回復できない可能性もある巨大損失規模だ。

　日本が抱える巨大地震災害リスクに対する、より真剣な議論と対策が求められているが、現実はどうなのか。国家レベルのBCPである「政府業務継続計画」はまだ部分的なレベルにとどまっている。市町村の災害対応力が脆弱である。大規模地震リスクのシナリオは国家安全保障の観点でも分析、具体的な対応策が議論される必要がある。日本で最も大きなリスクといえるにもかかわらず、国レベルでの総合的な対策と議論が十分とはいえない。

＊＊＊

　第2章では有吉章氏より、「国債危機は起きるのか」のテーマで、わが国の巨大な財政赤字のリスクシナリオが分析される。

　政府の総債務残高は最近のコロナ対策もあり、さらに増加し普通国債残高でみると2012年度末の705兆円から2021年度末には約1,000兆円に達した。債務残高に関していえば、総債務、純債務のいずれでみても日本は突出して大きい。半面、日本銀行による大量の国債購入もあって、危機が起こらないばかりか、長期金利はマイナスあるいはゼロ近辺にとどまってきている。世界

的にもコロナ禍などで主要国の政府債務は急増しているが、問題は起きていない。MMT（Modern Monetary Theory）を標榜するグループが自国通貨で借金ができる国では財政赤字や政府債務の増大はまったく問題がないと主張し、批判者も多いものの日本では一定の支持を集めている。

有吉氏は、「日銀が無条件に買入れを続けるということは、民間保有の国債が通貨に置き換わることである」という重要な点を指摘する。円の保有に懸念が生ずれば、円を外貨や外国資産に変えようとする動きが生じ、その結果円安が進行、輸入物価が上昇し国内物価にも波及する。資金の海外流出が増加し、円安は加速する。「日銀の買支えで国債危機が避けられても、通貨危機は起きうる」。

では、通貨危機への対応は可能か。日銀が金利を引き上げると、国債にも金利上昇圧力がかかり、これを防ぐため日銀が買い支えるとさらに通貨供給が増え、円安圧力を高めてしまう。必要なのは通貨供給を抑えることだが、そのためには日銀が保有する国債を売却して通貨を回収する必要がある。しかし、日銀の支えを失った国債利回りは急騰するおそれがある。国債金利の上昇を放置すると金融機関のバランスシートが悪化、政府が銀行システムを支援すると財政赤字がさらに拡大、銀行危機と財政危機の悪循環という、ユーロ危機時のような最悪の結果もありうる。

日本経済をみると、ここ30年来実質実効為替レートは低下を続け、交易条件は悪化し、物価は上がらずとも実質賃金は停滞し、輸出の世界シェアも低下している。1人当りGDP（購買力平価ベース）の増加も世界に後れをとっている。急激な危機に陥っていないが、緩慢な凋落という危機にあるともいえる。さらに、米欧では金融政策の正常化に転じており、金利の引上げのなかで、日銀は低金利を維持、円安は進行している。

財政および金融政策に関するこの深刻な問題に対する処方箋は何か。有吉氏は短期的、長期的な観点で重要な示唆を与える。

＊ ＊ ＊

第3章では、大槻奈那、奥村隆一、田近栄治の三氏が、「わが国の人口減少・少子高齢化と政策対応：長期的視点」を議論する。

まず田近氏は、前章の議論に続き、コロナ禍でさらに拡大した巨額の財政収支赤字の現実の姿を論じる。2020年度の基礎的財政収支赤字は90兆円、2021年度も41兆円に達している。国の歳入合計から地方交付税交付金等を除いた「国の自前財源」をみると、国はその多くを社会保障に投入し、残りはほとんどない状態だ。コロナ対策の加わった2020年度では、国は自前財源のほぼ3倍、その後2021年度でも1.7倍の支出を行った。最も重要な指針としては、有事となってからではなく、平時において、自前の財源で国の支出をまかなうこと、すなわち国の基礎的財政収支の均衡を達成し、維持する方向への取組みを具体的に行うことが重要である。それを行わなければ、いつ来るかもしれない、新たな危機に備えることが困難になることが示唆される。

　大槻氏は、この章での演題である「人口減少、少子高齢化と政策対応」にかかわる論点を展望しながら、「国民の財政への不安」によって消費が抑制され、その結果、企業も投資を抑制するという悪循環が生まれることを指摘する。政策の方向性としては、まず①個人のリスクテイクを促すことが重要であり、地元マネーの地産地消などを促進すること、②人の変革、リスキリング（re-skilling）支援に対する考え方や手法を変革すること、そして③支援の考え方や手法の変革、そしてデジタルの先端技術やグリーン・イノベーションを理解し尊重する企業風土の醸成の必要性を説く。長寿安定社会を前提としてイノベーションを育成するためには、伝統的大企業を中心としたイノベーションの"スピルオーバー"が必要であり、それを促すための官民の工夫が求められるとし、具体的な政策への示唆が与えられる。

　奥村氏は、今後20年以内に少なくとも500万人、前提条件によっては1,000万人以上の労働力人口が日本から消失する可能性を指摘、一方、いわゆる「メンバーシップ型雇用」のもとでは、「キャリア自律」が必ずしも培われず、人的資本の向上を大きく阻んでいると指摘する。

　20、30年後のリスクシナリオとして、「非正規社員が主流の時代」が到来する可能性があること、職業別の人材需給バランスは大きく崩れ、リスキリングが適切になされなければ、人材の不足と過剰が併存し続けることをあげる。日本が「ベーシックインカム社会」を目指すか、それとも全員参加型の

「ワークシェアリング社会」か、両極端の方向性も論じられる。そのなかで、「両利きの経営」の重要性が指摘される。目指すべき社会の姿や方向性について国民的な議論を深めるべきで、「われわれ日本人はどんな価値観を大切にしたいのか？」といった、根源的な問いかけを行うことの重要性を説く。

＊ ＊ ＊

　第4章では、ジョセフ・クラフト氏より、「ロシアのウクライナ侵攻と日本の安全保障」について、重要な論点が提起される。現在の米国国内の政治の分断状況を分析するとともに、冷戦後の米国の対ロシア安全保障政策を振り返り、米国歴代政権の結果的にちぐはぐな対応が、ロシアのウクライナへの軍事侵攻を招いている可能性を指摘する。

　冷戦後の1994年の「ブダペスト覚書」では、米露英の核保有3カ国が、ベラルーシ、カザフスタンそしてウクライナの核兵器の放棄を条件に安全保障を約束した。このとき、米国は法的義務を伴う「保証（guarantee）」には同意せず、より拘束力が弱い「約束（assurance）」で合意し、米国はウクライナの安全保障に「必要な措置」を講じるとした。その「必要な措置」とは軍事介入、経済制裁あるいは後方支援とも解釈ができたが、不透明であった。2008年にはブッシュ政権は、政権内から強い懸念が報告されていたにもかかわらず、ウクライナとジョージアのNATO加盟を支持、その直後にロシアはジョージアへの軍事侵攻を開始した。

　その後も欧州はNord Stream開発を通じて、ロシアへのエネルギー依存を加速。オバマ大統領は、2009年就任後、「米露リセット」と呼ばれる融和政策を打ち出す。しかし2014年2月、ロシア軍はクリミアに侵攻、3月クリミアを併合する。4月にはロシアが支援する親ロシア派軍がウクライナ東部の一部を制圧、合意は完全に破られた。

　今回のウクライナへの侵攻では、米国は軍事介入を避け、経済措置と軍事支援という措置をとった。筆者は、このウクライナ侵攻の責任はプーチン氏にあるとするが、クリントン政権からバイデン政権まで、20年以上にわたる対ロシア政策での欧米諸国共々の失策や読み違いが重なった結果でもあると

指摘する。クラフト氏は、今後世界秩序にとって懸念されることとして、ウクライナ以外の各国が、自国防衛力の強化を加速させること、とりわけ中小諸国で抑止力強化のため核兵器保有を模索するシナリオが現実化しうる点を指摘する。

　クラフト氏はさらに、日米安保条約があるからと日本の安全保障を過信するのではなく、抑止力・防衛力強化のための具体的議論を深める必要があり、台湾有事や尖閣有事シナリオなどの具体的な分析と対応が重要であることを示唆する。ウクライナ侵攻の後、最大の安全保障懸念事項はアジアであり、21世紀に見合った日本の自国防衛体制、安全保障姿勢の構築は待ったなしとする。

＊＊＊

　第5章では、元陸上自衛隊システム防護隊初代隊長の伊東寛氏が、「新しい戦争―安全保障上のサイバーリスク―」について専門的な解説を行う。

　サイバー戦は、距離、物理的位置を問わず、短時間で、攻撃者が不明で攻撃自体が判明しないこともあり、本質的に「非対称」である。そのため攻撃側はたえず有利であり、抑止はかかりにくい。サイバー戦では「守っているだけでは必ず負ける」。また、戦略的なサイバー攻撃では、敵国の産業基盤である、電力、通信インフラ、交通・物流、航空管制、金融・証券取引等のシステムへの攻撃もなされる。また、世論工作・情報操作にもサイバーが利用される。さらにサイバー封鎖は、情報的に相手国を世界のインターネットから切り離す手法だ。

　中国、ロシア、北朝鮮のサイバー戦力についての氏の分析と評価は重要だ。たとえば中国では、1999年に発刊された『超限戦』で、ハッカー戦を含め、これまで戦争行為として一般にタブーとされてきたあらゆる手段と方策を利用することが論じられている。「網電一体戦」が中国のサイバードクトリンであり、「リアルな戦闘に先立ち、サイバー戦と電子戦により、米軍の指揮統制システムを撹乱し、米軍が混乱から立ち直る前に数で圧倒する」というものだ。産軍学が協働する一方、人民解放軍のサイバー戦部隊は数千人規模以上（1万人以上、40万人説もある）の人員を擁し、サイバー兵器の開

発、ドローンはじめ最新兵器による軍の近代化が進んでいる。

　日本では、仮に外国から大規模なサイバー攻撃があっても直ちに対処することはできない。日本が自衛権（武力の行使）を発動するには、「武力行使の3要件」を満たすサイバー攻撃があった場合に、憲法上、自衛の措置として武力の行使が許される。しかし、具体的にはどのようなサイバー攻撃がこの要件を満たすものといえるか、上記の要件は、現状かなり厳しいと指摘する。自衛隊のサイバー部隊の隊員の陣容数は、実力ベースで500人程度で、これを将来1,000人体制とするとはしているものの、それでも米国の3万人以上、中国の数千人から数万人以上規模、韓国の2,000人程度などと比べ、あまりにも少ない。

　わが国は、サイバー防衛能力に関する国家戦略を定め、法制、人、物、予算の大幅な強化を図る必要がある。サイバー防衛策を検討、早急に構築していかねばならないとし、具体的な方策についての示唆が与えられる。

＊＊＊

　第6章から第8章では、わが国の気候変動リスクとエネルギー政策、カーボンニュートラルへの対応について、国、企業、金融機関、そして金融センター構想の観点で議論が展開される。

　まず第6章では、鈴木英夫氏が、わが国の気候変動問題への対応について、エネルギー政策と産業政策の観点から議論を展開する。2021年のCOP26では、パリ協定を実質的に強化し、「世界の気温上昇を1.5℃に抑える努力を行う」ことが合意された。

　EUは、2030年の55％削減を実現するため、2019年に欧州グリーン・ディール、EUタクソノミーなどによる包括的な施策を打ち出し、また米国では、バイデン政権がパリ協定に復帰、2050年までにGHG排出を実質ゼロにし、2030年までに2005年比50〜52％の削減を目標に掲げている。

　日本では、菅総理が2020年10月に「2050年脱炭素社会の実現を目指す」と宣言、2021年4月には、2030年にGHGを2013年度比で46％削減することを目指し、さらに50％に向けて挑戦を続けることを発表した。

　鈴木氏は、カーボンニュートラルに向けた日本のエネルギー政策のリスク

として、①再生エネルギーでの安定供給リスクと、②再生エネルギー比率が上昇すればコストもさらに高くなるリスクを指摘する。そのなかで、水素還元製鉄やDACCS（空気中の$CO_2$固定化技術）などの炭素除去技術やカーボンリサイクル技術は必要不可欠な技術とする。しかしこれらを含めたさまざまな技術イノベーションを実装できない限りカーボンニュートラル社会達成はきわめて困難であること、他方、イノベーションの不確実性をふまえれば、再エネ、原子力などの確立した脱炭素技術を確実に利用していくことが重要であることを指摘する。

グリーン・イノベーション基金は、10年間で2兆円と規模が小さいため、EUや米国並みの規模にする必要があること、財政支援の財源はグリーン国債で調達することを検討すべきだとする。また、カーボンプライシングの導入については、確実な経済成長効果と$CO_2$削減の両立が可能であることを示しうるのか現実をふまえた議論が十分にされるべきとする。

＊＊＊

第7章では、カーボンニュートラルとサステナブル・ファイナンスへの対応について、引頭麻実氏と陳野浩司氏が、それぞれ、企業および国際機関の立場から課題を述べる。

引頭氏は、サステナビリティという考え方が企業や資本市場のルールを変えつつあると指摘している。日本では、東証でプライム市場がスタートしたが、企業は、コーポレートガバナンス・コードに加え、気候変動やSDGsの視点からの開示拡充がさらに求められている。海外では、EUタクソノミーや、国境炭素税の提案等、多くのサステナビリティに関する要求を突き付けられているとする。

そのうえで引頭氏は、TCFD（気候関連財務情報開示タスクフォース）、SBT（Science Based Targets）、RE100（再生可能エネルギー100％）への取組みにおいて、日本は企業の参加数で世界の先頭を走っており、エネルギーやインフラ系企業各社は、エネルギー・トランスフォーメーションを実現すべく、再生可能エネルギー、非化石燃料の既存エネルギー（原子力等）、カーボンリサイクルとして、CCUS（$CO_2$製品原料化、地中固定化技術）、あるいは光合

成、触媒、メタネーション、水素やアンモニアなどの新エネルギー源の開発等を進めていると報告している。

　陳野氏からは、国際機関としての気候変動問題への取組みとして、世界銀行グループの国際金融公社（IFC）の例が紹介されている。世界銀行グループの試算では、約1,000兆円の投資機会が創出され、40億トンの$CO_2$を削減することにより2億人以上の新しい雇用を創造できる可能性がある。世界銀行グループでは「The Climate Change Action Plan」を策定、2022年7月から85％の新たな投融資はパリ協定に沿ったものにすること、そして2025年7月からは100％をパリ協定に添った事業やプロジェクトのみに投融資をしていく方針であることを述べる。

　パネルディスカッションでは、金融機関の観点から、スコープ3の温暖化ガスの開示と計測の問題、トランジション・ファイナンス、グリーンウォッシュへの対応、国際競争力の確保といった課題が議論される。国際的なサプライチェーン・リスクを考慮し生産拠点の集中リスクを分散させる必要がある。トランジション・ファイナンスの日本の国内市場を検討していく際には、世界市場のなかでルールづくりを適切に議論する必要がある。また、マーケットで成立している気候変動にかかわるさまざまなプライシングは、制度設計面からも、注意深い評価・分析が必要である。他方、投資判断にとって十分な水準のディスクロージャー、情報開示がやはり前提にある。

＊　＊　＊

　第8章では、東京国際金融機構（FinCity.Tokyo）会長の中曽宏氏より、「脱炭素化を支える日本の国際金融センター」構想のための戦略と課題が示される。

　中曽氏はまず、日本経済の長期課題として、日本の「潜在成長率」が趨勢的に低下している原因は、バブル期に積み上がった過剰債務、過剰設備、過剰雇用の調整に企業や金融機関が追われるなかで、設備投資が停滞し技術革新の勢いも失われたことにあると指摘する。

　そのうえで、2020年10月に日本政府が宣言した「2050年カーボンニュートラルの達成」という目標は、巨額の設備投資と技術革新が車の両輪となり、

日本の成長戦略にとってゲームチェンジャーとなるとする。

　同時に、2020年の骨太の方針で掲げられた日本の国際金融センター構想は、2021年には金融で脱炭素化を支援することに的を絞り、「グリーン国際金融センター構想」へと改めた。東京都も同年、「国際金融都市・東京」構想2.0を公表し、グリーンボンドの発行市場をはじめとしたグリーン・ファイナンス市場の発展、参加プレーヤーの裾野の拡大、人材の育成を目指している。

　日本でのグリーンボンドの発行額は、2021年には1兆8,700億円に達したが、世界の発行額に比べると、日本の市場規模は全体の3％程度とまだ小さい。中曽氏は、日本の国際金融センターは、脱炭素化を金融面から支えるアジアの金融センターとなるべきであり、その資質は十分にあるとする。

　今後は、①グリーンボンドやトランジションボンドの発行がグローバルな基準に基づき発行されていることを客観的に確認・認証する制度を構築すること、②ドル建ての国内債市場の拡充を図ること、③タクソノミーの日本型代替である、「クライメート・トランジション・ファイナンスに関する基本指針」では、EU型との相互運用可能性を確保すべきこと、などが提唱される。

　駒形氏との対談では、過去の金融センター構想との違い、海外のリスクマネーは、市場インフラ整備と、インベストメント・チェーンの好循環があってこそ集まること、エネルギーコスト高のハンディキャップのなかで、イノベーションを促進させ、トランジション・ファイナンスでは世界と共有できる基準づくり等を目指すべきことが議論され、理解が深められる。またウクライナ危機に起因して経済圏デカップリングリスクがあるなかで、日本が自由な貿易と投資、主要国との共通の価値観をもっていることが、大きな利点になっていくのではないか、とされる。

＊　＊　＊

　第9章では、瀧俊雄氏が、「デジタルファイナンスが日本にどのような影響を与えるか」について議論し、さらに大久保氏との対談を通じ論点が展開される。

フィンテックは金融産業における重要なキーワードとなり、オンラインの金融業が主流となりつつあり、電子マネーの発展が顕著だ。PayPay<sup>TM</sup>などが日本に進出、大規模な拡大投資を通じ展開し状況が大きく変わってきた。ｅコマースの運営会社などは、アクワイヤラーとイシュアーの両機能をもち、ｅコマース内のさまざまなデータを潜在的な信用情報としても活用、新たな貸し手ともなる可能性がある。

　しかし、テクノロジー企業やｅコマースプラットフォームをもつ会社は、規制コストを伴うライセンス業には直接進出することはなく、ライセンス提供者となる金融機関が、金融機能のモジュールを提供、ソフトウェア企業がユーザー接点のなかに金融機能を埋め込む組込型金融（Embedded Finance）が主流となっている。結果的に、金融サービスのどこまでを従来の金融機関が担い、どこからはオープンイノベーションに委ねるかという線引きの議論となる。API（Application Programming Interface：銀行機能を外部のソフトウェアが活用できるようにする接続仕様）は、もっぱら預金者の利便性向上のみに資するかたちとなっている。

　このなかで、電子マネー等をさらに便利にしていくといったフィンテック1.0をきちんとやるだけで、インパクトある施策になりうるとする。さらに、帳簿の電子化、デジタルインボイス、決済インフラの変化は大きな事業機会になっていく。ビジネスのDXと政府のデジタル化、その接合が重要だ。たとえば、カーボンニュートラルとデジタルファイナンスでは、フィンテックや新しい計測技術が生き、$CO_2$排出量などの非財務情報も、機械学習やセンサー技術を活用して計測されていく。

　日本は全国銀行資金決済ネットワーク（全銀ネット）が事実上唯一の決済の中央インフラだが、次世代の決済インフラについて、利用者を中心に置いた議論が行われていない。日本の社会課題をテクノロジーの観点から解消するため、また国家安全保障の観点からも、決済インフラの改革を急ぐ必要があるとする。

＊　＊　＊

　第10章では、わが国の科学・技術・イノベーションの国家戦略となる、

「第6期科学技術イノベーション基本計画の未来社会ビジョン」の考え方や内容について、上山隆大氏より解説をいただく。

　わが国では、1995年に科学技術基本法を定めたが、その後世界の技術覇権争いが激化、Web3.0の到来も含めた破壊的イノベーションが急進展してきている。わが国の研究力は、残念ながらこの期間中に深刻な低下を示してきた。たとえば、大学院博士課程への進学率低下、若手研究者の研究環境の悪化、研究者の頭脳流失などの問題に対し、根本的に対処する必要に迫られている。

　そのため、第5期科学技術計画（2016−2020年度）では、「Society 5.0」という科学技術によって実現する世界像が提言され、さらに、第6期科学技術計画（2021−2025年度）は、「科学技術・イノベーション基本計画」として、わが国の科学技術およびイノベーションを深化させ、社会的課題への対応を行い、さらに国際的な競争力を高めていくための国家計画と位置づけられた。同計画では、5年間で30兆円の公的投資、民間部門における投資も入れれば120兆円という目標値も掲げられている。10兆円規模の大学ファンドも含めた新しい科学技術政策であり、政策ターゲットが拡大された。同計画は、単に科学技術を振興するための基本計画ではなく、新しい社会像、未来像を実現するために科学技術が果たしうる役割を問うとともに、経済安全保障の視点にも力点が置かれている。

　上山氏は、わが国がポスト・コロナの国際社会をリードしていくため、わが国の価値観をより明確に、国際的に認知されるよう努めるべきであるとしている。それは信頼性、互恵性、協働性の社会倫理を大切にする「分かち合いの価値観」（Community Governance：協創統治）であり、また、「理（人間活動の価値）」と「利（三方よしの考え方）」と「力（国の総合的な能力）」の3つを融合させようとする価値観ともいえる、としている。

　さらに、わが国の研究やモノづくりが確立してきた高度の信用は、デジタルのデータ（ビッグデータなど）のみならず、医療、材料研究、工学、さまざまな分野で生まれる「リアルデータ」の信頼性の高さに由来しており、そこに今後のJapan Modelの基盤があるとする。

「ヒト」への国家投資戦略については、たとえば、わが国の高等教育に深く浸透している文科系と理科系という区別は、早い段階から子供の可能性、俯瞰的な知を育む道を狭めているため見直されるべきであり、幼児・中等・高等教育、さらにリカレント教育も含め、「総合知」を育て、いわゆるSTEAM教育（Science, Technology, Engineering, Arts and Mathematics）を強化すべきとする。あわせ、博士課程学生支援の政策パッケージや、大学のシステムの見直し等について具体的に論じられる。

＊＊＊

第11章では、大学行政に長らく携わった勝悦子氏より、日本における高等教育の問題点や、「研究力低下」の内容について論じられる。

日本は、研究力を示す「論文数」では、1990年代から2000年代初めに米国に次ぐ世界第2位であったが、2000年半ば以降そのシェアは急速に減退し、2019年現在世界第5位となった。「注目される論文数」としてTop10％補正論文数でみると、わが国は、世界第10位、Top1％補正論文数では第9位へと低下し、中国がトップへと躍進したのとは対照的だ。研究人材数は中国、米国に次ぐ第3位の規模だが、なかでも女性研究者の比率が低い。研究者のうち博士号取得者については、企業部門での博士号取得者の比率が極端に低く、また分野別では、社会科学・人文科学の博士課程在籍者数のシェアが他国に比し非常に小さいことが特徴である。「博士人材数」は他国では増大しているのに対し、日本は唯一2000年代初めをピークに減少している。その要因は、第1にキャリアパスへの不安、第2に、経済的な問題等とされる。

研究力低下のもと、イギリスのTHE（Times Higher Education）2022年版「大学ランキング」で世界ベスト100にランクインした日本の大学は、35位の東京大学、61位の京都大学の2校にとどまる。上位は米英の大学が独占しているが、16位に清華大学と北京大学が入るなど中国の大学の台頭が著しい。

研究のハブでもある大学の予算について、欧米トップスクールの大学基金は増大したのに対し、日本では国立大学法人運営費交付金が毎年減少、大学の総収入は横ばいだったことも背景にある。「第6期科学技術イノベーション基本計画」のもとでの施策が、日本の高等教育、研究力の底上げ、国際競

争力の強化に資することが期待される。一方、博士人材の活躍を後押しし、学術科学の裾野を広げていくには、日本社会における博士人材の評価と待遇を抜本的に改革することが最も重要だと指摘する。

＊＊＊

　最後に、第12章では、本書の各章で論ぜられた、日本の主要なリスクシナリオについて、論点の整理と展望が試みられる。

　ここでは、わが国の内生的なリスクとして、大規模地震・自然大災害リスク、人口減少・少子高齢化、国家財政リスク（インフレリスク、円の通貨リスク）、資源エネルギーの安定供給リスク、電力コスト上昇リスク、また外生的リスクとして、とりわけ、対中、対露、対北朝鮮での安全保障リスク、資源・エネルギー調達を含めた国際的サプライチェーン、経済安全保障リスクがフォーカスされる。

　これらのいずれもそのリスクが顕在化した場合、日本の現在および将来に重大な影響を与える。これらのさまざまなリスクは単独で発生するという保証はなく、むしろいくつかのリスク事象が連動して起きることも考慮しておく必要があるとする。たとえば、巨大地震が発生し、その機に、日本周辺での有事となり、そのなかで金融市場が混乱、財政破綻懸念や資本逃避、為替危機となるような複合的なリスクシナリオだ。

　一方、現在の日本経済の姿をみると、1人当りGDPは世界第24位となり、IMD（国際経営開発研究所）の「世界競争力」順位では、1989～1992年には総合順位が世界第1位であったが低下の一途をたどり、2021年版では64カ国中31位だ。「政府効率性」でみると同41位、「ビジネス効率性」では同48位まで低下している。

　これらの指標から読み取れる、現在の日本の競争力の低下の状況は、「緩慢な凋落」、あるいは「第2の（静かな）敗戦」と認識する必要があると思えるほど著しいようにみえる。これを「日本化」と呼ぶ論者もいる。

　このような国際競争力の低下をもたらした要因について考察がされる。筆者は、①バブル崩壊後のデフレ（ディスインフレ）の進行、不良債権処理の長期化、低成長経済の継続、②人口減少・少子高齢化の進行、③国内投資の

低迷、④企業、個人のリスクオフ化、⑤財政赤字拡大のもとでの社会保障費以外の支出減少、さらに、リーマンショックの発生、東日本大震災、福島第一原発事故の発生、などが複合的に作用していると推測する。また、低金利（ゼロ）政策のもとでの円安進行、新型コロナウイルスのパンデミック化のもとでの経済活動の低迷、も要因に追加する。海外のIT革命への乗り遅れ、DXの遅れが目立ったことは、こうした要因の結果であろうか。さらに上記に加えて、日本の組織にみられる「前例依存」「他社追随」「論理的決着を避ける」「あいまいな商慣行」「国内志向」「英語力の弱さ」などが「日本化」を促進した可能性も指摘する。また長期的な日本の「グランド・デザイン」の議論の深掘りが十分にできていなかったことも要因の一部として掲げる。

　日本にとっての「最悪のシナリオ」は、日本の経済や競争力がさらに弱体化していくなかで、上述の複合リスクが深刻なレベルで発生するケースだ。そうした最悪のケースに陥らないため、具体的に何をなすべきかを建設的に議論することが必要だ。さらに本書の各所でも触れられた、本来の日本の優れた点や潜在力をどう再強化・実現していくか、諸政策をどう実効性の高いものにしていくかについて、試論が展開される。

　（本書の文中の意見にかかわる部分はすべて筆者の個人的見解であり、Guggenheim Partners, LLCおよびその関連会社の見解ではない。）

## 第 1 章

# 日本の大規模地震災害リスクと
# 国家レベルのBCP対応

指田　朝久

# 1 2つの国難級地震災害

　日本政府は国難と呼ばれるほどの大きな影響を及ぼす2つの地震について被害想定を公表している。1つは「南海トラフ地震」であり、もう1つが「首都直下地震」である。「南海トラフ地震」の被害想定は2013年に公表されている[1]。死者約30万人。地震や津波による全壊および火災による全焼となる建物が約240万棟、経済損害は約220兆円と想定されている。「首都直下地震」も2013年の公表で、死者約2万人、全壊および全焼する建物約60万棟、経済損失は約95兆円と想定されている[2]。このとき帰宅困難者は1,700万人、食料の不足は3,400万食と見積もられている。なお、想定されている死者の数には地震発生後の健康不良などで亡くなる災害関連死の人数は見積もられていない。

　2016年に発生した「熊本地震」では、地震による建物倒壊などで死亡した直接死に比して災害関連死は4倍にも達している。「首都直下地震」では災害関連死を加えると10万人またはそれ以上の死者数となる可能性がある。

　巨大地震災害において想定されている経済被害は、地震により壊れた建物などの直接被害額を算出し、それに一定程度の経済損失を加えた値が算出されているが、建物が再建され、人出もほぼ元どおりになるまでの長期間にわたる経済被害を算出したものではない。

　2018年に「土木学会」は1995年に発生した「阪神・淡路大震災」で建物や交通インフラの被害、製造業の生産施設の被害が大きかった神戸市などがほぼ元の経済状況に戻る期間を計量しおおむね20年かかったと認定した[3]。「南海トラフ地震」「首都直下地震」ともに復興に20年を要すると仮定しこの間

---

1　中央防災会議防災対策推進検討会議（南海トラフ巨大地震対策検討ワーキンググループ）「南海トラフ巨大地震の被害想定（第二次報告）」（平成25年）。
2　中央防災会議（首都直下地震対策検討ワーキンググループ）「最終報告書」（平成25年）。
3　土木学会平成29年度会長特別委員会レジリエンス確保に関する技術検討委員会『「国難」をもたらす巨大災害対策についての技術検討報告書』（2018年）。

の累積した経済損失額を計算したところ、「南海トラフ地震」では1,240兆円、「首都直下地震」では778兆円と試算された。

　被害想定は、「地震の規模」「発生時刻」によっても大きく異なる。政府の被害想定は、複数ある想定値のなかでも比較的大きめの値を採用したとしている。しかしながら、これらの被害想定に算入されていないものがある。「首都直下地震」の被害想定では過酷事象として、被害がさらに悪化する複数の要因が列挙されている[4]。たとえば、この2013年の被害想定の策定時においては経験していなかった、2018年の「北海道胆振東部地震」で発生した電力不足・ブラックアウトや、河川堤防や海岸堤防が決壊し、ゼロメートル地帯が長期にわたって冠水する水害の同時発生、あるいは2016年の「熊本地震」で発生した長周期パルスによる免震建物の被災や長周期地震動による高層ビルや高層マンションの被災、避難所の不足や避難者への飲食料の供給不足、油流出による海上火災、鉄道の脱線事故などによる死傷者など……。これらは現在、政府の定量的な被害想定に含まれていない。

　政府の被害想定では食糧不足の算定も当初の3日間での試算であり、ライフラインが長期にわたり機能不全に陥れば、当然被災地では4日目以降の食糧が提供できないが、これらの影響は試算されていない。

## 2　「南海トラフ地震」と「首都直下地震」における課題

　「土木学会」の試算では復興期間を20年と仮定していたが、この仮定が成り立たない可能性が高い。国難級のこの2つの地震ではそれぞれ死者数が10万人、被害額は100兆円のオーダーとなる。これは「阪神・淡路大震災」の死者数1万人、経済被害10兆円、「東日本大震災」の死者・行方不明者数2万人、経済被害30兆円に比較して1桁大きい。オーダーが異なるといままでの対応策がそのままでは通用しないと想定される。具体的な課題には以下

---

4　内閣府防災担当『首都直下地震の被害想定と対策について（最終報告）〜経済的な被害の様相〜』（平成25年）。

のものがある。

・被災地域の広域化と被災人口の膨大さ

・被災地域の市町村、都道府県機能の崩壊による被災者支援の困難さ

・経済的被害の甚大さに対する官民一体となった経済復興が困難

・少子高齢化による地域の脆弱性が顕著

・復興期間が長期にわたるため、大型台風の罹災など複合災害の発生

　「南海トラフ地震」は広域被災であるが、同じ広域被災である「東日本大震災」と比べて被災人口が膨大となるところが特に異なる。また、被災地域が広域になるため、被災していない地域が相対的に少なくなり、応援派遣の余裕が少なくなる。「東日本大震災」規模であっても、自治体職員の支援要員不足を経験しており、「南海トラフ地震」ではさらに深刻な対応支援要員の不足が懸念される。また、膨大な人口を支える衣食住の供給能力も不足する。

　被災直後の命にかかわる期間を乗り切っても、広域被災かつ産業の集積地が被災すれば、産業の復興には長い時間を要する。さらに部品・原材料の供給網が損なわれることから、供給力不足が発生し経済が20年では回復できない可能性が高い。現在は国内外に複雑に構成されたサプライチェーンへの依存度が高くなっており、新型コロナウイルスによる都市封鎖や部品会社でのクラスター発生による供給停止に伴う自動車産業の工場の停止などは経験ずみである。

　日本で１年間に新築される建物がおおよそ100万棟であることを例にとってみよう。「南海トラフ地震」では240万棟、「首都直下地震」では60万棟の全壊・全焼が想定されている。これに加えて半壊や一部損壊の建物が存在することを考慮すると、全国の建物建設をすべて中断し、すべての建築能力を被災地の復興に充てたとしても、建物の復旧だけでも数年を要する規模であり、供給不足が発生することは明らかである。最近の「熊本地震」「西日本豪雨」「令和元年東日本台風」などでさえ、被災地の建物の修復が数年経っても終了していない状況であり、これらと比較しようがないほどの大被害が予想される「南海トラフ地震」や「首都直下地震」の復旧復興は困難を極め

ると考えられる。過去の経済の専門家による「首都直下地震」による経済被害推定結果をみると、これらの供給制約はあまり認識されていないようである[5]。

「南海トラフ地震」や「首都直下地震」の被災想定地域は広域に及び、またその地域は太平洋側の台風の常襲地域でもあることから、地震により損傷した河川堤防や海岸堤防の修復が終わらないうちに、台風や集中豪雨の被害を被る可能性が高い。これらの複合災害による復興の遅延も経済的には見積もることがむずかしい。不幸にも原子力災害が発生した場合には復興はさらに遅れる。

## 3 日本政府の対応

「南海トラフ地震」や「首都直下地震」がいままで経験した災害と大きく異なるのは、政府所在地が被災する点にある。「首都直下地震」では霞が関が直接地震の強震動に見舞われるが、「南海トラフ地震」でも長周期地震動が関東地方にも達し、高層ビルや火力発電所などに影響を与える。「東日本大震災」のあと関東地方で電力不足が深刻化して計画停電となったのは、原子力発電所が被災したことに加え東京湾岸の複数の火力発電所に被害が生じたことにもよる。

民間企業の経済復興が順調に進むためには、復興を支える政府および都道府県・市町村の災害対応力が万全で、官民一体の経済復興の推進が必須である。「東日本大震災」や「熊本地震」などでは被災後に復興のヘッドクォーターの役目を担うべき自治体の被災が大きく、被災者支援が大きく損なわれた。一方、近年の多くの風水害などの経験をふまえて、政府や自治体の災害対応力は強化されている。政府ではすでに官公庁街の建物や設備の耐震化というハード対策はおおむね終了し、被災したときのソフト対策である業務継

---

5 　永松伸吾「首都直下地震後の日本経済の中長期予測と最悪シナリオ」『地域安全学会論文集No.37』（2020年）157〜166頁。

続計画：BCP（Business Continuity Plan）も充実させつつある。ここではま
ず、現状の政府のBCPの取組みについて解説する。

## (1) 業務継続計画の概要

図表 1 － 1 はBCPの概念図である。BCPは地震や水害などの防災とは異な
る。内閣府事業継続ガイドライン第 3 版解説書によると、企業向けのBCPに
は中核的な 7 つの概念がある[6]。

### ① 被災を前提とする

地震でも水害でもテロ、火災、感染症やサイバーアタックなど、なんらか
の事象が発生し、人や物、情報システムなどの経営資源になんらかの損傷を
受けたときを前提とする。一方、防災は地震や水害などから人命や資産を守
る、被害に遭わないようにする対策である。

【図表 1 － 1 】 BCPの概念図

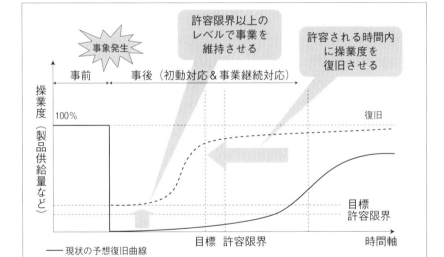

出所：「内閣府事業継続計画第三版」より引用。

---

6 内閣府（防災担当）『事業継続ガイドライン―あらゆる危機的事象を乗り越えるため
の戦略と対応―〔第 3 版解説書〕』（平成25年 8 月）。

② 供給責任を果たす

製品やサービスの需要が平常どおり存在することを前提とし、被害を受けてもその供給を継続する責任を果たすことがBCPの目的である。なお、政府自治体では災害時業務の需要が2〜3倍上乗せになる。

③ 優先順位

経営資源が被災をしており、なんらかの供給制約を受けているため、平常時のすべての業務を実施できない。このため製品やサービス、顧客などに優先順位をつけ、優先度の高い業務から実施していく。被災時の優先度の高い業務を重要業務と呼ぶ。

④ 目標管理

重要業務をいつまでにどれくらいの量を提供すればよいかを定め、これらを目標として対策を立てていく。火災や地震などの突発的な災害ではいつまでにという目標復旧時間が特に重要視されることが多い。

⑤ 戦略思考

重要業務の供給にあたっては、その場で復旧する早期復旧戦略と被害に遭っていない非被災地に供給拠点を移す代替戦略の2つの戦略を組み合わせる。主要拠点の社屋や製造工場などの拠点が地震で倒壊や全焼することなどを想定すると、非被災地での代替戦略を必ずもつことが必要である。

⑥ 資源管理

サプライチェーン対策：自社が無事であっても、お客様に製品やサービスを供給する川下の各企業と自社へ部品や原料を供給してくれる川上の企業のどこかが停止してしまうと、結局自社の製品サービスの提供が止まってしまう。これらのサプライチェーン全体の代替策も構築する。

⑦ 経済指標

企業では資金が尽きると倒産してしまうため、資金繰り対応を行う必要がある。自治体でも事実上の倒産となると財政再建団体指定となりさまざまな制約が発生する。国・地方の長期債務の発行残高が1,200兆円となっており、財政破綻の考慮は必要である。

災害対応では個々の企業のBCPに加えて、政府自治体のBCPの能力向上も

必要であり、これらの災害対応力が強いほど経済復興が順調に進む。

## ⑵　政府業務継続計画

　政府業務継続計画では、「首都直下地震」が発生したことを前提とし、建物や職員および電気、通信、水道、交通などのライフラインが被災したことを想定し、最低限維持すべき業務を政府として決定し、そのための対応策を各省庁で実装している。図表１－２を参考に政府の業務継続計画を解説する[7]。政府は災害発生後に継続すべき重要業務を６つのカテゴリーで定めた。

### ①　内閣機能

　情報の収集・分析、重要政策の方針決定、総合調整などの実施、国内外に向け、情報を的確に発信。国の意思決定機能であり、被災地域への初動対応や復興の指揮のほか、非被災地の日常生活の維持を行う。方針の決定、予算の決定、法執行の臨時対応などの決定を行っていく。

### ②　被災地域への対応

〈発災直後～おおむね３日目〉

　被災者の生命・身体の安全確保、医療、救急救命、消火活動の支援、緊急輸送活動、避難者や帰宅困難者などの安全確保、避難所への物資の供給確保、被災地域の混乱の回避、遺体収容、社会秩序維持、ライフライン施設の応急復旧。

〈おおむね３日目～１週間〉

　被災者の生活再建支援、広域避難の支援、応急仮設住宅の建設支援、被災地域の秩序の回復、被災地域全体の物資の供給確保、保健衛生・防疫・遺体の埋火葬、廃棄物処理、教育機会の確保。これらの第一義的当事者は市町村であり、その支援を都道府県が実施する。さらにその対応能力を超えた部分を国が支援することとなる。この対応については課題があるが後ほど述べる。

---

7　「政府業務継続計画（首都直下地震対策）」（平成26年３月閣議決定）。

## 【図表1−2】 政府業務継続計画の概要

**【政府必須機能と非常時優先業務】**

| 政府必須機能 | 発災直後〜おおむね3日目 | おおむね3日目〜1週間 |
|---|---|---|
| ①内閣機能 | ➤情報の収集・分析、重要政策の方針決定、総合調整等を実施<br>➤国内外に向け、情報を的確に発信 | |
| ②被災地域への対応 | ➤被災者の生命・身体の安全確保を最優先<br>○救助・救急、医療、消火活動、○緊急輸送活動、○避難者や帰宅困難者等の安全確保、○避難所への物資の供給確保等<br>➤被災地域の混乱の回避<br>○遺体収容、○社会秩序維持、○ライフライン施設の応急復旧等 | ➤被災者の生活再建支援<br>○広域避難の支援、○応急仮設住宅の建設支援<br>➤被災地域の秩序の回復<br>○被災地域全体の物資の供給確保、○保健衛生・防疫・遺体の埋火葬、○廃棄物処理、○教育機会の確保 |
| ③金融・経済の安定 | ➤金融システムへの信頼を喪失しないよう、金融機能の安定を確保<br>○金融決済の確保、○証券市場等の公正な取引の確保、○外為相場の安定 | |
| | ➤被災地域外で、被災地域の経済活動の停滞による重要物資の不足や価格高騰等の異常な事態に対処<br>○買占め防止等による物価の安定、○電力供給の増強の要請、○重要物資の増産等の要請、○サプライチェーンの復旧支援 | ➤被災地域の経済活動の停滞の広域・長期化を回避する代替措置を支援<br>○サプライチェーンの再構築の支援、○停滞している物流、商流の再編支援 |
| ④国民の生活基盤 | ➤被災地域に災害対応要員が派遣されるなかで、被災地域外での業務体制を再編し、国民生活との関連性の高い公共サービスを維持<br>○消防・救急体制の確保、○医療体制の確保、○気象予報、警報、○情報通信、放送の維持等 | |
| ⑤防衛、安全、秩序維持 | ➤秩序混乱に乗じた武力攻撃、犯罪、治安悪化等のおそれがあるなか、わが国の安全保障の確保、国民の生命・身体・財産の保護<br>○防衛・警備、○暴動等鎮圧・テロ防止、○犯罪捜査・逮捕・留置、○出入国管理等 | |
| ⑥外交処理 | ➤平常時にもまして外国政府等との連携協力が必要となるなかで、良好な外交関係を維持、在外邦人の権利等を保護<br>○外交政策の実施、○外国政府等との交渉・協力、○在外邦人の生命・身体等の保護、○旅券発給、査証等 | |

➡ ［おおむね1週間以降］引き続き被災地の災害応急対策を実施。また、業務体制を回復させながら、通常業務を実施

出所：「政府業務継続計画（首都直下地震対策）」（平成26年3月閣議決定）より引用。

### ③　金融・経済の安定

〈発災直後～おおむね3日目〉

　金融システムへの信頼を喪失しないよう、金融機能の安定を確保、金融決済の確保、証券市場等の公正な取引の確保、外為相場の安定、被災地域外で、被災地域の経済活動の停滞による重要物資の不足や価格高騰等の異常な事態に対処。買占め防止などによる物価の安定、電力供給の増強の要請、重要物資の増産などの要請、サプライチェーンの復旧支援。

〈おおむね3日目～1週間〉

　被災地域の経済活動の停滞の広域・長期化を回避する代替措置を支援、サプライチェーンの再構築の支援、停滞している物流・商流の再編支援。

### ④　国民の生活基盤

　被災地域に災害対応要員が派遣されるなかで、被災地域外での業務体制を再編し、国民生活との関連性の高い公共サービスを維持。消防、救急体制の確保、医療体制の確保、気象予報・警報、情報通信・放送の維持等。

### ⑤　防衛、安全、秩序維持

　秩序混乱に乗じた武力攻撃、犯罪、治安悪化等のおそれがあるなか、わが国の安全保障の確保、国民の生命・身体・財産の保護、防衛・警備、暴動等鎮圧・テロ防止、犯罪捜査・逮捕・留置、出入国管理等。

### ⑥　外交処理

　平常時にもまして外国政府等との連携協力が必要となるなかで、良好な外交関係を維持、在外邦人の権利等を保護、外交政策の実施、外国政府等との交渉・協力、在外邦人の生命身体等の保護、旅券発給、査証等。

　これらにつき1週間以降は引き続き被災地の災害応急対策を実施、また業務体制を回復させながら通常業務を実施する。

　このように、政府必須機能と非常時優先業務を国として定めており、各省庁は官邸が果たすこれらの機能を実践するために、それぞれ業務継続計画を策定し演習を実施し改善を図っている。ただし、大規模災害対策の指揮は政府が行っていると考えがちであるが、「災害対策基本法」の定めにより災害後住民の命を守り避難対応や復旧を実施する一義的な責務は市町村長にあ

る。

　災害対策は、市町村の対応がしっかりできていることが前提で、市町村の対応ができない場合や、複数の市町村に被害がまたがり市町村の間で調整が必要な場合に都道府県が支援を行い、さらに都道府県にまたがるような大規模な災害が発生した場合に国が調整機能を果たすことになる。市町村で特に対応ができない資源は復旧復興資金である。これに対しては国が「災害救助法」の適用を行えば復旧復興資金の大半を国が支出する。

　「東日本大震災」では一部の自治体で首長が死亡し自治体職員も半分以上が死亡するなど、基礎自治体が壊滅状態になった。この場合は都道府県が支援し自治体の機能を代行できることになっている。一方で、市町村と都道府県では実施している業務が異なり、単に都道府県が被災市町村に職員を派遣するだけでは十分な支援とはなりえない。現在の日本の災害対応の弱点の1つが、市町村の災害対応力が脆弱である点である。

　BCPの重要な概念の1つに「代替戦略」がある。霞が関が被災した場合に代替拠点として官邸は立川の施設を用いることとしており、各省庁も立川と連携をとりながら、省庁ごとの代替拠点を決めており、順次情報システムの強化をはじめ整備を進めている。

　政府のBCPでは、被災地の支援は当然であるが、非被災地の生活の安定も中心課題とされている。3つ目（図表1－2③）の金融・経済の安定については、外為相場を安定化させることとしている。日銀と連携し、「口先介入」なども含めて円の買支え、あるいは「東日本大震災」時にみられた投機筋の円買いなどへの対処を行う。経済については、基本的には民間企業が個別のBCPを発動して対応する分野であり、政府の支援活動がどの程度威力を発揮するかは不明な点が多い。ただ、物流網のための道路復旧は建設会社と、燃料供給に関しては石油会社と連携し、被災地で当面の燃料供給ができる体制をとっている。

　4つ目（図表1－2④）の国民の生活基盤の確保は医療機関であればDMATがあり、消防においては自治体横断的な応援体制が整備されており、活動を相互に支援することとなる。放送（情報提供）に関してはNHKがBCP

を整備しており、「首都直下地震」で仮に渋谷のNHK放送局が被災した場合でも大阪での代替放送や、最低限衛星放送の継続ができる体制を整えている。

　5つ目（図表1－2⑤）の防衛や安全保障関係そして安全秩序維持に関しては、自衛隊や警察がその責任を負う。そのBCP体制はそれぞれ全国規模で組まれていて、被災の混乱に乗じて他国が侵攻を試みても指揮権が混乱しない体制が組まれている。出入国管理などは情報システムへの依存度が高いが、これらもバックアップ体制がとられている。

　6つ目（図表1－2⑥）の外交処理で在外邦人の生命・身体の保護とある。国内の在留外国人の安否情報等の管理も重要業務として認識されている。国難級の被災であれば、諸外国からの支援の受入れなど、外国との関係性も重要になってくることはすでに想定されている。

　このように整備が進められている政府や省庁のBCPにおいて、今後の課題があるとすれば、1つはいまだ経験していない規模の災害に実際に対応できるだけの経営資源が用意できるかという点がある。また、政府の代替拠点の立川も被災した際には、大阪など他の代替拠点候補がすでに定められているが、詳細の検討は今後の課題である。このほか、行政と立法府の国会および司法のBCPのすべてが機能する必要があるが、これらは改善の余地がある。

　省庁のBCPでは、毎年外部の委員が評価を行っており、2022年春には「中央省庁業務継続ガイドライン第3版」も発行され、今後も改善が見込まれる[8]。いくつかの省庁で課題とみられるものは省庁間の連携や都道府県、民間企業などとの連携の強化である。またどの省庁でも課題として災害対応の専門職がいないこと、被災シミュレーションや演習が必要であるが、その機会を確保するのはなかなかむずかしいことがある。現状では優秀な官僚が計画にのっとってその場で判断をしながら政府必須業務や非常時優先業務を実施していくこととなる。

---

8　内閣府（防災担当）『中央省庁業務継続ガイドライン第3版（首都直下地震対策）』（令和4年4月）。

## ⑶ 自治体の課題

　被災地の直後対応において初動対応を行う責任者は一義的に市町村長である。自治体のBCPの策定率は消防庁が毎年調査をしており、令和3年（2021年）3月公表の調査結果では、都道府県が100％（ただし6要素すべて完備している団体は40団体[9]）、市町村は1,644団体94.4％（ただし6要素すべて実現できている団体は546団体31.3％）となっており、これらの数字は、自治体の自己申告をもとにした統計である[10]。直接対応を行う責を負う市町村で6要素を完備したところは半分にも満たない状況であることは大きな問題である。

　また、市町村での構造的な課題としては、災害対応やBCPの専門職不在、ケーススタディや演習がされていないなど、政府や都道府県とも共通のものがある。日本では専門職採用は保健所や土木建築関連など一部の業務のみで行われており、災害対応に関する専門職採用は行われていない。災害対応要員も2年程度で頻繁に人事異動がされる。被災頻度も1つの自治体当りでは少ないため、災害対応をOJTで経験を積むことは困難である。また、被災時の業務は専門性を要し時間的余裕がないなかで実施しなければならないという特殊性がある。このスキル向上と維持策をどのように制度化していくかが課題である。

　また市町村と都道府県や国の業務は異なるので、要員が不足した場合は市町村からの応援が必要になる。国は応援受援体制の構築を促進しているが、送り出す側の市町村も近年の行政体制の人員縮小の関係で余裕がない[11]。「東

---

9　6要素とは、内閣府（防災担当）『市町村のための業務継続計画策定ガイド』（平成27年5月）に定められたもので、①首長不在時の明確な代行順位および職員の参集体制（受援体制の構築も含む）、②本庁舎が使用できなくなった場合の代替庁舎の特定、③電気、水、食料の確保（非常用発電機および燃料確保、仮設トイレ）、④災害時にもつながりやすい多様な通信手段の確保（機器の確保に加えて習熟も必要）、⑤重要な行政データのバックアップ（同時被災しない場所に保管）、⑥非常時優先業務の整理、である。

10　総務省消防庁『地方公共団体における業務継続計画策定状況の調査結果』（令和3年2月25日）。

日本大震災」では市町村の応援要員派遣がなされたが、人材が払底し被災自治体の希望する職員体制を必ずしも組むことができなかった[12]。

「南海トラフ地震」や「首都直下地震」の被災地域の人口や職員が多い地域で、従来どおりの応援体制が組めるかの検証と対応策は大きな課題となっている。

## ⑷　連携の課題

政府の指揮命令系統では、国会閉会中に災害が発生した場合は「災害対策基本法」で緊急事態布告ができることとなっている[13]。しかし、逆に国会開催中に災害が発生した場合には通常対応であり、この場合に官邸の行政機能だけでなく国会機能が維持される必要がある。一方、国会閉会中での災害が発生した場合には緊急対応予算の決議や法改正などがすぐにはできない。このあたりの制度設計は大統領制の国と異なるところもあり慎重な検討が必要である。

災害対応における実務では、国と都道府県と市町村は同格であって、国の法定受託事務ではない災害対応業務では、国が都道府県や市町村を指揮命令することはできない。民間企業も含めてあくまで連携することが基本である。仮に指揮ができたとしても、実際の災害ではこの連携のための情報共有がなかなかむずかしい。「令和元年東日本台風」や「令和元年房総半島台風」のときには、ライフラインの被害や回復状況の情報収集が行われたが、たとえば電力会社に複数の省庁や都県、市町村がそれぞれ情報収集に出向き、企業側や市町村などのそれぞれの連絡部隊いわゆるリエゾンが疲弊し、また情報収集時点がそれぞれ異なる時間であることもあり、現状把握が混乱

---

11　内閣府（防災担当）『地方公共団体のための災害時受援体制に関するガイドライン』（平成29年3月）。

12　永松伸吾＝越山健治「自治体の災害時応援職員は現場でどのように調整されたか―2011年南三陸町の事例―」『地域安全学会論文集No.29』（2016）125〜134頁。

13　小滝晃＝武田文男「災害緊急事態条項の日本国憲法における在り方―東日本大震災の初動・応急対応（地震・津波）を踏まえた考察―」『国士舘　防災・救急救助総合研究第4号』1〜12頁。

してしまった。

　政府が情報収集を行う場合、官邸―省庁―都道府県―市町村―企業団体―企業というルートになるが、「令和元年房総半島台風」では停電が長期間となり携帯電話等通信機器の使用が困難となったため県レベル、市町村レベルの情報収集がうまくいかなかった。省庁間連携をはじめ、省庁と都道府県、都道府県と市町村、そして企業などとの情報収集連携訓練は現在あまり実施されていないため、被害状況を把握し、支援を必用とする人数などの把握を行うという初動のところの混乱がどれだけ回避できるかについては今後の大きな課題である。

## (5)　経済復興の課題

　被災地では人命救助が第一の課題であることは当然であるが、災害発生後すぐに経済復興も並行して行う必要がある。直近の内閣府の統計によれば、企業のBCPの策定状況は大企業で68％、中堅企業で34％であり[14]、中小企業においては17％（帝国データバンク調べ）となっている[15]。政府は大企業100％、中堅企業50％というBCP策定率の目標を掲げているが未達である。

　BCPの基本は代替戦略であり、非被災地に生産やサービス拠点を移して、そこから非被災地の顧客を中心に優先する製品やサービスの供給を行っていく。

　一方、各企業それぞれのBCPでは事業継続がむずかしい事例も「東日本大震災」で確認されている。たとえば、自動車業界では東北地方のサプライチェーンがかなりの程度被災したため、日本のほぼすべての完成車メーカーの製造が中断した。そのため各社が協議しサプライチェーンの被災状況や代替調達の状況をふまえて生産調整を行った。平常時であればこれは談合行為になり許されないが、緊急事態であっため公正取引委員会は「独占禁止法」

---

14　内閣府（防災担当）『企業の事業継続及び防災の取組に関する実態調査（2020年：令和2年1－2月実施）』（令和3年）。

15　帝国データバンク『事業継続計画（BCP）に対する企業の意識調査（2021）』（2021年）。

の適用を見送った。有事にはこのような法令の調整が必要であり「東日本大震災」の後、産業界から有事の際の規制緩和措置の法制化を政府に要望したが、政府は企業がかえって安心し防災努力を怠るモラルリスクの発生のおそれを理由に、ルール化を見送った。

　また、被災地ではライフラインをはじめさまざまな経営資源の獲得合戦になる。平時では機敏な経済活動は称賛されるが、災害後では必ずしも好ましくない場合がある。地域にとっては市役所、医療介護、ライフライン、避難所など優先すべきものがあり、それらの復旧に必要な経営資源、たとえば非常用発電機や燃料などを一般の企業が押さえてしまうことは好ましくない。一方、被災地でもすべてが一様に被災しているわけではなく、被害軽微なところでは早い経済復興が求められる。自治体が被災し経済復興の窓口の開設が遅れる場合、あるいは自治体の非常時優先業務のなかで経済復興の優先順位が必ずしも高くない場合などがあると、中小企業などの復興が遅れてしまう。

　「熊本地震」ではある自治体で、企業の復旧支援担当職員が避難所の支援に回ったため、中小企業の金融支援相談などが遅れた事例がある。また、「東日本大震災」でもある自治体で、復興にあたって当初必ずしも水産加工業の復旧の重要性が認識されていなかったため、地域ブランドの缶詰などが市場に出回らなくなった期間が長くなり、その間に他地域の商品に人気が移ってしまい、復興後も需要が低迷したことがある。

　日本では経済復興にあたっては各自治体が復興計画を策定することとなっているが、多くは具体的な計画まで詳細に詰めていない。たとえば、どのように政府が規制をかけるのか、ライフラインの復旧はどこから着手されるのか、避難者への緊急物資の供給と企業の機械設備の修繕や原材料の供給との間で確保したトラックをどう配分するのか。大企業は被災地の外で生産拠点を代替しても、サプライチェーンに組み込まれている中小企業の拠点確保や物流確保ができるのか、地場産業や商店街などの営業再開ができるのか、被災自治体へは順調に応援職員が支援に入れるのかなど。混乱を最小限に抑えて経済復興を最速にするための具体的な対策の共有が必要である。

そこで、各地域の復興の優先順位をあらかじめ協議をして設計することを推奨する市町村地域継続計画（MCP：Municipal Continuity Plan）が提唱された[16]。市町村単位を基準として、その地域で経済復興を行う際に優先して回復すべき企業や産業について、事前に市民合意を得る仕組みであり、地域に特定できる有力な企業がある場合や、世界的に有名な地域ブランドがある場合に特に有効であると考えている。たとえば、京都の西陣織、燕三条の銀食器、鯖江の眼鏡などがあげられる。これらは中小企業群の連携で成立している世界有数のブランド産業であるが、地震防災や風水害防災を促進しBCPを構築するには一つひとつの企業ではなかなかむずかしいところもある。そのため市町村ぐるみでこれらのサプライチェーン構造をあらかじめ把握し、万が一被災した企業がある場合は市町村がブランド維持や生産の代替性確保の支援を行っていく。香川県がこの考え方と似た取組みをDCP（District Continuity Plan）として進めている[17]。

秩序だった経済復興を行うには、独占禁止法の適用除外や物資などの優先配布などさまざまな官民一体となった連携が必要であり、それをその場で決めていくと時間がかかりすぎて復興が遅れる。産業界が日常時に働きかけて官民連携フォーラムをつくり、協議を進めていくことが必要である。

# 4 　ま と め

新型コロナウイルスへの対応でも明らかなように、民間企業の経営や経済復興は政府の対応に大きく左右される。政府は「南海トラフ地震」「首都直下地震」などの被害想定を公表し、各自治体や企業などにさまざまなガイドラインも提供し、対応策をとるように促している。企業にとってみても国難

---

16　指田朝久＝西川智＝丸谷浩明「DCP概念を整理し新たな市町村地域継続計画MCPの提案」『地域安全学会梗概集No.33』5〜8頁。
17　岩原廣彦＝白木渡＝井面仁志＝高橋亨輔＝磯打千雅子＝松尾裕治「南海トラフ地震災害復旧拠点における地域継続力向上の課題と施策」『地域安全学会論文集No.28』。

級の災害が発生することは政府の被害想定で明らかであり、各社がそれぞれBCPをもつことは最低限必要である。しかし、政府や自治体の対応がうまくいかない場合や、官民連携がスムーズにいかなければ企業としてもその後の復旧計画の実践に支障が生じかねない。「南海トラフ地震」と「首都直下地震」は被害規模が桁違いに大きく、また政府中枢も被災するおそれがあるなど、いままでの経験で対処できないと考えたほうがよい。経済界はすでに公表されているこれらの国難級の災害に対しては「想定外」との言い訳はできない。また、これだけ大きな災害にあたっては多くのサプライチェーンの企業と多数の国民が被災するため、1つの企業だけでは到底対応ができない。経済界のリーダー経営者はこれらの課題に対して率先して各種の法整備などを政府に働きかけていく必要がある。

　2030年には気候変動対策として国のエネルギー構成比も再生可能エネルギーの割合を現状より大幅に高くする計画であり、これがライフラインの被害想定にどういう影響を与えていくのかも大きな課題である。政府を動かしていくのもリーダー経営者の責務であり、今後の積極的な取組みが求められる。

**Q 1** 市町村地域継続計画（MCP）の提案にあたっては、何かヒントとなる事例があったのでしょうか。

**A 1** 2007年の「新潟県中越沖地震」での柏崎市の対応が好例ではないかと思います。この地震では柏崎市の有数の企業である「リケン」が被災しました。同社は自動車用部品を生産しており、ほかに代替できる企業はありませんでした。このため国内のすべての自動車会社の生産が停止してしまいました。その影響を重くみた柏崎市は、ライフライン企業などと情報共有を行い、電気、通信、ガスおよび工業用水の復旧の第1順位を「リケン」のある地域とし、それぞれが協調しながら復旧を行いました。ライフラインの復旧とともに、「リケン」へは自動車会社各社のエンジニアが延べ千人単位で応援に入り、設備機械の復旧を協力して行いました。その結果、部品供給が早期に回復し国内の自動車産業の生産も再開し、また柏崎市も雇用の早期回復と税収の早期回復が図られました。人命救助にあたっては平等であるのは当然ですが、経済復興には優先順位があるということです。この事例は対象が明確であったことと、その場での市の判断が有効であったことで成功したのですが、その場での判断がいつもうまくいくとは限りません。そのため、事前に市民も交えて人命の安全確保とともに経済の早期復興について意見交換を行っておくことが有効と考えたのです。

**Q 2** 市町村の災害時業務の標準化が必要といわれていますが、災害時にはどのような業務が行われ、またなぜ標準化が必要なのでしょうか。

**A 2** 自治体の災害時業務の標準化は政府もワーキンググループをつくって継続検討していますが、検討に時間がかかっている状況です[18]。また元京都大学教授で現在防災科学技術研究所の林春男所長がこれらの標準化の問

---

18 中央防災会議防災対策実行会議災害対策標準化推進ワーキンググループ「災害対策の標準化に係る中間整理」（平成28年）。

題を永年研究されております。自治体の災害対応の標準化では「ISO22320：社会セキュリティー緊急事態管理―危機対応に関する要求事項」という国際標準規格も制定されています。この素材の1つが米国のNIMS（National Incident Management System）です。災害時の行政が行う業務を標準化し、市町村や州、連邦政府および企業やボランティアによる応援対応が容易になる仕組みです。ただし、これを日本にそのまま導入するのがむずかしいところもあります。たとえば、避難所運営は日本の市町村が多くの職員を投入する災害時業務ですが、米国ではこれは赤十字の仕事であって、自治体の負担は少ないことがあります。また、米国では災害時業務について専門職を採用しており、企業や自治体共通の資格制度があり、専門職にはそれらの資格取得者が務めることが多いという特徴があります。

　災害時の業務が標準化されていると、他の市町村や都道府県などから来た多くの応援者が業務内容を熟知しているため、応援の効率が高いという利点があります。「東日本大震災」の応援状況の実態調査では、応援に入った人が何をすればよいかわからず被災自治体の職員につど確認を行うことが多く効率が悪かったことが指摘されています。また、都道府県の職員は市町村の業務を実施したことがなく、避難所運営や物資の仕分けなどの業務が中心となったとの指摘もありました。

　日本の自治体の業務で特に応援受援が有効なものは、保健や医療、土木建設、がれき処理、危険物処理などの専門業務が1つ。そして一般職員の応援が有効で、かつ被災者支援の遅延を防ぐための重要な業務として罹災証明の発行業務があります。また、災害対策本部全体の後方支援業務である、物資の調達配備業務なども標準化が有効です。これらを標準化し共通の研修を受けた職員が全国に多数存在する状況をつくれば、応援の効率が大幅に上昇することが期待できます。

**Q3**　米国政府で災害時対応を担う緊急事態管理庁FEMA（Federal Emergency Management Agency）は先進的であり、日本でも取り入れることが必要との指摘は繰り返し行われていますが、どのように考えますか。

**A 3** FEMAは米国連邦の組織で、テロや自然災害発生時に自治体の支援を行うものです。連邦政府のFEMAが何もかもすべて実施するという認識は誤りで、米国でも日本と同様に市民の救助や救命そして復興を担う責任者は市町村長です[19]。NIMSにより多くの支援を受けられる仕組みがありますが、あくまでも市町村長が責任者で、他の自治体や州およびFEMAから応援に配備された職員は市町村の災害対策本部の指示に従うという運用になります。日本と同様、被害が甚大な場合は非常事態宣言の発令とともに州政府やFEMAの復旧予算を市町村に供給できるという制度があります。また、FEMAの職員は専門職で技術者も多いのですが、日本にも国土交通省のTec-forceという技術部隊があります。また、FEMAは国営の水害保険の事務も行っていて全員が災害時の技術者というわけではありません。FEMAの指揮命令系統が強調されることも多いのですが、市町村との関係ではあくまで裏方になりますし、またすべての業務を統括しているわけでもありません。災害時に必要な連邦政府の業務のうちFEMAが直轄指揮できるのは、通信、情報・計画、被災者対応、物流、捜索・救助、対外広報の6業務で、その他の業務は他省庁との調整を行うこととなっています。米国は伝統的に後方支援、ロジスティックスが強力です。日本政府も「熊本地震」からはプッシュ型支援として、被災自治体からの要請がなくても初動の緊急物資支援を自動的に行うこととしました。FEMAのよいところを取り入れるとすれば、この後方支援や物資調達の方法があります。

**Q 4** 「南海トラフ地震」で臨時情報が発表されますが、予兆はとらえることができるのですか。また、その場合の企業の留意点を教えてください。

**A 4** 「南海トラフ地震」の臨時情報が発信される状況はいくつかあります。1つは「南海トラフ地震」の想定震源域のうち「東海地震・東南海地震」と「南海地震」の2つに分かれて地震が起きるパターンです。この場

---

19 指田朝久＝池上雄一郎＝コナーこずえ＝坂本憲幸＝町見「日本版FEMA構築の可能性と留意点—政府と地方自治体の災害対応の在り方の提案—」『地域安全学会梗概集No.35』9〜12頁。

合は過去にも起きたように32時間から２年までの幅の間で残りの地震が発生します。半分だけ地殻が割れたということで「半割れ」といっていますが、この最初の地震が発生した直後に出されるものがあります。この場合は、救助活動も次の地震や津波を警戒しながら対応する必要がありますし、まだ地震が発生していない地域の住民の避難や企業活動などをどうするかが課題になります。もう１つは、想定した「南海トラフ地震」の震源域で前触れのような地震が発生したり、ひずみ計などの兆候が計測された場合です。この場合も予知はできないのですが、用心を行うために臨時情報が発表されます。この場合、避難するか否か、小中学校の休校措置や企業活動の制限などをどの程度行うのかはまだ決まっていません。企業は従業員や顧客の安心安全を図り開店か閉店か決定することが重要で、臨時情報発令時に誰がどのような情報をもとに判断するかを事前に決めておく必要があります。また、警戒状況が長期にわたると、観光、飲食、宿泊、航空、鉄道など一部の産業では需要蒸発が起きる可能性が高いことも想定され、それらへの対応も求められます。

　いずれにしろ「南海トラフ地震」対応は、この「半割れ」だけでなく、そもそも突発的にM9.1地震津波が発生することへの対応力強化という課題も残っています。経済活動への対応については官民連携が必要ですが、まだ詳細は詰められていません。経済界が率先して政府に検討を働きかけるべきものと思います。

**Q 5**　安全保障等の観点からも現在の政府のBCPで十分といえるのでしょうか。不十分の場合さらに何が必要なのでしょうか。

**A 5**　ロシアのウクライナ侵攻により世界および日本の地政学的リスクが大きく変わってしまい、脅威が大幅に増大したと考えます。BCPが十分かどうかの前に前提となる安全保障そのものを全面的に見直すことが必要です。たとえば、サイバー対応や経済安全保障および同盟国との密接な外交なども含めてシナリオを新たに書き換え、全庁的な見直しを行うことが必要です（第４章、第５章参照）。

## 第 2 章

# 国債危機は起きるのか

有 吉 章

# 日本国債のリスク

## (1) 起こらなかった国債危機

　ジャパン・リスク・フォーラム（JRF）がその前身時代を含めて日本経済の抱えるリスクとしていちばん頻繁に取り上げ、議論してきたテーマの1つが日本国債に係るリスクである。

　10年前の2012年にジャパン・リスク・フォーラムの初めての公開フォーラムが開催された。そのときのテーマの1つが日本国債の抱えるリスクだった。当時ギリシャをはじめとしたユーロ圏の国債市場が混乱しており、各種指標だけをみればはるかに深刻な財政状況にある日本の国債を金融機関が大量に保有して大丈夫か、という問いかけだった。

　フォーラムでは金融機関のリスク担当幹部を中心とした出席者に、日本で国債危機が起きる可能性[1]をどう考えていますか、という即興のアンケートをとった。5～10年のうちと10～20年のうちと答えた出席者がほぼ半々で、5年以内、あるいは起きるとしても20年以上先、と答えたのはそれぞれ一握りであった。

　アンケートから10年後、日本の政府総債務残高は最近のコロナ対策もあって爆発的に増加し、普通国債残高でみると2012年度末の705兆円から2021年度末（見込み）には990兆円に達した。半面、日本銀行による大量の国債購入もあって、危機は起こらないばかりか、長期金利はマイナスになっている。世界的にもコロナ禍などで主要国の政府債務は急増しているが、問題は起こっていない。

　経済学の世界でも、近年MMT（Modern Monetary Theory＝近代貨幣理論）を標榜するグループが自国通貨で借金ができる国では財政赤字や政府債務の

---

1　「危機」の定義は人さまざまなので、ここではCDSスプレッドの4％以上の上昇とし、（主観的だが）可能性として3分の1を設定した。これは長期国債金利の大幅な上昇も伴う。

増大はまったく問題がないと主張し[2]、批判者も多いものの日本では一定の支持を集めている。また、そこまで極端ではないものの、多くの「主流派」の経済学者も国際金融危機、ユーロ危機、コロナ禍を経て財政による景気対策に肯定的になっている。健全財政の権化だったIMFですら、短期的な財政拡張は信頼される長期的な健全化計画とセットでないといけないとの従来からの主張は最近控え気味で、温暖化対策や格差是正での財政支出の重要性を強調している。

　結局、財政破綻とか財政危機は心配しなくてよいのか。また、金融機関の立場からは財政危機のリスクに備え国債保有を減らすべきなのか、それとも長期的なリスクはあっても財政破綻を心配しすぎることこそリスクなのか。

## (2)　財政の現状と国際比較

　ここでまずは簡単に財政の現状についておさらいしてみよう。日本では財務省が一般会計の国債発行額と普通国債残高を用いて説明することが多いが、国によって国、地方の財政制度や公的な保険や年金の仕組みがさまざまなので、国際比較をするうえでは一般政府をベースとすることが多い。このベースでコロナ禍で財政が極度に悪化した2020年の財政収支、基礎的財政収支、歳入、総債務残高、純債務残高を比較したものが図表2－1である。各国とも大幅な財政の赤字を計上し、債務も巨額になっているが、債務残高に関していえば、総債務、純債務（債務から金融資産を差し引いたもの）のいずれでみても日本は突出して大きい。日本にプラスの点があるとすれば、欧州諸国に比べ歳入の対GDP比が低く、増税や社会保険料の引上げの余地があるとみられることである。

　第3章でも指摘されているように、日本は高齢化によって年金、医療・介護等の社会保障関係の公的支出の増加が続くと見込まれ、政府の掲げる楽観的シナリオのもとでの1.5％の実質成長は夢物語に近い。図表2－2に示したIMFの見通しでは、コロナ後の成長率の反動増により債務残高の対GDP

---

2　ステフ ァニー・ケルトン著（土方奈美訳）『財政赤字の神話　MMTと国民のための経済の誕生』（早川書房、2020年）など。

【図表2-1】 2020年の主要国の財政状況（対GDP）

（単位：%）

|  | 財政収支 | 基礎的財政収支 | 歳入 | 総債務残高 | 純債務残高 |
|---|---|---|---|---|---|
| 日本 | -9.0 | -8.3 | 35.6 | 259.0 | 162.4 |
| 米国 | -14.5 | -12.4 | 30.8 | 134.2 | 98.7 |
| 英国 | -12.8 | -11.7 | 36.2 | 102.6 | 90.2 |
| ドイツ | -4.3 | -3.9 | 46.5 | 68.7 | 46.3 |
| イタリア | -9.6 | -6.3 | 47.4 | 155.3 | 141.8 |
| ギリシャ | -10.9 | -7.9 | 48.9 | 211.9 | … |

出所：「IMF Fiscal Monitor（2022年4月版）」より引用。

【図表2-2】 日本の財政状況の推移と見通し（対GDP比、%）

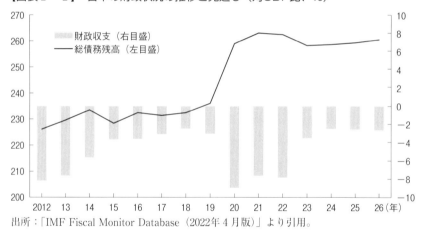

出所：「IMF Fiscal Monitor Database（2022年4月版）」より引用。

比は一時的に低下するが、その後実質成長率は0.5%程度で低迷し、財政収支の改善は見込まれない。債務残高も悪化に転じ、なんらかのショックがあれば、再び大きく上昇する可能性が高い。このような状況のなかで、「こんなに借金を抱えて問題だ」という直感の半面、何年も財政の危機が叫ばれるなかで何も起こっていないので、はたしてそこまで心配すべきことなのか、という疑問が生まれるのも当然かもしれない。

# 2 財政破綻は心配しなくてよいのか

---

## (1) 財政危機の様相

　漠然と財政危機というが、どういうかたちで起きるか、多くの人がイメージできないこともこの問題の理解を妨げている。ここではありうる財政危機のシナリオを検討してみよう。

　財政危機というと当年度の財政赤字がファイナンスできないことを思い浮かべがちだが、国債保有者が先行きに不安を抱いて保有額を圧縮しようとすることで国債価格が急落（金利は急騰）することが直接的なきっかけになるであろう。この段階では国債保有者が評価損を被るだけで、それ自体政府のファイナンスの問題にはならない。しかし、当然のことながら、こうした状況での国債発行は困難となり、場合によっては必要額が市場で調達できなくなる。

　この場合、国債の消化のために国債金利を引き上げることで当座は凌げても、金利支払いにより赤字は拡大し、さらに債務が拡大することで不安心理を増幅する悪循環に陥る。また、国債金利にあわせ市場金利全般もつられて上昇するため、民間債務者の債務返済負担が増加し、民間企業の経営を悪化させることとなる。さらに、国債価格の下落は国債を大量に保有する金融機関のバランスシートを悪化させ、与信能力を低下させ、企業財務の悪化と相まって極端な場合には金融不安を引き起こす心配もある。

　こうした事態を傍観すると金融システムが崩壊し経済も恐慌に落ち込むおそれがあるので、中央銀行は何としても政府のデフォルトを避け、また極端な市場金利の上昇を防ぐべく、国債を購入せざるをえなくなる。制度的には中央銀行による国債の直接引受は禁止されている国が多い。しかし、相当厳しい歯止めがかかっていたECBですら危機を避けるためには実質的にギリシャ国債等を買い支えたように、背に腹は代えられない状況では中銀が国債市場を支えることとなる。

では中央銀行が買い支えることで、MMT派が主張するように問題が解消するのだろうか。日本ではここ10年、日銀が金融政策として積極的に国債を買い入れるなか、長短金利の低位安定が続いており、物価も安定している。むしろ、デフレ的な状況で政府が赤字を拡大せざるをえず、しかも財政面での刺激だけではデフレ解消に不十分なので日銀が新規発行以上の額の国債を買い入れて金融政策面の緩和を行ってきたといえる。すでに発行済国債の半分近くを買い取っている日銀が、さらに保有を増やしても大きな問題となりそうにはないようにもみえる。

　野放図な財政支出による資金需要に対し中央銀行がファイナンスを余儀なくされる状況はかつて途上国でしばしばみられた。これは「財政支配」あるいは「財政従属」（fiscal dominance）と呼ばれている。このような場合、モノやサービスへの政府支出により超過需要が生じ、しかも貨幣供給が受動的に行われるためインフレとなり、極端なケースではインフレと財政赤字・通貨供給増のスパイラルが進展し、ハイパーインフレに至る。しかし、日本のようなデフレ環境ではなかなか超過需要によるインフレの高進というシナリオは想定しにくい。

　もちろん、日本経済がダイナミックな成長に転ずれば、インフレ圧力が生じるかもしれないが、国債への信認が失われる可能性も低くなる。では日銀の支えがある限り、国債危機は心配しなくてよいのだろうか。

## (2)　日本の国債危機は通貨危機

　日銀が無条件に買入れを続けるということは民間保有の国債が通貨に置き換わることである。では外国人を含む民間が国債を円貨幣に変えてそれで安心するかといえば、そうはならない。円で持ち続けるのは不安になり、外貨や外国資産に変えようとする動きが生じるだろう。その結果起きるのは円安である。円安になると輸入物価が上昇し国内物価にも波及する。円安が進行することで物価が上昇するとともに外貨のリターンが相対的に高まることからさらに資金の海外流出が高まり、円安は加速する。つまり、日銀の買支えで国債危機が避けられても、通貨危機が起きるだけである。

## ⑶ 通貨危機への対応は可能か

　円安と物価高を止めるためには為替介入と短期の政策金利の引上げが常道だが、無制限に介入できるわけではない。日本の外貨準備は豊富といっても日銀の当座預金の半分にも満たない。また、金利の引上げもむしろ逆効果になりかねない。日銀が金利を引き上げると（日銀当預に付利されているので）金利支払分だけ通貨供給が増え、円売り圧力を増してしまう。国債にも金利上昇圧力がかかるが、これを防ぐために日銀が買い支えると市中にはますます通貨が増え、円安圧力を高めてしまう。必要なのは通貨供給を抑えることだがこのためには日銀は保有する国債を売却して通貨を回収する必要がある。しかし日銀の支えを失った国債利回りは急騰するおそれがある。しかも国債金利の上昇を放置すると金融機関のバランスシートが悪化し、政府が銀行システムを支援すると財政赤字がさらに拡大してしまい、銀行危機と財政危機の悪循環という、ユーロ危機時のような最悪の結果となる。結局日銀は手詰まり状態となり、インフレの安定より低金利維持と国債消化を優先した政策をとらざるをえないであろう。

　金利を引き上げて資本流出と通貨安を止めるという政策がとれないなら、どういう政策対応があるのか。ユーロ危機時のアイスランドなどが行ったような、資本・為替規制をとらざるをえなくなる。資本の国外流出を抑えて金利を低位にとどめ、たとえば年10％程度の物価上昇を数年許容し続ければ債務残高の対GDP比は経済成長がなくても半減できる。しかし、政府の債務や貨幣は同時に国民の資産であり、その実質的な価値が低下することで国民がそれだけ貧しくなる（不良債権と一緒で、もともとそこまで価値がないものが正しく認識されたといえばそれまでだが）。しかもインフレはより貧しい人に厳しい結果をもたらす。また、資本・為替規制は一時的な非常手段としてはよくても、長期に続けることはさまざまな弊害があり、日本の世界経済とのつながりを弱め、日本経済の長期的な衰退を助長することになる。

# 3 日本はどれだけ危機に近いのか

## (1) 緩慢な危機と急激な危機

　前節のようなシナリオが想定できても、さほど遠くない時期に起きるのか
どうか。財政危機のきっかけは国債への信認の低下であるが、これがいつ、
何をきっかけに起きるのかを予測することはむずかしい。また、いったん信
認が低下してもこれを食い止めることができるのかもなかなか予想しがた
い。

　ギリシャ危機のきっかけは、総選挙後誕生した新政権が2009年の財政赤字
の見通しを従来の対GDP比3.7％から12.5％に引き上げたことだった。その
後、債務残高についても大幅な過小報告が行われていたことが明らかにな
り、急速に信認が低下した。また、新興国の通貨危機では国際収支の赤字や
外貨準備の減少が続き、徐々に為替が下落し外貨債のスプレッドが拡大した
後、なんらかのきっかけから投資家の間でパニックが急速に広まり危機に突
入するケースが典型である。では、日本でこれらのような状態が起きる可能
性はあるのだろうか。

　世の中、同じような状況が何十年も続くとそれが常態だと思うようにな
る。債務残高の増加が続き、日銀の国債購入が続いても何も不都合がないよ
うにみえる。しかし、日本経済をみると、ここ30年来実質実効為替レートは
低下を続け、交易条件は悪化し、物価は上がらずとも実質賃金は停滞し、輸
出の世界シェアも低下している。1人当りGDP（購買力平価ベース）の増加
も世界に後れをとっており、1990年にはOECD平均の2割増し、米国の85％
程度の水準だったものがコロナ直前の2020年にはOECD平均の94％、米国の
67％の水準になって、韓国にも抜かれている。急激な危機に陥っていない
が、緩慢な凋落という危機にあるともいえる。さらに、米欧では2021年後半
からのインフレ高進を背景に金融政策の正常化に舵を切っており、特に米国
ではかなりの利上げが想定されている。日銀が低金利を維持し続ければ円安

がさらに進行することが予想される。

　しかもその間、債務残高は確実に増加し続け、日銀の買入れにより当面の消化には問題が起きなくても、国全体としては通貨という逃げ足の速い債務が莫大な額になっていく。そういう意味で危機勃発のリスクは高まっており、財政状況の改善がみられない限り、何かをきっかけに危機に移行するリスク、すなわち脆弱性が高まっている。

　何をきっかけに危機に移行するかは、事前には予測できない。しかし、投資家のセンチメントに大きな影響を与えるイベントとしては、本書でも取り上げている大震災などの大災害が考えられる。南海トラフ地震に係る内閣府の被害想定は200兆円を上回る。インフラの再建や税収減で財政赤字が拡大するのみならず、国内生産設備の被害や復旧のための輸入増から経常収支も赤字に転落することも予想され、長期的な日本経済の復興の見通しが立たなければ急速に信認が低下するおそれがある。地政学的なリスクの顕在化なども日本からの資本流出を招き危機のきっかけになりうる。つまり、危機時に財政の危機対応能力も同時に失われるおそれが強い。

## (2)　リスクを下げるには

　財政面のリスクを下げるには債務を経済規模に対し引き下げるか、少なくとも上昇し続けないようにする必要がある。国債を日銀が買い入れたとしても、上述のように国債危機が通貨危機に変わるだけで、危機が避けられるわけではない。しかも債務や通貨残高はストックなので、いざ問題が起きてもこれを急に引き下げることはむずかしく、やろうとすればアジア通貨危機やギリシャ危機のときのように極端な緊縮策によるしかない。リスクを抑えるには危機が起きない、あるいは起きてもその規模が大きくならないように、平時から脆弱性の改善に努める必要がある。

　財政面での脆弱性改善には、支出を抑え税収を上げることで地道に収支を改善し、同時に経済成長率を高めていくことしかない。金融政策も正常化の方向に向かうことが可能となれば金融政策を活用できる環境を取り戻すことができる。しかし、ここまで債務残高や通貨供給が増えてしまうと一朝一夕

には改善はむずかしい。しかもコロナ禍や自然災害のようなショックに対し財政支出を抑えるとかえって経済を低迷させ財政を悪化させてしまう。

① 景気悪化への短期的な対応

金融政策での緩和余地が少ない状況では、景気の大きな悪化を防ぐには財政政策に頼るしかない。ただ、その場合でも効果と効率を考える必要がある。たとえば、コロナ禍での一律の給付金などは迅速な対応が必要だったため正当化される部分もあるが、このような給付の7〜8割は貯蓄に回ることは過去の類似施策の効果の検証でよく知られている。景気への効果に比べ財政面でのコストが大きい一例である。

② 長期的な脆弱性の改善

長期的な脆弱性の改善は、ショックへの耐性を高め、危機発生の可能性と危機の規模抑制につながる。債務GDP比の抑制を通じて外的なショックに対する財政の対応力を確保することが基本であり、特に継続的な支出圧力となる社会保障関係費をアフォーダブルな（負担可能な）水準とすることが重要である。また、債務水準自体の削減はむずかしくても、本書の他の章で指摘されているように、経済面での脆弱性への対応は必要であり、可能でもある。たとえば、カーボンニュートラルな経済への移行に失敗すればエネルギーの供給制約とコストの上昇からかつてのオイルショック時のような状況が再現される。地震に対する減災の備えと効果的なBCPの策定は巨大地震に伴う経済コストと復旧のための財政コストの低減につながる。イノベーションや人的資本の強化は長期的な成長と財政余力の拡大にも寄与する。

## 4 終わりに

### (1) 国債累増圧力による政策割当の変更

ここ何十年間、中央銀行は物価の安定を政策目的とすべき、というのが常識であった。財政の健全性維持については、将来世代への負担の問題や破綻

回避の観点から議論されることが多いが、実は財政金融政策の役割分担として、中央銀行が物価目標を実現するためには財政が持続可能性を目標に運営されることが不可欠なのである。これは後にノーベル賞を受賞したサージェントとウォレスが40年前に指摘したことで[3]、もし財政が持続可能性を無視した場合には、金融政策のほうで財政政策にあわせて金利の維持と国債の円滑な消化を目標に運営しなければならなくなる。他方、物価と景気の調整機能はもっぱら財政政策が担い、財政がインフレに責任をもつことになる。すなわち、従前の財政政策と金融政策の役割が正反対になる。日銀が財政に従属するかたちで国債の円滑な消化に特化するため経済政策面では財政政策の役割が決定的に重要になるし、財政政策の効果をインフレ、通貨安のリスクとの関係で厳しく検討する必要が出てくる。また、長期的な経済成長の実現のためには経済構造の強化のための取組みが必要となる。危機自体を未然に防ぐことはできないかもしれないが、危機の社会経済的なコストの抑制には役立つ。

## (2)　リスクと脆弱性への対応を

　20世紀の国際金融の泰斗として知られるルディガー・ドーンブッシュは通貨危機について、「危機が起きるまでには想定以上に時間がかかるものだが、実際起きたときには想像以上に急速に進展する」と語っている。日本国債の危機についても同じことがいえる。実際にはなかなか危機は起きないかもしれない。しかし、なんらかのショックをきっかけにいったん起きてしまえば危機が急速に進展するおそれがあり、それを食い止めることは不可能に近い。当面財政危機は起きそうになくても、将来的な苦しみを抑えるにはいまからでも財政の悪化をできる限り抑えるとともに、自然災害、炭素エネルギー依存などの脆弱性に対応することが不可欠である。

---

3　Sargent, Thomas J. and Neil Wallace, "Some Unpleasant Monetarist Arithmetic", *Federal Reserve Bank of Minneapolis Quarterly Review 531*, Fall 1981.

**Q1** 物価上昇が加速すれば、日銀がこれを放置するとは考えられないのではないでしょうか。

**A1** たしかに物価上昇は人々の暮らしを直撃するので、物価抑制への政治的な圧力が高まり、日銀としても金融引き締めに動かざるをえないシナリオも考えられます。ただ、指摘したように、これは国債市場の悪化をもたらすので、通貨危機を避けられても国債危機につながります。国債危機が進行すれば、最悪の事態を避けるためにはやはり日銀による国債市場の買支えが必要ということになるのではないかと思います。個人的には、国債危機も通貨危機も避けようと思えば、資本規制や金融自由化の巻き戻し、国内の物価統制や補助金の使用等、統制経済に向かわざるをえないのではないかと考えています。しかし、たとえ急激な危機を押さえ込めても統制経済は長期的な経済の停滞、低落をもたらし、国民全体がどんどん貧しくなるだけでなく、統制経済のなかで巧みに金儲けをする人間が出て、格差もますます拡大することになるのではないかと思います。

**Q2** 日本国債は海外保有が少ない、あるいは実物資産を含んだ国のバランスシートでみれば日本政府は資産超過なので問題はないという議論については、どう考えますか。

**A2** たしかに日本国債の海外保有比率は2021年末で7.9％（TBを含めれば14.3％）と諸外国に比べ低いですが、中央銀行と政府以外の保有分の16％強を占めます。また、大証における国債先物取引の海外投資家のシェアは6～7割と、価格形成に大きな影響力をもっています。したがって、外国人による売りが国債価格の暴落のトリガーとなる可能性はあります。もっとも、日銀が買い支えなければならなくなる量は比較的小規模に収まっているということはあります。しかしながら、より根本的には、外国人売りだけを心配していればよいというわけではなく、国内投資家の動向が重要

です。過去の新興国等の債務危機でも、海外投資家の資金の引揚げだけで
なく、国内からの資本逃避が危機の大きな原因となっています。

　また、資産超過であれば安全かといえば、民間企業でもそうですが、債
務超過になったので倒産するわけでなく、資金繰りがつかなくなることが
破綻の直接的原因です。時間をかければギリシャが行ったように国有資産
を売却して国債の返済に充てるということは可能ですが、国も資金繰りが
つかなければゲームオーバーになります。民間との違いは中央銀行が最後
には支えてくれる、という点ですが、これも申し上げたように国債危機を
通貨危機に転化させるだけの結果となります。

# わが国の人口減少・少子高齢化と政策対応：長期的視点

田近　栄治
大槻　奈那
奥村　隆一

## （1） 経済の現状

　長期にわたって低迷する日本経済の真相を知るための重要な鍵の１つは、政府、企業および家計の資金過不足を通じた資金循環である。経済が成長する過程では、かつての日本がそうであったように、家計の貯蓄を企業が投資に活用する一方、政府は社会保障や公共投資を歳入の範囲で提供することで、民間の経済活動を阻害することがないように、均衡財政を維持しているはずだと考えることができる。この場合、資金面では、家計は資金余剰、企業は資金不足となり、政府は資金過不足がない状態となっている。

　以上を背景として、資金面から、1990年代以降現在に至る日本経済を示したのが図表３－１である。直ちにわかるように、上に述べた成長する経済とは、大きく異なった姿となっている。まず、高齢化を背景として、家計の貯

【図表３－１】　政府、企業、家計の資金過不足（対GDP比率）

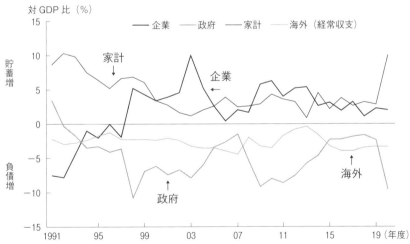

出所：財政制度等審議会『財政総論等』（2022年）より引用。原資料は、日本銀行『資金
　　　循環表』による。

蓄増（資金余剰）が減少している。一方、1990年代後半以降のデフレの進行と軌を一にして、企業は資金不足から資金余剰となる。これによる、経済の失速を補うかのように政府は支出を拡大し、一貫して資金不足となる。この図で最も興味深いのは、企業の資金余剰と政府の資金不足が鏡の反転画像となっていることだ。企業は「貯めるところ」、政府は「使うところ」となっているのである。

　図表3－1ではまた、海外部門が資金不足であることが示されている。ここで海外とは日本以外の世界全体で、日本からみれば対象期間を通じて資金の借り手であり、日本は債権国として、証券投資や直接投資によって所得を海外から（純額で）受け取っていたことを示している。これはまた、日本の円の信認の拠り所となっている。

　このようにして政府は、歳出拡大によってデフレに立ち向かったが、この間の経済成長率は低迷を続けた。また、1990年では米国、ドイツに次いで高かった平均賃金は、2020年には、英国、フランスに先を越され、韓国よりも低くなっている[1]。これは、政府の歳出頼みでは、デフレからの脱却が困難だったということである。同時に指摘すべき重要な点は、この間に国の財政状況の厳しさが増しているということである。以下では、高齢化を原因の1つとして、日本の財政運営がどれほど困難となっているかみていくことにする。

## (2)　財政の現状

　国の歳入の一部は、地方へと配分されている。この部分を地方交付税交付金等と呼んでいる。国の歳入合計から地方交付税交付金等を除いた部分が、国が自らのために使用することができる財源となる。以下では、この部分を国の自前財源と呼ぶことにする。すなわち、

　　　国の自前財源＝歳入合計－地方交付税交付金等

　国の財政力として、国は自前財源によって社会保障関係費や一般歳出（地

---

1　財務省『税制調査会・説明資料（令和4年度税制改正について）』（2022年1月20日）。

方交付税を除く、国の歳出合計）をどれだけまかなうことができたか求めた。ここで社会保障関係費とは、公的年金、医療保険、介護保険、雇用保険、生活保護や子育て支援などへの国の支出額である。国の一般歳出はそれに、国から地方への配分額を除く、公共事業、文教・科学技術振興、防衛、農林水産業対策、経済協力、中小企業対策など、その他の国の支出額を加えた額である。

　コロナ禍直前の2019年度から2021年度までの最近の結果を図表３－２に示した。ここから直ちにわかることは、国は自前財源のほとんどを社会保障に投入しているということである。その割合は、2019年度では66.1％、その後2020年度、2022年度ではコロナ対策も加わり、94.2％、81.8％に達している。国の財政は、自前財源を社会保障に使ってしまえば、残りはほとんどない状態となっている。

　消費税は、その使途を高齢者支援や少子化対策に伴う費用に充てるとされているが、その額はほぼ20兆円程度である。これに対して、社会保障関係費の総額は、コロナ禍以前の2019年度では34.1兆円、コロナ禍の2020年度、2021年度ではそれぞれ44.2兆円、47.2兆円なので、消費税を全部社会保障に投入してもとうてい、その費用をまかなうことはできない状態となってい

【図表３－２】　国の財政力

| | 2019年度 | 2020年度 | 2021年度 |
| --- | --- | --- | --- |
| | 補正予算後 | 補正予算後 | 補正予算後 |
| 社会保障関係費／<br>国の自前財源 | 66.1％ | 94.2％ | 81.8％ |
| 一般歳出／<br>国の自前財源 | 128.3％ | 291.0％ | 171.4％ |
| 基礎的財政収支赤字額<br>（兆円） | ▲14.9 | ▲90.4 | ▲41.4 |

注１：国の自前財源＝歳入合計－地方交付税交付金等
　　　地方交付税交付金＝国から地方への財政移転
注２：基礎的財政収支＝国債費を除いた国の歳出合計－国債収入を除いた国の歳入合計
出所：財政統計より筆者作成。

る。

　その結果、国は自前財源をはるかに超える支出を行うことになる。それを示したのが、一般歳出と自前財源の比率である。2019年度では、この比率は128.3％であり、国は自前財源を28.3％も超えて支出していた。この超過分は、税収では歳出をまかなうことのできなかった「基礎的財政収支赤字」と呼ばれているが、その額は14.9兆円であった。コロナ対策の加わった2020年度では、国は自前財源と比べてほぼ３倍、その後2021年度でも1.7倍の支出を行った。その結果、2020年度の基礎的財政収支赤字は90.4兆円、2021年度も41.4兆円に達している。

## (3)　財政の今後―高まるリスク―

　高齢化を背景の１つとして、国は歳出のきわめて大きな部分を社会保障負担に充てている。それに加えて、デフレやコロナ禍への対策を通じて、歳出がさらに増大した結果、今後の財政運営は困難となってきている。この点を示したのが、図表３－３の「国債残高、利払費と金利」である。

**【図表３－３】　国債残高、利払費と金利**

| 年度 | 普通国債残高（兆円） | 利払費（兆円） | 金利（％） |
|------|------|------|------|
| 1990 | 166 | 10.8 | 6.1 |
| 1995 | 225 | 10.7 | 4.6 |
| 2000 | 368 | 10.0 | 2.7 |
| 2005 | 527 | 7.0 | 1.4 |
| 2010 | 636 | 7.9 | 1.3 |
| 2015 | 805 | 8.3 | 1.1 |
| 2020 | 947 | 7.4 | 0.8 |
| 2021 | 1,004 | 7.3 | 0.7 |
| 2022 | 1,026 | 8.2 | 0.8 |

注：2021年度および2022年度の金利は、利払費を普通国債残高で除して求めている。
　　財務省主計局『我が国の財政事情（令和４年度予算政府案）』（令和３年）より。
出所：筆者作成。

1990年代を通じて歳出が拡大した結果、国の債務である国債残高は膨張している。図表３－３に示されているように、1990年度の国債残高は166兆円、2020年度には947兆円へと増加している。コロナ禍を経て2021年度には、国債残高は1,000兆円を超え、2022年度の予算では、1,026兆円と見込まれている。

　これだけ国の負債が増大しても、国の歳出拡大を可能にしているのは、図表３－３から明らかなとおり、この間金利が大きく下がり、その後も低位の水準を続けているからである。経済がデフレから脱却できないなか、世界で類をみない、日本銀行の断固とした「質的・量的緩和」「長短金利操作（イールドカーブ・コントロール）」に支えられて、国債の超低金利が続いている。

　しかし、いうまでもなく、問題はいつまでこの状態が続くかである。米国やEU諸国では、インフレが高進し金利の引上げが始まっている。そして、日本経済へのその直接的な影響は、金利格差を通じた「円安」となってすでに表れている。金利の低い日本の円売り、金利の高い米国のドル買いである。

　デフレ下の日本経済の実像を明らかにするために、図表３－１によって、政府、企業および家計の資金過不足を示した。そこで指摘したように、日本の円の信認は、海外部門が資金不足、すなわち日本が資金の貸し手であることによっている。しかし、世界のなかでこのまま日本だけが、頑なに超金融緩和を続ける結果、円安がさらに進み、国際収支が赤字となるかもしれない。それだけでも円の信認は損なわれるが、そこに自然災害、感染症、地域戦争が加われば、計り知ることができない混乱が生じる可能性がある。

　いずれにせよ、国の借金が1,000兆円を超えても、利払費が７兆円から８兆円という異常な状態は修正を求められるだろう。コロナ禍の収束を見極めつつ、平時に向けた財政の舵取りの準備が求められる。そこで、最も重要な指針は、平時においては、自前財源で国の支出をまかなうこと、すなわち国の基礎的財政収支の均衡を達成し、維持することである。それによって、いつ来るかもしれない、新たな危機に備えることが重要である。

（田近　栄治）

# 日本の財政・社会問題とその解決に向けて

## (1) 日本の財政問題と社会課題

日本政府の借金は、新型コロナ対応の補正予算等の結果、GDPに対し256％まで上昇した[2]。これらの施策は、ある程度奏功した。これまでのショック時とは異なり、困窮する中小企業に対する銀行融資について政府が完全に利払負担とリスクを負う「ゼロゼロ融資」や、国民全体を対象とする直接の10万円の給付金や売上げが落ちた中小企業に対する支援金で支援を行った。パンデミック宣言当初の想定とは異なり、失業率も過去最低となり、当初は約5割の人々が給与が減ると想定していたのに対し、その後2021年1月時点では、7割の人が変わらない、または、増加した・すると思う、と答えている（マネックス証券調べ）。

たしかにこれだけばらまき政策をしても国債の発行にまったく問題はないし、格付会社も日本政府の格付け（2022年3月末時点でA＋）を変更する気配はない。しかし、足元では財政の悪化につれて、社会的な不安要素も出ている。

第1に、若年層の不安の増大である。日本の個人に1年前対比での消費意欲を聞くと、過去5年間、ほぼ一貫して、「引き締めている」という人の割合が「緩めている」という人の割合を全世代にわたって上回っている。これらの人々にその理由を尋ねると、トップはほぼ常に「年金が不安」という声で、「財政が不安」という回答も常連になっている。しかも、こうした不安の声は、高齢者だけでなく30歳代、40歳代といった層にも広がっている（図表3−4）。マクロ的にみても、2020年の新型コロナパンデミック以降の預金の増加ペースは過去のトレンドを上回り、筆者の調べでは、2021年9月時点の過去1年の個人の銀行預金増加額はトレンドに対して、一律給付金の総

---

2　財務省「財政総論」（2021年10月15日）9頁。

【図表3-4】 貯金を増やしたい理由

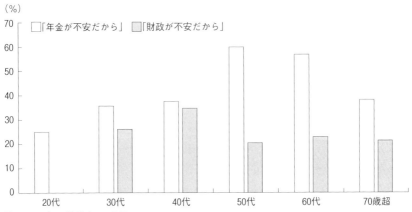

注：2021年9月時点 n＝365
出所：マネックス証券より引用。

【図表3-5】 銀行の個人預金残高

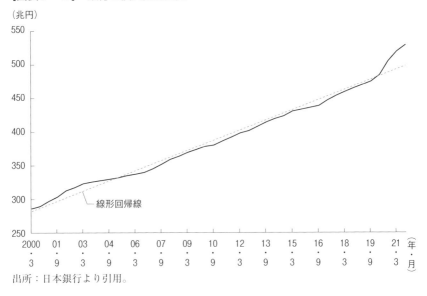

出所：日本銀行より引用。

額とほぼ同額の14兆円ほど上振れている（図表3-5）。コロナ禍の行動制限
期間中、支出が減っていたことも関係しているであろうが、経済対策で放出

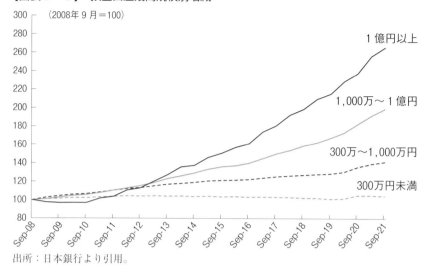

【図表３－６】 預金口座残高規模別増減

（2008年9月＝100）

1億円以上

1,000万～1億円

300万～1,000万円

300万円未満

出所：日本銀行より引用。

された補助金の多くが銀行預金として滞留していたことがうかがわれる。今後また経済対策を打っても、財政への不安が増幅されて消費が抑え込まれるなら、想定された効果が生まれない可能性が高い。

　第２に格差の拡大である。国別の所得のジニ係数で示されるように、日本における所得格差は他国ほど大きくはない。しかし資産はどうだろうか。リーマンショック後、１口座当りの残高が１億円を超える大口口座の伸び率は、300万円以下の小規模口座の残高の伸びよりも高くなっており（図表３－６）、大口口座の合計残高はこの14年間で2.7倍になった。さまざまな解釈ができるものの、これまでの財政政策による富の再分配がうまく機能しなかった可能性がある。

## ⑵　転換点後の日本の課題

　新型コロナ対策は、一時的には奏功したものの、大規模な補助金の前例をつくってしまった。仮に再び経済がショックに見舞われたときには、コロナ禍における一律10万円の定額給付金や店舗に対する休業給付金や売上げの減少に対する補填などの緊急避難的な補償を再び求める声が高まるだろう。

もちろん、国民が、自らの力でいかんともしがたい外部要因で致命的な損害を被る場合、短期的な資金援助施策を行うことは重要だ。しかしそれは、第2章で述べているとおり、短期的な弥縫策にすぎず、政府債務が拡大する一方で、将来的な成長とそれに伴う税収増につながらないなら、政府の債務はふくらむ一方だ。その場合、国民の財政への不安によって消費が抑制され、その結果企業も投資を抑制するという悪循環が生まれることになる。

　では、今後財政出動以外に何をすべきだろうか。

　第1に、「民間にリスクテイクを促す」ということだ。そもそも、企業の持続的な成長を国の補助金で促すことはきわめてむずかしい。成長にはリスクが伴い、国がそうしたリスクテイクを行う企業に優劣をつけて選別することはむずかしいためだ。また、国からの補助金をアテにする産業に持続的な成長は期待しにくいためだ。国ができるのは、一定の基準を満たした個人や企業に対し一律に資金を配布することで、これは成長を促す施策というよりはセーフティネット機能である。

　このため、国の持続的成長力を促すには、民間がリスクをとって成長を図るしかない。実際、米国でも過去25年間の株式市場の時価総額の増加額の3割はGAFAM（Google、Amazon、Meta〈Facebook〉、Apple、Microsoft）の5社の成長によるものだ。これらの企業やその経営陣の出資をもとに次の世代を担うベンチャー企業が育っている。

　こうした民間企業の成長を後押しするのは政府ではなく民間の金融機関である。政府も劣後資金の提供などに乗り出しているが、人的資源の問題に加え、企業の将来性によっては廃業・転業も促す必要があり、政府ができることには限界がある。

　民間のなかでも、中小企業、特に地方の中小企業が頼りにしている銀行が果たす役割が大きい。もちろん投資ファンドも重要だが要求リターンが年率10％を超えるなど、ハードルが高いうえ、中小企業にとってはファンドとの接点も少ない。

　ところが、日本の銀行は、企業の成長力を判断するのが苦手である。結果として、銀行の貸出金利の分布幅は小さく、その金利幅に収まらない高リス

ク先には貸出を行わない。成長企業を育てるには、成長企業を見極め、これらにはリスクに応じた柔軟な金利で十分な資金を与えて、長期的視点で支援する必要がある。

そのような融資を行ってきた銀行の例として「京都銀行」がある。いまや日本を代表する企業となった日本電産、任天堂、村田製作所などの大企業をその黎明期から数十年にわたり多面的に支えてきた。

また、銀行に加えて、個人のリスクテイクを促すことも重要だ。いま、地方に住む個人は、多くの預金資金を金融機関に預けているが、それらの資金が地元への貸出に回される割合は、せいぜい6～7割程度である。また、地方には上場企業が少ないことから、仮に地元民がエクイティ性資金で地元企業を応援したいと思ってもその手立てはほとんどない。クラウドファンディングも地方で萌芽し始めているが、その規模はきわめて小さい。

地場産業を多面的に支える"地元マネーの地産地消"を促せるような仕組みが重要である。そのためには、いまは赤字でも成長の芽があるとか、こういうブランドで根強いファンがいるなどの非財務情報を顕在化させたり、将来素晴らしい商品ができたらそれを支援者に優先的に配るといった現物配当ができる仕組みが必要だろう。

第2に、人の変革、リスキリング（re-skilling）である。人口減少で労働を"量"の面で拡大するのはむずかしいなかで、一人ひとりのスキルを向上させることはきわめて重要である。実際、さまざまなリサーチで、教育年数と労働生産性やGDPには正の相関があるとされている。日本でも、これまで段階的な学校教育の無償化など、初等教育については財政によって教育の普及が図られてきた。これに比べて、社会人等、年齢が進んでからの学修は効果が薄いとされるが、今後いっそうの少子化や、就労期間中に進んでいくであろう技術革新をキャッチアップする必要があることなどから、学校卒業後の再教育（リカレント）の必要性は高まっている。

こうした社会人の学びについても、年間1人上限40万円という充実した専門教育訓練給付金制度をはじめとする財政支援のメニューが用意されている。それでも2014年の開始以来の利用者数は10万846人（2020年度まで）と、

労働人口全体に対する割合でみればごく少数にとどまっている[3]。しかも、さまざまな教育訓練を自主的に受ける人は、リピート率が高く、意識の高い人々は何度もスキルアップを図るが、そうでない人々はまったく受けない傾向がある。

　また、近年は社会人講座を紹介するようなアプリも多く開発されているが、単発のセミナーが大半を占めており、どこまでスキルが向上できているのかは不透明である。

　これらの課題の克服には、現在の財政支援に加えて一段の工夫が必要である。まず、まとまった時間でまとまったスキルを習得するため、教育訓練休暇を企業に義務化するなど大胆な施策が必要だと考える。また、将来の自分のキャリアプランから逆算し、どのような講座や資格試験をとるべきなのかを“見える化”する仕組みも必要だろう。さらに、それぞれのコースを受けた場合の成果が事前にみえにくいことも課題である。国や業界団体などを促し、自分への投資がいかに高い効果を生むかがはっきりと示されれば、より多くの若者がリスキリングに前向きになるのではないか。いまでもこうしたキャリアプランを相談できる「キャリアコンサルタント」は存在するが、依然として積極的な利用は進んでいない印象だ。これは、どんなスキルを身につければ、それがどの程度満足感や所得の向上につながるかといった具体的かつ定量的なフィードバックができていないことが大きな要因であると考えられる。今後は、就業年齢の長期化・高齢化も予想されることから、リスキリングは国としてきわめて重要な課題となる。

　第3に、支援の考え方や手法の変革である。現在も国や地方は、企業のデジタル化を補助金や税制メリットなどでサポートしている。これは重要な施策である。ただ、地方の企業等にとっては、まだデジタル化が自分事になっていない可能性がある。たとえば、オンライン申請のやり方をいま3時間かけて覚えるくらいなら、手書きの申請書作成に1時間かかるほうがましだ、という考え方に落ち着いてしまう。オンラインの利便性を広めるには、この

---

3　厚生労働省（職業安定分科会雇用保険部会158回）参考資料1「教育訓練給付関係参考資料（10月13日資料より一部抜粋、追加資料）」（令和3年11月10日）。

最初のハードルをヒューマンタッチで根気強く下げていくことが必要だ。同様に、デジタル社会に必須のマイナンバーカードの普及も、ポイントの付与だけではなく、一部の都市の例のように、市の職員が赴いて書類の作成を手伝うなどの、ヒューマンタッチでアナログな支援が必要かもしれない。

さらに、デジタルの先端技術やグリーンイノベーションを理解し尊重する企業風土の醸成も必要だ。日本の日経平均構成企業の平均年齢（中央値）は2022年で80歳を迎える。米国のS&P500構成企業や欧州のSTOXX600の30歳弱とまったく異なる。長寿企業が多いことは強みではあるが、他国に比べて若い会社が育っていないことの現れでもある。こうした長寿安定社会を前提としてイノベーションを醸成するには、他国とは異なる、伝統的大企業を中心としたイノベーションの"スピルオーバー"が必要である。たとえば、社内ベンチャーを育成し、独立を促すことや、ベンチャー企業との協業またはベンチャー企業の買収が考えられる。

しかし大企業では、まだまだ現状維持性向が強く、ベンチャー企業・新しいものに対する偏見も強い。たとえば暗号資産やNFT（ノンファンジブルトークン）等に対する取組みをみても、米国ではスポーツブランドのナイキやコカ・コーラ、欧州では高級アパレルブランドのルイ・ヴィトン等、2021年までにさまざまな大企業が参入している。日本では、2022年3月時点で日経平均構成銘柄の企業で、NFTへの参入を表明しているのはゲーム会社と金融関連程度だ。将来に不透明感があっても、大きな投資でなければ、まずはやってみるという姿勢が経営層には求められる。

2020年のコロナ禍を経て世界経済は大きな過渡期にある。しかし、非連続な環境だからこそ、企業等も非連続に変わることができるかもしれない。低成長企業に対する弥縫策的な財政支援の連続から脱皮し、中長期的な成長を促すような財政や仕組みづくりを強く望む。

（大槻 奈那）

# 3 人的資本──20、30年後のリスクシナリオと対応の視点──

## (1) 労働力人口の減少を前提とした国づくりの必要性

2000年代初頭、日本では明治維新以降続いてきた人口増加社会が終焉し、人口減少の局面に突入した。少子化対策の必要性は誰もが認識していたし、もちろん政府も無策であったわけではない。

ただし、経済の観点でみたとき、「人口」そのものよりもむしろ「労働力人口」の減少のほうが深刻である。経済や労働参画の見通しによって推計値には幅があるが、今後20年以内に少なくとも500万人、多ければ1,000万人以上の労働力人口が日本から消失する可能性が国によって試算されている。

労働力が少なくなるなかでも活力を維持することのできる国づくりが求められているのである。

## (2) 「人的資本」に関するわが国の課題

この課題を解決する際に重要な概念の1つが「人的資本」である。人的資本とは人間がもつ能力を「資本」としてとらえた経済学上の概念で、個人が所有している知識・スキル、経験・能力を指す。

労働力人口が減少する時代には、一人ひとりの人的資本を高める取組みがきわめて有効かつ重要な国家戦略となる。しかし、わが国には、人的資本の陳腐化、OJTの機能不全化、キャリア自律の不在、という3つの社会課題があり、これらの解決なくして人的資本を増やすことはできない。一つひとつみていこう。

第1は「人的資本の陳腐化」である。これは全世界共通の社会課題で、不連続な市場変化と技術革新を背景に生じている。人的資本は一朝一夕に蓄積できるものではない。ところが、業界の垣根が崩れ、ビジネスモデルが大きく変化するなかでは、何十年もかけて育ててきたスキルや能力が、次の日に役に立たなくなる状況が普通に起きる。人的資本の賞味期限が短くなってい

るのである。

　第2は「OJTの機能不全化」であり、日本特有の課題といえる。日本企業の主な人的資本形成手段は社員に対するOJT、すなわち業務遂行を通じた能力開発である。擦り合わせ技術、習熟・改善等による「持続的イノベーション」には、先輩から後輩、上司から部下へのOJTによる能力移転が有効に機能する。しかし、今日生じているような、企業の外部にある「知」を引き入れまったく新しいサービスや製品を生み出す「破壊的イノベーション」には、この日本企業の強みは残念ながら有効に機能しない。

　日本の企業や就業者に欠落しているのが第3の「キャリア自律（Career Self-reliance)」である。新規学卒者を一括で採用し、ゼロベースから育て上げて、定年まで安定的な雇用を保証する、いわゆる「メンバーシップ型雇用」にはたしかにメリットがある。しかし個人が自分のキャリアを考えて自律的にキャリア開発を行っていく、という「キャリア自律」が培われないデメリットもある。これが人的資本の向上を大きく阻んでいる。企業任せではなく、就業者自身でキャリアを築く自覚が、学び続け、能力を高め続けようとする意志を生み出す。変化の時代には、スキルや能力も変化させ続けなければ生き残っていけない。わが国の「人的資本」の蓄積に向けた最大のネックは、もしかすると日本の就業者のマインドセットかもしれない。

## (3)　20、30年後のリスクシナリオ

　上述の社会課題を放置していた場合、20年後、30年後、日本にどのような状況が現出するだろうか。

　第1は「労働階層社会」の誕生である。雇用形態別の就業者数の推移をみると、戦後、2つの転換点がみられる。1つは1960年代初頭、高度経済成長期真っただ中である。ここで自営業の人数と雇用者の人数が逆転している。これ以降、自営業中心ではなくて、正社員等の「雇用者」が主力となる時代が到来する。

　次の節目が1997年あたり、バブルがはじけた数年後である。この頃から正社員数が頭打ちになる。同時に、非正規社員の数と自営業の数が逆転し始め

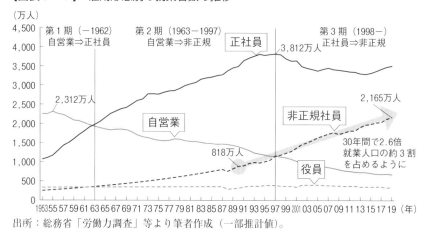

【図表3－7】 雇用形態別の就業者数の推移

（万人）

第1期（－1962）
自営業⇒正社員

第2期（1963－1997）
自営業⇒非正規

第3期（1998－）
正社員⇒非正規

正社員

3,812万人

2,312万人

自営業

非正規社員

2,165万人

818万人

役員

30年間で2.6倍
就業人口の約3割
を占めるように

出所：総務省「労働力調査」等より筆者作成（一部推計値）。

　る。ここから30年間で非正規社員の数は2.6倍と、急上昇を示している。仮にこの傾向が続くとしたら20年も経たないうちに非正規社員が正社員の数を上回る、「非正規社員が主流の時代」が到来する可能性がある。

　加えて、ギグワーク、フリーランスのような、いわゆる「雇用類似」と呼ばれている人たちも急増している。自営業と雇用者のどちらでもない、この第3の類型を含めたタイプ（ここでは「非正規人材」と呼ぶ）の働き方が、将来的には主流派となる可能性がある。ところで、非正規人材には、単純労働などの「低スキル人材」と正規雇用者よりも高い専門性・スキルをもつ「高スキル人材」が存在するが、日本人は一般に就労の安定と生活保障を重視する傾向がみられ、仮に独立すればより高い報酬が得られる「高スキル人材」も正規雇用を選択する。結果、非正規人材は「低スキル人材」が多くを占めていると想定される。

　リーマンショック以降、正社員数は頭打ちとなり、非正規人材の数が増えている理由の1つとして、企業が収益力の高い人材への絞り込みとコスト投入の重点化を図っている可能性が推察される。AI（人工知能）によるホワイトカラーに対する業務支援の高度化が加速して人材の余剰感が高まれば、2030年から2040年の間に、正社員になれない非正規人材が主流派となる一

【図表3-8】 職業区分別の労働需給バランスの時系列推移（2015年起点、技術の前倒し普及が実現したケース）

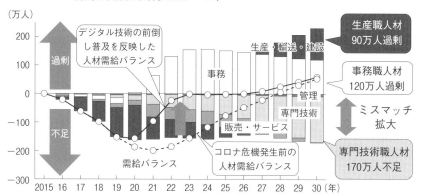

注：破線はコロナ危機発生前に三菱総研が想定していた2030年にかけてのデジタル技術普及シナリオに基づく人材需給バランス。実線は、同シナリオのうち、コロナ危機を受けて一部が前倒し実現されるインパクトを反映したもの。
出所：三菱総合研究所「データで読み解くポストコロナへの人財戦略」（2021年）より引用。

方、正社員層との所得水準には大きな開きが生じ、階層社会化が進むおそれがある。

　第2は、従来型の日本企業の「存続の危機」である。日本の従来型企業の多くは業務内容や勤務地などを限定せずに雇用契約を結ぶ「メンバーシップ型雇用」を採用しているといわれる。上述のとおり、この仕組みは企業特有のスキルを身につけやすいため持続的イノベーションには有効である半面、ビジネスモデルや市場環境の急速な変化に対応しづらいため、国際競争にさらされている外需型の企業は特に厳しい状況に立たされやすい。一方、内需型の企業は雇用システムのタイプを問わず、人口減少社会下で日本の市場が縮小しているために、苦戦を強いられている。

　三菱総合研究所の予測によると、今後10年以内を見通したとき、人材の需要と供給のミスマッチはさほど大きくは広がらないが、職業別の人材需給バランスは大きく崩れた状態が続く。具体的には、事務職の余剰感と専門技術職人材の不足感が恒常的に高まっていくことが見込まれる。社会が必要とする人的資本の「中身」が大きく変化するのである。

もし、この変化に対応したリスキリングが適切になされなければ、人材の不足と過剰が併存し続けることになる。さらに、本推計期間の先の2030年以降は、労働生産性向上のペースが経済成長速度を上回り、労働力人口が減少してもなお、人余りが生じる可能性がある。社会の変化に対応したスキルをもたない人材が切り捨てられるブラックシナリオが現出するおそれもある。

### (4)　対応の視点（2つの選択肢）

　では、前述のリスクにわれわれはいかに対処すべきであろうか。20〜30年先を見据えたとき、小手先の対応では限界があることは明らかである。日本社会の「つくり」そのものを見直すくらいの抜本的な改革が求められる。かなりの異論が出ることを承知のうえで、ここでは極端な2つの社会像を提示したい。従来の延長線上での議論になることを避け、視野を広げることを意図したものである。

　第1は、階層化と一定程度の失業を前提とした「ベーシックインカム社会」である。国際競争力の低下を抑えるため、メンバーシップ型からジョブ型に移行する企業が大勢を占めるようになれば、日本の若年失業率は数倍に増え、欧米並みになっていく可能性がある。失業者と低所得者の数が増えると消費が低迷し、市場の活力にも悪影響を及ぼすおそれがある。高い能力をもつ優秀な正社員はRPA（ロボティック・プロセス・オートメーション）等の支援を借りながら、より高付加価値の業務を行い、高水準の所得を得る半面、機械化するほうがむしろコストのかかるような定型的な業務については、雇用類似や非正規社員が低賃金で請け負うというかたちで労働の二極分化が進んでいく。企業は収益を確保するため、より人材の選別を進め、多くの就業者は低所得となり、あるいは、そもそも仕事にも就けないという人も増えてくるだろう。

　この社会課題を解決する策の1つが「ベーシックインカム」の導入である。ハンナ・アーレントは、働く行為を「労働」「仕事」「活動」の3種類に分けている。ベーシックインカムの社会をポジティブにとらえるなら、「働く」という行為が、必要に迫られて行う「労働」から、作品を生み出す「仕

事」や自分のアイデンティティを明らかにする「活動」になっていく社会ともいえる。

　ただし、このような社会が成り立つには、たとえば2～3人の就業者が生み出す付加価値を1人で生み出せるほどの技術革新をベースとした劇的な生産性が求められる。また、労働社会の階層化は格差を広げ、社会の分断を進める。国民感情は弱まり、日本のよさを失うことにつながるおそれもある。

　もう一方の極は、全員参加型の「ワークシェアリング社会」である。現状以上に労働時間の適正化を図ったり、稼ぐ量の上限を定めたりすることで、誰もが同程度に働き、余暇を楽しむ。上述のとおり、従来型の日本の大企業が国際競争力と雇用吸収力を低下させていく場合、これを補うかたちで日本全体の雇用者の7割を雇用している中小企業の果たす役割が相対的に高まっていく必要がある。

　そのために、人口減少下でマーケットが縮小する国内ではなく、外需をねらう中小企業の割合を増やす。具体的には、ニッチ分野における世界市場でのトップ企業である「GNT（グローバルニッチトップ）企業」の育成に、政府はいま以上に注力し、徹底した差別化戦略を後押しする。

　GNT企業を担う人材を育てるためには、学校教育における起業家教育（問題解決力のみならず、問題発見力を高める教育など）、経営者マインドを備えた社員を育成する社員教育、生涯学び続けられる仕組みづくり等、中小規模のベンチャー企業に即した人的資本形成の取組みの充実が大切である。指示待ちではなく、自ら仕事をつくりだすことのできる「自律型人材」が活躍できるようなティール組織やホロクラシー経営といった自律分散協調型の組織形態への転換促進も求められる。

　高付加価値の超多品種少量財を生み出す中小の企業が増えれば、全体としては環境変化に強いレジリエントな経済社会になるものと期待される。ただ一方で、誰もが能力を発揮できる社会では、誰もが「能力の最大発揮」を求められる。これを、すべての国民が望んでいるのかは疑問である。

## ⑸　パラダイムの転換と人的資本の未来

　明らかなのは、現状を放置していたら事態は悪い方向に向かうだけ、ということである。幕藩体制の崩壊と新政府の樹立、敗戦と復興のときと同様の不連続な変革のときを、いまの日本は迎えているのではないだろうか。日本社会の仕組みをバージョンアップする「好機」であると前向きにとらえるべきと考える。そのときに重要な視点は3点。

　第1は、両利きの人的資本形成である。イノベーション研究のなかに、「深化（既存の知の高度化）」と「探索（新たな知の獲得）」の両方を行えている企業ほどイノベーションが起きやすいという「両利きの経営」の理論がある。

　しかし、これは企業経営だけではなく人的資本にも当てはまる。就業者一人ひとりの「深化（高度化）」と「探索（拡大・越境）」のどちらの能力をも高める視点が求められる。

　第2は、人的資本概念の再定義である。もともとは経済学上の概念であったが、半世紀が経過し、より幅広い概念になってきている。たとえばOECDは2001年に人的資本を「個人的、社会的、経済的ウェルビーイングの創出に寄与する知識、技能、能力および属性で、個々人に具わったもの」と定義している。

　広義の人的資本向上は、マクロ経済の活性化のみならず、個人のウェルビーイングの向上にも寄与する。人的資本のあり方をいまの社会に適合したものに位置づけ直し、その向上の方策を検討し、かつ、実行することが重要と考える。

　第3は、目指すべき社会の姿や方向性について、政府や有識者レベルの検討に加えて国民的な議論を巻き起こすことである。今日、「国のあり方」「国際関係」「経済成長」などに関する考え方が多様化し、価値基準が大きく揺れ動くパラダイム転換のときを迎えている。このような変革の時代には、私たち国民一人ひとりが、たとえば、「われわれ日本人はどんな価値観を大切にしたいのか？」といった、根源的な問いかけを行うことが大切であろう。

不都合な真実を隠しても、よいことは何もない。リスクはリスクとして明らかにしたうえで、私たちはそれに真摯に向き合わなければならないと考える。

（奥村　隆一）

## 第 4 章

# 米国の政治状況、
# ロシアのウクライナ侵攻と
# 日本の安全保障

ジョセフ・クラフト

## (1) 米国政治とメディア

　米国政局を理解するにはメディア情勢を理解する必要がある。近年のメディア環境の変化が米世論を形成しており、政局分断の根源の1つともいえるのである。そこでメディア事業に関する3つの変化を考えてみたい。それは、①Accessibility（情報網）、②Profitability（収益体系）そして③Partiality（政治志向・バイアス）である。

　情報へのアクセスは近年飛躍的に拡大している。20年ほど前まで、視聴者は地域の新聞1〜2社、ラジオそして民放テレビ1社ほどの限られた情報源しかもたなかった。ところが現在は、インターネットを通じて瞬時に世界中の新聞・雑誌へアクセスできる。映像においてもBSチャンネル、24時間ケーブル、ネット配信に加え、YouTube™、Twitter™やInstagram™などに代表されるSNSプラットフォームなど多岐にわたる。こうした情報網の拡大はインフォメーション・オーバーロード（情報過多）の状況を生み出している。そこで、視聴者（利用者）による情報アクセスの効率化と選別化の流れが強まった。

　「効率化」とは、ニュースを瞬時に把握できるよう見出しなどわずかな文面で読み取るトレンドである。これによって幅広いニュースを短時間で読み取ることができる一方、本質を理解するために必要な微妙なニュアンスや歴史背景などがわからず、表面的な情報しか把握できない。

　「選別化」は、すべてのニュース（異なる視点）を読み取る機会を奪い、それによって、視聴者（利用者）が得る情報は、個人が好むまたは個人の主観に沿った媒体・情報に集約される。当然ながら、得られる情報は偏り、間違った解釈や偏見が助長されるリスクが高まる。これが米国の政局分断を促している要因の1つと考えられる。

　次に、情報のアクセシビリティが向上したことでメディアのプロフィタビ

リティ（収益体系）またはビジネスモデルが大きく様変わりした。以前購読料と広告料の2つがメディアの主な収益であった。ニュースの内容もメディアが決めて、視聴者が好まない場合は他の媒体に乗り換えるしかなかった。ところが近年はインターネットの普及によって低い初期投資での参入が可能となり、メディア間の競争が激化した。広告料も媒体（ブランド）によって価格が決められるのではなく、クリック数（ニュースごとの読者数）で決まるようになった。すなわち近年のビジネスモデルは売り手（媒体）市場から買い手（視聴者）市場へと変わったのである。

　アクセシビリティとプロフィタビリティの変化を受けて、メディアはパーシアリティ（政治志向・バイアス）色を強めていく。これまでの大手メディア機関は左派と保守の色合いはあったものの、より多くの読者を囲い込むために中道思想を選択していた。ところが、読者が情報の選別化に傾くなか、メディアの政治志向または報道に強いバイアスがかかるようになる。そこで中道左派の媒体はよりリベラル色を強め、中道保守のメディアは右傾化していく。その最たる例がケーブルニュース大手のCNN対FOX Newsであろう。

　図表4－1は、米国の主要メディア機関を政治思想別に分けたものである。ここで重要なポイントを指摘したい。日本のメディア機関の大半は、CNN、ニューヨークタイムズ、そしてワシントンポストから米政局に関す

【図表4－1】　米主要メディア機関の政治志向（バイアス）

出所：All Sides Media Bias Ratingsより引用。

る情報を取得している。そのため日本で報道される米政局ニュースは、左派バイアスがかかっていることが多い。実は米国では、保守系メディアの影響力が強い。たとえば、CNNとFOX Newsの二大ケーブルニュースの視聴率を比較すると、FOX NewsはCNNの２倍以上あり、この20年間、視聴率１位を堅持している。ニュース番組別でTop 25のランキングをみてもフォックスは13番組がランクインしているのに対してCNNは１番組だけである。つまり、日本で伝えられている米政局情報は、米国の主流見識または世論を反映していない可能性がある。少数のメディアが発信する情報だけを集約してしまうと政局情勢を読み違えるリスクが高まる。

## ⑵ 米政権人事

メディアのほかに米政局を読み解く重要なポイントの１つが政権人事である。政権内でどの高官がどれほどの影響力をもっているのかを把握する１つの手がかりがホワイトハウスのオフィス配置図である。図表４－２は大統領が職務を執行するウェストウィング（西側）のオフィス図。オフィスによって価値が異なり、どこに誰が配置されることによってその高官の影響力または序列関係が読み解けるのである。

まず、最も位の高いオフィスは基本的に角部屋となる。大統領の職務室（①番）の次に重要な部屋は南西の部屋で、政権の要である主席補佐官のオフィス（④番）。３番目に重要な部屋は北西の角部屋で安全保障担当（NSC）の大統領補佐官の部屋（⑥番）となる。ちなみに、副大統領は歴史的に直接政権運営に携わらないことや隣のアイゼンハワービルに個別オフィスが設けられていることから角部屋があてがわれていない。角部屋がもらえないかわりにウェストウィングのオフィスの面積は大統領に次いで広い。

そこで注目されるのが②番と③番のオフィス。大統領職務室に最も近く、大統領が個人的な信頼を寄せる顧問が通常入る。②番の部屋にはバイデン大統領と40年来の付き合いがあり、絶大な信頼が置かれるマイク・ドニロン上級顧問がいる。③の部屋は同じく信頼が厚いとされるリケッティ顧問のオフィス。彼らは内政政策が専門で、とりわけ議会運営に長けている。この配

【図表4－2】 バイデン政権：ホワイトハウスの（West Wing）オフィス配置図

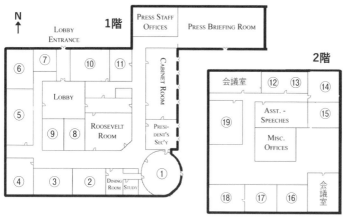

1 階
① バイデン大統領
② ドニロン大統領上級顧問
③ リケッティ大統領顧問
④ クレイン首席補佐官
⑤ ハリス副大統領
⑥ サリバン安全保障担当
⑦ ファイナー安全保障副担当
⑧ リード首席副補佐官
⑨ オマリー大統領次席補佐官
⑩ ベディングフィールド広報部長
⑪ サキ報道官

2 階
⑫ スレバン立法次長
⑬ テレル立法部長
⑭ ライス国内政策会議委員長
⑮ ディーズ国家経済委員会（NEC）委員長
⑯ リッチモンド大統領上級顧問
⑰ セインズ大統領特別補佐官
⑱ リーマス法律顧問
⑲ ザイエンツ新型コロナウイルス対策調整官

出所：Politico、CNN、Daily Mailより引用。

置からは、バイデン政権が内政を重視していることが推察される。日本では
ほとんど知られていないが、実は⑧番の部屋も実務のうえで重要である。同
オフィスに入る首席副補佐官は、大統領のブリーフィング資料または議題を
精査・選別する。首席副補佐官の裁量次第で大統領の情勢理解または政策判
断が左右されかねないのである。

　誰がオフィスをあてがわれていないかも重要な情報である。たとえば、バ
イデン政権発足時に大きな影響力をもつと思われたケリー気候問題担当特使
にはウェストウィングのオフィスがなく、２年近く経っても同特使の存在感
が薄い。もう１人注目されたスーザン・ライス国内政策会議委員長には部屋

があるものの、２階のより重要性が低いオフィスに入った。彼女も政権発足以来、ほとんど姿をみられていない。カート・キャンベル・インド太平洋調整官もホワイトハウスにおいてオフィスをあてがわれていない。同調整官に対する日本での注目度と評価は高いが、バイデン政権内での位と存在感は思われているほど高くない。

　ワシントンDCでは、ウェストウィングのオフィスが不動産にたとえられている。政治的な影響力（Political Power）がとても重要視される街で、よい"物件"を所有する高官に人とメディアが集まる。たかが不動産、されど不動産。

## ⑶　政局体系と世論

　米国は２大政党制と思われているが、実質的に４つの勢力に分かれていると考えるべきである（図表４－３参照）。民主党内では「進歩派」と「穏健左派（中道左派）」の勢力が対立しており、共和党も「穏健右派（中道保守）」対「極右派」で分断しているのである。上院の議席数が50対50と均等に分かれ、党内から１人も離脱者が許されない状況で、議会が膠着状態に陥っている。バイデン政権の肝入り政策だった「Build Back Better」法案が挫折したのは、民主党内の進歩派対中道左派の対立のなかで、中道派議員の２人が反対に回ったことによる。政党間の溝が大きくなっているだけでなく、政党内の分断も深刻な問題となっている。両党の統治能力が弱まっているのが現在の米政局事情といえよう。

　政局分断が強まる一方、米世論の政治思想が大きく振れている。2016年の大統領選では、世論が保守寄りに振れたことで大方の予想に反してトランプ氏がホワイトハウスの主となった。その反動で、2020年の大統領選では世論がリベラルに傾き、バイデン氏が競り勝った。進歩派の影響力を目の当たりにしたバイデン政権は、よりリベラル志向に政策の舵を切ったのが誤算となった。世論は過激な進歩派政策を嫌い穏健・中道志向に振れ、バイデン大統領の支持率は下がった。

　時遅しかもしれないが、バイデン政権は中道寄りに政策の修正を図った。

【図表4−3】 米政局は実質的に4つの党で構成されている

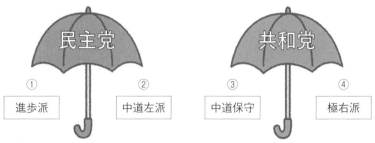

出所：Rorschach Advisoryより引用。

2022年3月1日の所信表明演説では、バイデン大統領は肝入り政策である「Build Back Better」法に一度も言及しなかったのである。進歩派が強く支持していた「Defund the Police（警察解体）」政策も真っ向から否定、むしろ警察予算を増やすべきと主張し、進歩派らと距離を置いた。

　バイデン大統領が2022年11月の中間選挙を制するには中道派・無党派層を取り込むことが不可欠と考える。バイデン政権は進歩派と中道派の狭間に立たされ、明確な選挙戦略を打ち出せないでいる。しかし、共和党も同様のジレンマを抱えている。中道保守対トランプ支持基盤の極右派との溝が深まっている。民主党の劣勢に注目が集まりがちだが、実は共和党も選挙戦略の構築に苦慮している。とにかく無党派層を制する党が中間選挙を制するであろう。

# 2　米国の安全保障課題（対露、対中政策）

## (1) NPT・核兵器抑止─米国が残した汚点─

　1994年12月5日にハンガリーの首都ブダペストで欧州安全保障協力機構（OSCE）会議が開かれた。そこで米国、ロシア、英国の核保有3カ国と、ベラルーシ、カザフスタンそしてウクライナとの間で核兵器の放棄を条件に安

全保障を約束する、いわゆる「ブダペスト覚書」が署名された。ロシアは2014年のクリミア併合によってこの約束を反故にした。注目されるのが米国の対応である。

　米国は「ブダペスト覚書」を遵守したか？　米国（NATO）がウクライナで軍事介入を避けたことは正しかったのか？　これらには賛否両論がある。しかし、ウクライナ侵攻を受けて国際社会は自国防衛強化に走ることは間違いない。最も懸念されるのが、核兵器開発の加速である。

　そこであらためて「ブダペスト覚書」を検証してみたい。

　1991年のソ連邦崩壊によって複数の独立国家が生まれ、これらの国にソ連製の核兵器や弾道ミサイルなどが残された。ブッシュ（父）政権はこうした独立国家が将来核戦争を起こしかねないことを強く懸念。その思いはクリントン政権に引き継がれ、1994年のブダペスト覚書に至った。核兵器放棄の条件としてウクライナは、核弾頭の濃縮ウランの買取り、弾頭ミサイルなどの解体費用、米国による安全保障の担保を求めた。このとき米国は法的義務を要する「保証（guarantee）」には同意せず、拘束力が弱い政治表現の「約束（assurance）」で合意した。このとき「約束」とはどのような行動・意味を示すのか具体的に示されることはなく、米国はウクライナの安全保障に「必要な措置」を講じるとの約束にとどめた。ロシアのウクライナ侵攻を受けて米国は「必要な措置」を講じたが、見方によっては「ブダペスト覚書」に反したともいえるし、遵守したともいえる。個人的には米国は、「letter of the law（法の字義）」は遵守したが、「spirit of the law（法の精神）」に反したものと考える。

　2022年2月20日の米CBSテレビのインタビューでウクライナのクレバ外相は、「核兵器を放棄したことは間違いだった」とコメント。ゼレンスキー大統領も「ブダペスト覚書」が機能しないのであれば、これを見直す必要があるかもしれないと核兵器開発の再開を匂わせた。

　国際安全保障にとって最も懸念されることは、米国の威信と信頼が損なわれて各国が自国防衛力の強化、とりわけ核兵器開発を加速することである。台湾と北朝鮮が好例としてあげられる。台湾民意基金会が2021年10月に実施

した世論調査で、「米軍が台湾防衛を支援する可能性は？」との問いに60％の台湾人が「可能性がある」と答えた。ところが同基金会が2022年3月22日に実施した調査では、「米軍は台湾防衛に協力すると信じるか？」との問いに、「信じる」と答えた台湾人が34．5％まで減少したのである。

　台湾が核兵器開発に走る可能性は低いが、北朝鮮は核兵器開発に邁進している。北朝鮮のほかに、アルジェリア、アルゼンチン、イスラエル、サウジアラビア、そしてイランなどの国も核兵器開発を模索している。日本でさえも、核共有論が浮上している。ウクライナ侵攻による核兵器開発の加速を決して侮ってはいけない。

　米国の権威と信頼の低下による世界秩序の不安定化は軽視できない。いまと似た状況が第2次世界大戦を招いた教訓は忘れてはいけない。万が一、第3次世界（核）大戦が勃発、その発端がブダペスト覚書の遵守ともなれば、米国の責任は実に大きい。

## ⑵　ウクライナ侵攻につながる歴史イベントの検証
### ―欧米の反省点―

　誤解のないようにまず申し上げたいことは、いかなる理由があってもウクライナ侵攻そして虐殺はとうてい許されず、その責任はプーチン氏のみにあるということ。それを述べたうえで、ウクライナ侵攻は20年以上にわたるロシアと欧米諸国間の関係における相互の失策や読み違いが積み重なった結果であり、そうした歴史経緯を振り返ることで、侵攻の原因だけでなく、さまざまな反省点や教訓を認識することは重要と考える。そこで、クリントン政権からバイデン政権までの、米国側のさまざまな政策や行動を中心に歴史をひも解いてみたい。

　ウクライナ侵攻の火種は23年前にさかのぼる。1999年4月のワシントンNATO首脳会合で、新規加盟を促進すべく、MAP（Membership Action Plan）というメカニズムが構築された（図表4－4の①）。NATO発足から1999年までの40年間で新規加盟した国はギリシャ、トルコ、西ドイツ、そしてスペインの4カ国しかなかったが、1999年以降では14カ国と拡大路線が加

**【図表 4 － 4 】　ウクライナ侵攻につながったと思われる重要イベント歴**

| | | | |
|---|---|---|---|
| ①<br>1999年4月 | ワシントンNATO<br>首脳会合<br>（クリントン政権） | 状況：新規加盟のプロセス（MAP）が設立、<br>　　　NATO拡大路線が本格化。 | |
| | | 反省：NATO拡大は欧州の不安定化を招く専<br>　　　門家の警鐘を米政権は軽視。 | |
| ②<br>2007年7月 | ミュンヘン演説<br>（NATOけん制）<br>（ブッシュ政権） | 状況：安全保障会議でNATO の拡大姿勢を<br>　　　批判、強硬姿勢転換を示唆。 | |
| | | 反省：欧米はプーチンの警告を軽視、ロシア<br>　　　との対話・対策を怠った。 | |
| ③<br>2008年4月 | ブカレスト宣言<br>（NATO拡大表明）<br>（ブッシュ政権） | 状況：アルバニアとクロアチアが加盟、ジョ<br>　　　ージアなど他国も意欲示す。 | |
| | | 反省：ロシア・ジョージア間の対立軽視、対<br>　　　露抑止策を講じなかった。 | |
| ④<br>2008年8月 | ジョージア侵攻<br>（南オセチア紛争）<br>（ブッシュ政権） | 状況：ロシア系軍の侵攻により南オセチアと<br>　　　アブハジア地区が独立。 | |
| | | 反省：イラク戦争で米消極姿勢、EUはロシ<br>　　　アのエネルギー依存に邁進。 | |
| ⑤<br>2014年2月 | クリミア併合<br>（オバマ政権） | 状況：ロシア軍がクリミア自治共和国を制<br>　　　圧、ロシア領土に加える。 | |
| | | 反省：欧米は制裁に消極的、ロシアをG8か<br>　　　ら排除、経済制裁効果は限定的。 | |
| ⑥<br>2019年2月 | ウクライナ憲法改正<br>（トランプ政権） | 状況：将来的にはEU、NATO加盟を目指す<br>　　　方針の明記を議会が承認。 | |
| | | 反省：ゼ政権が加盟に積極的に動く、プーチ<br>　　　ンの焦りを煽った可能性。 | |
| ⑦<br>2022年2月 | ウクライナ侵攻<br>（バイデン政権） | 状況：ウクライナ全土を視野に入れた大規模<br>　　　侵攻、無差別爆撃で大量虐殺。 | |
| | | 反省：軍事介入の排除、侵攻前は欧米の足並<br>　　　みが乱れ、弱腰姿勢を露呈。 | |

出所：筆者作成。

速する。こうした動きにロシア政府そしてプーチン氏が脅威を感じていたことは欧米間で十分に理解されていた。1995年にモスクワの米大使館で外交官を務めていたウィリアム・バーンズ氏（現CIA長官）は当時、「現地（ロシア）ではNATO拡大に対する敵意が強く感じられる」と報告していた。

1997年6月に50名の外交・軍事専門家が共同でクリントン大統領に、「米国主導の現NATO拡大政策は歴史的な失策となり、欧州の不安定化を招くおそれがある」と警告する信書を送っていた。NATOの拡大路線を批判するつもりはない。しかし、その方針を推し進めるにあたってロシアの懸念を軽視し、対策を欠いていたことは否めない。

バーンズ氏や外交専門家らの懸念が表面化したのが2007年7月に開催されたミュンヘンでの安全保障会議だった。そこでプーチン氏はNATO拡大に関して、「なぜロシアとの国境に軍事施設を配備する必要があるのか。それはテロリズムにほかならない」と痛烈に批判、さらに「同盟のさらなる拡大は不適当だ」と警告を発した（図表4－4の②）。2008年2月に駐ロシア米大使に昇格したバーンズ氏は、コンドリーザ・ライス国務長官に、「ロシアにとってウクライナのNATO加盟は最大のレッドラインである」と強い警戒感を示したメモを送っている。バーンズ氏の懸念にライス国務長官とゲーツ国防長官は同調するも、チェイニー副大統領の助言でブッシュ大統領がウクライナとジョージアのNATO加盟を支持したのである。そして、2008年4月にNATO拡大を表明するいわゆる「ブカレスト宣言」が出された（図表4－4の③）。そこでNATOはアルバニアとクロアチアの加盟招請を決定。ウクライナとジョージアについては加盟審議が先送りとなったものの、プーチン氏の危機感を高めてしまったことは間違いない。

ブカレスト宣言直後の8月、ロシアがジョージアに侵攻、南オセチアとアブハジア地区を制圧後に独立承認に至り、バーンズ氏の警告が現実となった（図表4－4の④）。侵略に対する欧米側の反応はきわめて消極的だった。ブッシュ政権はイラク戦争の長期化で新たな紛争に巻き込まれる意欲はなく、ロシアのG8の地位は維持され、軍事介入はもちろん、特段意味のある経済制裁も発動されなかった。それどころか、ドイツを筆頭に欧州各国はNord

Stream開発を加速し、ロシアへのエネルギー依存を強めていった。ジョージア侵攻の成功と欧米側の消極姿勢はプーチン氏の自信とうぬぼれを助長してしまったものと思われる。ジョージア侵攻はプーチン氏がNATOに敵意を鮮明に表した瞬間といえよう。

　ブッシュ政権の後を継いだオバマ政権の罪も大きい。就任間もない2009年2月にオバマ大統領はロシアをけん制するどころか、「米露リセット」と呼ばれる融和政策を打ち出した。オバマ大統領としては核廃絶論（プラハ演説）を現実化するには、ロシアとの新START条約を合意に持ち込む必要があった。加えてイランや北朝鮮との核合意交渉、そしてアフガニスタン戦争での供給網維持などでロシアの協力を求めたかった。そこで、2010年6月24日にメドベージェフ首相をホワイトハウスに招き、「リセット政策」という協力関係を共同で発表した。協力の見返りとしてオバマ政権はロシアのWTO加盟を後押しした。加えて、米露間でさまざまな経済・貿易協力策を打ち出した。「リセット政策」でオバマ大統領は顔に泥を塗られることになる。

　オバマ政権の対露融和姿勢を受けて、欧州もロシアとの経済関係をさらに強化した。2012年10月には「Nord Stream」の第1・第2ラインが開通する。ロシアの軍事的脅威を軽視していたことを示す事象として、ドイツやフランスなど多くのNATO加盟諸国が国防費のGDP比2％の協定を遵守しなかった。プーチン氏には、こうしたNATOの姿勢が弱腰と映り、彼の野望を助長してしまった可能性がある。

　オバマ政権の「リセット政策」が完全に崩壊したのが2014年2月といえよう。同月27日にロシア軍がクリミアに侵攻、3月18日にはクリミアが併合される（図表4－4の⑤）。国際批判が高まるなか、4月6日にはロシアが支援する親ロシア派の軍がウクライナ東部の一部を制圧した。同地域での対立はいまだに続いている。3月27日の国際連合総会では、クリミア併合の無効を宣言する決議が賛成100、反対11、棄権58で採択された。69カ国が反対または棄権に回ったことから、国際社会の強い結束を示したとは言いがたい。米国はロシア国民へのビザの発行停止、個人資産の凍結、ズベルバンク、

VTB、モスクワ銀行などの金融機関やガスプロム、ロスネフチなどエネルギー企業への新規投資・取引の制限などの制裁措置をとった。

　しかし、制裁は部分的だったり期間限定だったりし、抜け道も多く、制裁の効果を疑問視する声は少なくなかった。EUの制裁はさらに弱く、2015年6月には予定どおり「Nord Stream 2」の建設が始められた。欧米間の連携に足並みの乱れがあることを露呈してしまった。欧米の経済制裁措置の結果、ロシアの2014年度GDPは＋0.7％の低成長（ちなみに2013年度は＋1.8％）にとどまったが、プーチン氏の野望を打ち砕く強い効果があったとはとうてい言いがたい。

　対露融和姿勢で始まり、対露強硬姿勢で終わったオバマ政権。そして、トランプ大統領はなぜかプーチン氏に接近。就任直後に、ロシアが米大統領選に関与したとする「ロシア疑惑」、バイデン氏に不利な情報をウクライナ政府が得たとする「ウクライナ疑惑」が浮上し、米政局は混乱に陥る。2017年5月に司法省がいわゆる「モラー捜査」を開始、その後2019年12月に大統領弾劾裁判へとつながる。ロシアをめぐって米国が真っ二つに分かれる前代未聞の事態こそプーチン氏の思惑どおりのシナリオだった。トランプ大統領の罪は、EUと対立しNATOを批判したことで欧米安全保障体制の脆弱性をプーチン氏と世界に印象づけてしまったことであろう。

　欧米の足並みが乱れるなか、NATO拡大の脅威というプーチン氏の受け止め方を煽るような事態が起きる。2019年2月にウクライナ議会がEU、NATO加盟を目指す方針を明記した憲法改正を承認したのである（図表4－4の⑥）。これにより、ウクライナの中立化構想は大きく後退、そしてウクライナのNATO加盟が現実味を帯びたのである。

　2021年1月20日にバイデン政権が発足。「戦略的安定（Strategic Stability）」という対露中立政策を打ち出した。バイデン大統領は就任後直ちにプーチン氏との電話会談を要請。最大の目的は2月5日に期限が切れるSTART（戦略兵器削減条約）の延長だが、もう1つの思惑は米露関係の仕切り直し、または棚上げである。バイデン政権は中国に集中すべく、ロシアとの対立を避け、安定的な関係を模索した。6月16日にスイス、ジュネーブで米露首脳

サミットが開催され、「戦略的安定」が表明された。これは第1に軍事衝突を避けるためのコミュニケーション・ラインの強化が目的だが、サイバー・セキュリティや経済・金融などにおいても一定のルールを共有・遵守することを確認するものだった。「戦略的安定」は米国の目がアジアに向いているとプーチン氏に印象づけ、欧州でのロシア勢力拡大のチャンスと誤認させてしまった可能性がある。

　2022年2月24日にウクライナ侵攻が始まる。バイデン政権にはプーチン氏を煽る結果につながった3つの失敗があると考える（図表4-4の⑦）。1つ目の失敗は、2021年8月15日にアフガニスタンにおいてカブールが陥落、同月31日、米軍がアフガニスタンから完全撤退したこと。アフガニスタンからの撤退決断を批判するつもりはないが、撤退時の狼狽や同盟国との連携欠如が示されたときは、米国の信頼と権威が大きく揺らいだ瞬間であり、それは戦後の米国外交で最大の失策といっても過言ではないと思う。これによって、バイデン政権の支持率は下落基調に入る。国内政治基盤が脆弱だと、政権は強硬な外政に踏み切れなくなる。加えて民主党分断でバイデン政権の肝入り法案が議会を通過せず、バイデン大統領はレームダック状態を露呈し、プーチン氏を勢いづけてしまったのではないか。

　ウクライナ侵攻につながるバイデン政権の2つ目の失敗は、早い段階から軍事介入オプションを排除してしまったことだろう。ロシアがウクライナ国境に兵力を配備するなか、2021年12月7日に米露首脳オンライン会談が行われた。ウクライナへの米軍派遣について問われた大統領は、「その選択肢はテーブルに乗っていない」と否定してしまった。軍事介入の意思はなくとも抑止効果としてさまざまなオプションを残すのが常識で、米国およびNATOの軍事介入が排除されたことでウクライナ侵攻へのハードルが下がったことは間違いない。

　3つ目の失敗は、侵攻前に欧州との連携、とりわけ経済制裁において結束力をみせることができなかったこと。たしかにウクライナ侵攻後の2月26日にはそれまでにない強硬な経済制裁策が打たれた。しかし、侵攻前の2月22日に発表した第1段制裁は各国間で統一性に欠け、制裁自体が弱いものにと

どまった。たとえば英国は、ロシア銀行など5つの金融機関と3名の富裕層（オリガルヒ）を制裁、米国は一部国営銀行を金融システムから遮断し、PSB（プロムスビャジバンク）とVEB（ロシア開発対外経済銀行）の2つの銀行を制裁、そしてオリガルヒ数名の資産凍結を発表した。英国から制裁を受けた銀行は米国で業務が可能であり、抜け道だらけの制裁となった。EUに至ってはフォン・デア・ライエン欧州委員長が金融制裁を表明するも具体策を打ち出したのは数日後のことで、西側諸国の当初の足並みの乱れをみたプーチン氏は、クリミア併合時と同様に今回も効果の薄い経済制裁にとどまると見誤った可能性が高い。

　ウクライナ侵攻は、プーチン氏のNATO拡大に対する積年の危機感の結実であり、その野心を助長し判断を誤らせてしまったのは、長期に及ぶ欧米の統一性に欠ける姿勢と失策ではないか。ロシアでの教訓は、中国を筆頭としイランや北朝鮮などに及ぶ他の権威主義の諸国への対応の参考になると思われることから、今回検証を試みた。欧米諸国の反省点は多々あるものの、冒頭で申し上げたようにウクライナ侵攻という暴挙・残虐行為の責任はプーチン氏、そしてロシアにあることに変わりはない。

## ⑶　台湾有事—ウクライナ侵攻から中国が学ぶ教訓—

　2021年3月9日に、米インド太平洋軍のフィリップ・デービッドソン司令官が上院軍事委員会の公聴会で、今後6年以内に中国が台湾に侵攻する可能性があると証言。事情に詳しい米軍関係者にこの発言の真意を問うたところ、「このまま6年以内にアジア地域での中国軍事力が米国を上回ると考えている。中国が軍事的優位性を確信したとき、台湾侵攻に出る可能性が高まる」と説明した。そして習近平国家主席は、2021年7月1日に共産党創立100年を記念する式典で、「台湾問題の解決と祖国の完全統一実現は党の歴史的任務だ」と演説、台湾統一の実現に強い意欲を表明した。これは党への確約であり、その履行は国家主席としての存在意義にかかわるといっても過言ではない。かたちはどうであれ、中国は必ず台湾統一を追求するのである。

　中国はウクライナ情勢を注意深く分析し、その教訓を台湾統一に生かすだ

ろう。さまざまな教訓があるが、主に２つのポイントを取り上げたい。エネルギー確保と外貨建て資産である。

　中国はエネルギー輸入国である。台湾有事の場合、エネルギー源を絶たれることが致命傷となる。ロシアを擁護する中国の姿勢について米外交官の意見を聞いたところ、彼は、「中国の親露姿勢は政治的にも経済的にも国益に反し理解しがたい。ただし、台湾侵攻を目論み、その際にエネルギー調達をロシアに頼るねらいならば理に適う」といった。軍事侵攻に踏み込まないとしても、中国はロシアからより安価なエネルギー供給を確保して経済面での優位性を確立するねらいがあるかもしれない。

　対露制裁で最も効果を表したのが、意外にも金融機関の（外貨建て）資産の凍結だ。ロシア中央銀行の外貨準備が凍結されたことによって一時ルーブルが大暴落、中央銀行は政策金利を９％から一気に20％まで引き上げる防衛策を余儀なくされた。これを受けて中国は、金融制裁に備えて海外資産を引き揚げる防御策をとるのではないかと考える。

　中国は多くの米国債を保有している。他国資産の売買はその国との政治関

【図表４－５】　中国が所有する米国債残高

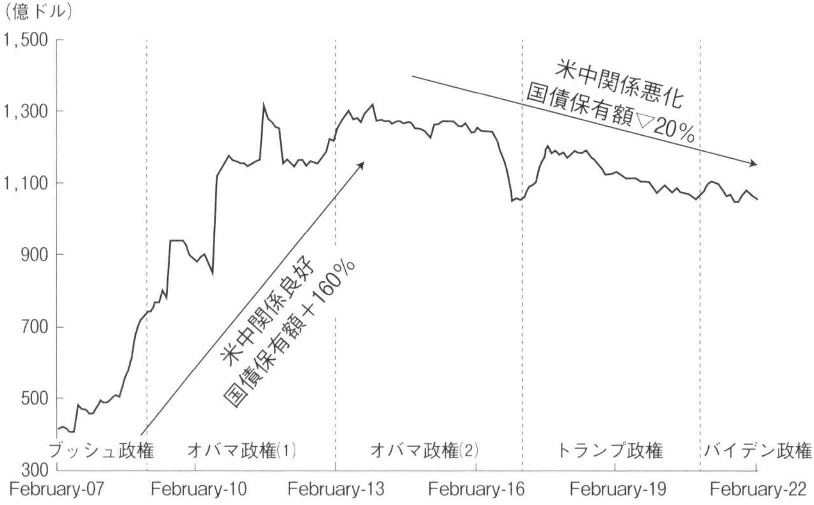

(億ドル)

出所：Bloombergより引用。

係を反映する。たとえば、中国が所有する米国債残高は、米中関係が比較的良好だった2008～2013年の間、約5,000億ドルから１兆2,500億ドルにまで増えている。ところが、米中関係が悪化し始めた2013年以降、減少に転じ、2022年２月時点では１兆ドル程度と２割ほど減っている（図表４－５）。中国が米国債などの外貨建て資産を急激かつ大幅に減らすようであれば、それは台湾侵攻などなんらかの有事を示唆するのかもしれない。

## 3　近年の経済安全保障、そして日本の政府と企業が問われるもの

### (1)　日本の防衛力強化

前節の(1)「NPT・核兵器抑止」で述べたように、ウクライナ侵攻の教訓の１つとして各国の自国防衛力の強化があげられる。少なくともバイデン政権は、他国防衛のために容易に軍事介入を行わない。政権交代があっても米国の姿勢が大きく変わることはないと認識すべきであろう。日米安保条約を根拠に日本の安全保障を過信するのは危険だ。

尖閣有事の際、日米安全保障条約第５条が尖閣に適用されるといっても、米国は無人島を守るために自国兵士を犠牲にしない。そんなことになれば政権がもたない。

日本政府は米政権が怯むリスクを重々理解していると推察する。日米首脳会談が行われるたびに尖閣諸島が「第５条の適用範囲である」ことを確認するのは、米側のコミットメントに不安を抱いているからである。第５条は、「各締約国は、日本国の施政のもとにある領域における、いずれか一方に対する武力攻撃が、自国の平和および安全を危うくするものであることを認め、自国の憲法上の規定および手続に従って共通の危険に対処するように行動することを宣言する」としている。しかし、この文書には「ブダペスト覚書」のように逃げ道があると考えられる。１つは、無人島が実質的に施政下にあるといえるのか。２つ目は、無人島を失うことで（本土への）「安全」

が危うくなるのか。最後に「行動」は必ずしも軍事介入を意味するものではない。米国が日本の安全保障のために尖閣諸島を守らないといっているのではない。ただ、米兵を犠牲にしてまで無人島を守るのは相当ハードルが高いということである。その意味において、自衛隊の常備配置を考えるべきと思われる。

近年、米国政府は日本に自国防衛強化を求めるようになった。2021年4月16日に行われた日米首脳会談での声明文は、「日本は同盟および地域の安全保障をいっそう強化するために自らの防衛力を強化することを決意した。米国は、核を含むあらゆる種類の米国の能力を用いた日米安全保障条約のもとでの日本の防衛に対する揺るぎない支援をあらためて表明した」と謳っている。ところが、国会では防衛力強化の意味、日本が担うべき自国防衛の役割などの議論が一向に進んでいない。防衛力どころかエネルギー政策、具体的には原子力再稼働の議論すら本格的にできていない。今日のウクライナは明日の日本。民主主義国家対権威主義諸国の新しい冷戦時代に見合った日本の新たな自国防衛体制、安全保障体制の構築はもう待ったなしと考える。

## ⑵　レピュテーションリスクを再考―高まる従業員と政府の存在感―

「Reputation Risk」とは、ステークホルダーにおける企業への評判または信頼が損ねられることによって、企業が被る損失のこと。ウクライナ侵攻を受けてロシアでの事業の是非、「レピュテーションリスク」が注目されている。

侵攻直後の2月27日に英石油大手のBP社は、19.75％保有するロシア石油大手ロスネフチの株式を売却、同社とのロシア国内合弁事業も解消し、ロシアから撤退すると発表した。Shell、Exxon Mobil、そしてノルウェーのEquinor社なども相次いで撤退を表明。その他、Apple、Daimler、Disney、McDonald's、SonyやSamsungなど3月中旬時点で400社以上がロシアからの事業撤退または事業の一時停止を発表している。レピュテーションリスクを意識する企業がある一方、ルーブルの下落またはサプライチェーンの遮断によって事業停止を余儀なくされた実態もある。

国によってレピュテーションリスクへの感応度が異なる。全米産業審査委員会（Conference Board）は、３月８日にレピュテーションリスクに関する世論調査を行った。「企業の社会的活動または論理によって購買行動を変えるか？」との問いに対して変えると答えた消費者の割合は、Ｇ７のなかでイタリアが最も高く、ドイツ、米国、そしてフランスと続いた。最も低かったのが日本と英国である。日本企業でも海外での事業展開が活発な企業は、レピュテーションリスクへの意識が高い。しかし、国内での批判は海外と比べると相対的に低い。

　レピュテーションリスクは、レピュテーションの主体となるステークホルダーによって、その影響や意味合いが異なり、近年はその内訳というか、ステークホルダーの存在感が変化してきている。ステークホルダーは大きく分けて５つに分類できる（図表４−６）。

　従来は、消費者・顧客、株主・取締役、そして投資家が中心となって企業のブランドまたは信用を評価してきた。消費者・顧客は企業のブランド力、そして売上げ・収益に直接影響を及ぼす。株主・取締役の信頼または評価が損なわれれば経営陣の更迭・刷新につながりかねない。そして、投資家の信頼を失えば株価が大きく変動する可能性が高まる。

　ところが、近年は従業員と政府の存在感が高まっている。2019年１月に重役によるハラスメント問題を受けてグーグルの社員が大規模な抗議行動を開

**【図表４−６】　レピュテーションリスク**

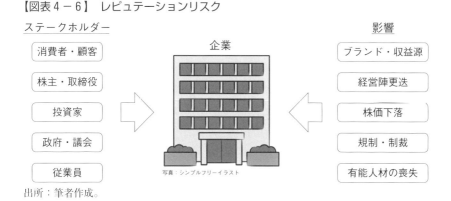

出所：筆者作成。

始、同社は社内規定の改定を余儀なくされた。企業の論理または社会に対する貢献姿勢が有望な従業員の転職・流出を招いたり、優秀な人材の採用が妨げられたりするリスクが高まっている。従業員の士気を維持するために、経営陣はより社内の声に耳を傾けることが求められている。

　人権や環境などSDGsへの国際意識が高まるなか、政府が法律の制定または制裁を通じて国レベルで関与する動きも目立っている。ロシア事業の資産規模が３兆円近くにのぼるBP社が逸早く撤退を表明した背景には、英国政府からの強い助言があったとされる。資産処理の道筋が不透明ながらも、とりあえず政府の意向に沿って撤退表明したのである。GAFAをはじめさまざまな国際企業がそれぞれの政府から、対応について聞き込み（圧力）を受けたと理解している。

　レピュテーションリスクへの意識は年々強まっており、ウクライナ侵攻がその重要性を一気に押し上げた。企業経営者は近年、経済安全保障、サプライチェーン、サイバー・セキュリティ、そして災害対応などのさまざまなリスクへの対応を求められてきた。そうしたリスクに加え、レピュテーションリスク対応という面での管理能力までも問われ、大変である。

## ⑶　「グローバリゼーション」から「セグレゲーション」経営へ

　この半世紀、企業は「グローバリゼーション」に邁進してきたが、次の半世紀は「セグレゲーション（分離)」型の経営が求められるのではないかと考える。セグレゲーション経営とは、活動地域で直面する経済安全保障（輸出規制）、データ・セキュリティ、人権・環境（ESG）などのリスクを抑止すべく、生産拠点、サプライチェーン、データ管理などを分離・多様化することである。「コスト削減」が主要目的であったグローバリゼーションに対して、セグレゲーションでは「リスク削減」が最重要課題となる。

　ウクライナ情勢や米中関係のように「民主主義」対「権威主義」の対立が深まるなか、事業環境も変動しており、企業はこれまでと違ったビジネスリスクに直面し、新しいビジネスモデルが求められている。これまでは国家間の分断が「米中デカップリング」と表現されていたが、これにならうとセグ

レゲーションは「企業内デカップリング」といえよう。セグレゲーション経営の最たる例が「Tesla」「Apple」、そして「鴻海精密工業（ホンハイ）」であると考える。

　電子機器最大手で台湾に本社を置くホンハイ社は、数年前からG2戦略と称して、「米国（民主主義国）向け」と「中国（権威主義国）向け」に工場、サプライチェーン、データ・サーバーなどを分離して設置する施策を推し進めてきた。それまで主に中国に生産拠点を集中していたホンハイは2018年に米ウィスコンシン州に新工場を建設、その後、メキシコ、ブラジル、東南アジア、そしてインドなどに生産拠点を分散するようになった。この理由としては、同社の最重要顧客の1つであるアップル社の存在が大きい。アップルは、米中間の輸出規制強化を見据えて、iPhoneのサプライチェーンをそれぞれの国または両国に近い諸国から調達するようにしている。中国政府からの制裁・報復措置抑止のため、中国で販売するiPhoneの部品については、立訊精密工業や聞泰科技など中国メーカーを中心に発注するようにしている。もちろん米国向けに販売するiPhoneのサプライチェーンは、米国、メキシコ、東南アジアなど中国圏外で構築するようにしている。

　加えて、国際企業にとっての急務はデータ管理である。中国では2021年9月に「中国データ・セキュリティ法」、11月に「中国個人情報保護法」が制定され、企業は中国政府の要請でデータの開示または海外との共有制限を義務づけられるようになった。中国に置かれているサーバーから米国国民のデータを取得できると、逆に米国政府による制裁対象になりかねない（逆のリスクも高まっている）。そこで、中国政府によってデータ・サーバーにアクセスされても欧米諸国の経済安全保障規定に抵触しないように、サーバーの分離（セグレゲーション）の動きが加速している。近年は中国企業などへのデータ開示をめぐって、日本企業の対応が問題となった例もある。

　グローバリゼーションからセグレゲーションへのシフトは、「デフレ」から「インフレ」への移行ともいえる。生産拠点やサプライチェーンを集中することで効率化し、コストダウンを図ることが近代経営の主要目的となっていた。セグレゲーションは、構造的にコスト高につながる。しかし、サプラ

イチェーンの一極集中による物流遮断のリスク、または政府の制裁や規制により事業活動が妨げられるリスクが高まっているなか、これからの時代は「価格勝負」より「事業継続勝負」、つまり経営者のリスク・コントロール手腕が問われるものと思われる。

## 第 5 章

# 新しい戦争
## ─安全保障上のサイバーリスク─

伊 東　寛

# 1 サイバー技術とサイバー戦争

## ⑴ 現代的軍隊はサイバー技術を利用する

### ① サイバー戦とは

コンピュータやインターネットなどサイバー技術の利用により社会はますます便利になってきている。SNSによる情報の共有、検索エンジン利用による情報の入手、インターネットを利用した商品の取引や金融など、その利用は枚挙にいとまがない。そして、近代的軍隊もまたサイバー技術を活用する。サイバー技術を利用して軍の指揮統制活動が、さらにはサイバー技術を使用した各種のシステムが広く使われるようになっている。それは兵器そのもののみならず、標準的な軍事活動の基盤である索敵、探知、目標化、誘導、戦果確認、その他、教育訓練、広報、宣伝、そして心理戦に至るまで広範囲にわたる。

サイバー技術の利用に関する軍事的な部分について、もう少し端的にいえば、サイバー技術の利用で、「軍隊は、早く知って、早く決めて、早く行動し、それにより戦いを有利に進めることができるようになった」。さらに、部隊間の通信連絡や情報の共有だけではなく、センサーと兵器間の連携や自動化の正確性も画期的に向上した。

しかし敵は、そうした活動を妨害、阻止しようと意図することになる。また、サイバー技術の利用それ自体が、新たな弱点を形成することにもなる[1]。こうしてサイバー技術を利用したシステムそれ自体を攻撃・防御の対象とする新しい戦闘が生まれた。サイバー戦である。

すなわち、サイバー戦とはコンピュータやネットワーク技術（あわせてサイバー技術）を、戦争・戦闘に利用する戦いである。従来、電子戦や化学戦といった特殊な戦闘領域があるが、これらにサイバー戦が追加されたとみる

---

1 現在のコンピュータやインターネットには逃れられない弱点が存在している。それらの問題については伊東寛『サイバー戦争論』（原書房、2016年）146頁を参照されたい。

こともできる。

## ②　サイバー戦の特徴

サイバー戦では、距離、物理的位置関係がほとんど関係なく、何かをするに要する時間がきわめて短い。また、インターネットの仕組み上、攻撃者が不明である[2]し、攻撃されていること自体がわからないこともありうる。本質的に「非対称」であり、攻撃側が有利である。

サイバー攻撃では、攻撃の瞬間に相手のシステムを落としうるわけで、攻撃対処のための時間が非常に短い。したがって、攻撃を受けたので反撃しようと考えても、その段階ですでに防衛システムが落とされてしまっているということも考えられる。

また、攻撃者がわからないということは、抑止がかかりにくくなるということを意味する。普通なら、やられたらやり返す。それがわかっているので攻撃者は相手を叩くことを躊躇する。つまり抑止がかかっているわけである。しかし、サイバー攻撃で、攻撃者がわからないとすれば、もし攻撃を受けても、相手国が「これはわれわれではない、別の国がなりすまして、貴国を攻撃しているのだ」といえば、間違った相手に反撃することはまずいので、反撃を躊躇してしまう、これでその分だけ抑止力が下がったことになる。抑止に関しては、抑止はかかるのではないかという意見[3]も含め多くの議論がある。

戦闘が非対称というのも大きな特徴である。わが国の防衛方針は専守防衛である。こちらから手は出さないが、他国から攻撃を受けた場合、自衛隊は戦う。そうなれば侵略国側の軍隊にも損害が発生するし、もしそれが侵略国にとって、想定外に高くつくとなれば、敵国は費用対効果の面から日本攻撃を再考するかもしれない。あるいは、前もってそのように相手国が考えるように仕向けること自体が抑止であったわけだ。

---

2　インターネットに発信元を特定する仕組みがないわけではないのだが、それは善意に基づく仕様であり、悪人は容易にそれをごまかすことができる。

3　藤巻裕之編著『グローバルシフトと新たな戦争の領域』（東海教育研究所、2022年5月）「第2章 最新兵器がもたらす新たな戦闘領域と国際政治に与える影響」［伊東寛］57頁。

しかし、サイバー戦では攻撃側が有利である。攻撃側はサイバー攻撃に失敗してもなんら損害が発生しない。新たな箇所に攻撃の手を移して攻撃を続けるだけだ。防衛側は違う。そもそもシステム上の論理的な仕組みから物理的な線路、構成機材まで含めてすべての場所を守らねばならず、残念ながら、それは実際的に不可能であり、どんなに頑張ってもどこかの防御が破られ侵入されて、損害が発生することになる。こうして攻撃側には損害が発生せず、防御側には損害が発生し、それが積み重なっていく。

　これまで、専守防衛について、「守るだけでは勝てない」とよくいわれていた。それでも日本は平和国家としてそれを受け入れて、その厳しい制約下で自衛隊は防衛計画を考え、装備品を入手し訓練を続けてきた。しかし、サイバー戦の時代には、「守っているだけでは必ず負ける」というべきである。

### ③　戦略的サイバー攻撃

　太平洋戦争で行われたB29による日本の都市部への爆撃は戦略爆撃と呼ばれた。軍隊への直接攻撃ではなく、社会インフラ、あるいは国民経済全体に対して戦略的な攻撃を行うものだ。実は戦争法規上は違法な行為だが、行われていたのは事実だ。

　これらの戦略的な攻撃はサイバー攻撃でも可能である。敵国の産業基盤である、電力、通信インフラ、交通・物流、航空管制、金融・証券取引等が利用しているシステムへの攻撃である。たとえば、ある都市の電力システムをサイバー攻撃でシステムダウンさせて電力供給を止めてしまえば、冬のニューヨークなら死人が出るであろう。これは戦略的なサイバー攻撃ということになる。

　また、戦略的なサイバー攻撃要領の１つとして、サイバー封鎖というものもある。前大戦で日本が海上封鎖をされ資源の流入を止められて経済的に締め上げられたように、サイバー封鎖は情報的に相手国を世界のインターネットから切り離すというものである[4]。

---

4　インターネットでは、その住所録に当たるDNSサーバーが世界に10数カ所しかないため、ある国のインターネットが世界から切り離されてしまうと、DNSサーバーへのアクセスが不可能となり、インターネット自体の使用が困難になってしまうのである。

実際、2007年にロシアとジョージアが戦った際に、ジョージアはロシアによりサイバー封鎖をされた。当時のジョージアは国の経済基盤がそれほどインターネットに依存していなかったので損害も小さく世間の注意を引かなかったようであるが、現在の日本は当時のジョージアと比べインターネットへの社会的な依存度がきわめて高く、いま、日本がサイバー封鎖をされると社会インフラに大きな影響を受け国民生活に甚大な被害が出るとともに、情報面での国際的な孤立を余儀なくされ、それは後に述べる敵国からの情報工作を受けやすくなることにつながる。

## ⑵　安全保障上のリスクとしてのサイバー

### ①　サイバー・アクセラレーション

　核兵器は忌むべきものだという考えの人が多いが、実は、その存在が熱核戦争のみならず通常戦争も抑止していた。当然だが核兵器を保有する国を無条件降伏させることは不可能なので核保有国相手に全面戦争を仕掛けることに意味を見出しがたいからだ。

　さて、このような核兵器による戦争抑制効果に対し、サイバー兵器の存在はどのような影響を与えるのであろうか。残念ながら、サイバー兵器の存在は戦争を抑止するよりむしろ加速させてしまう効果があるかもしれないと私は考えている。これを仮にサイバー・アクセラレーションと呼ぶことにしたい。

　インターネットの時代、世界中に、相応の技術力をもってはいるがインターネットの特性として攻撃者がわからないがゆえに、その行動の責任を引き受けない人々が多数存在している。また、民間のハッカーでも実際に物理的な損害をもたらすようなサイバー攻撃が可能な時代になってきている。とすると次のようなシナリオが考えられる。

　2つの国がなんらかの問題で睨み合い対立している状況とする。双方の国はそれでも外交的な手段で解決を図ろうと努力している。また、軍隊も交戦に至ることがないように双方が一定の抑制を保ちつつ対峙している。そのとき、ネット上の無責任な人たちはどうだろうか。いわゆる「祭り」で、双

方、罵り合い、罵倒し合うなかで、万一、民間人ハッカーによる勝手なサイバー攻撃が実際に人的被害をもたらしたりすると、世論は激昂し、政府や軍隊は引くことがむずかしくなる。結果として、起こりえなかったはずのリアルな戦闘の引き金が引かれることになるという可能性だ。

このように、サイバー技術の発達が、戦争発生の閾値をこれまでより下げてしまうのではないだろうか[5]。これはこれまでなかった、まったく新しいリスクかもしれない。

### ②　サイバー戦にかかわる国際条約は未整備

戦争において適用されるジュネーブ条約とかハーグ陸戦条約とか、戦争を行うにあたり守らねばならない規則、いわゆる戦時国際法というものがある。しかし、これらのいわゆる戦争法は、必ずしも守られてきたというわけでもない。ヒロシマ、ナガサキでは何が起こったであろうか。ただ、そうはいっても戦場の無法行為に対して何かしらの抑制効果があったことは間違いない。

だが、サイバー戦に関しての法の整備状況はどうだろうか。サイバー攻撃が戦争で使われる場面を考えてみた場合、現行の戦争法に当てはめてみると明らかに説明できないものがある。一例をあげるならば、交戦者資格[6]だ。(i)責任ある指揮者に率いられていること、(ii)遠方からでも認識できる固有の徽章（マーク）をつけていること、(iii)公然と武器を携行していること、(iv)戦争法規を守ること。ここで、サイバー攻撃をするためにパソコンを操作する兵士は、徽章をつけたり遠くからわかる制服を着用したりしているものだろうか。何をもって公然と兵器を携行しているということになるのだろうか。

そもそも、サイバー攻撃が武力行使に相当するかどうかも議論の俎上にある。一般にはその効果が武力行使相応であればサイバー攻撃を武力行使とみなすというのが通説[7]だが、同じサイバー攻撃をしても守っているほうの状

---

5　ほかにも、サイバー攻撃の特性から「先手必勝」「やったもの勝ち」というような心理的な側面から戦争の閾値を下げるということも考えられよう。
6　中谷和弘ほか『サイバー攻撃の国際法』（信山社、2018年）100頁。
7　シュミットアナリシスという。

況次第で効果がいかようにも変わるのだから、あまり説得力があるとはいえない。同じ手法の同じ程度のサイバー攻撃を行った場合、それが北朝鮮経済に与えるだろう打撃と日本経済に与えるだろう損害は決して同じではない。

さらに、有力なサイバー攻撃の1つとして世論工作・情報操作もある。情報操作の結果をみて―それ自体を証明することすら困難なわけだが―それが武力行使相当であるとはたしていえるのだろうか。

過去に戦争法規があってもそれを破る国があったのに、そもそもそういう規定がほぼない[8]今日、戦時におけるサイバー攻撃はやりたい放題ということになるのではないかと思われる。

## 2 サイバー戦にかかわる諸外国の状況

### (1) 中　国

1999年に発刊された中国人民解放軍の2人の大佐を著者とする『超限戦』[9]で、ハッカー戦を含め、これまで戦争行為として一般にタブーとされてきたあらゆる手段と方策を利用することが論じられている。もとより中央の考え方にまったく沿わない本の出版が許可されるとも思えないので、これはある程度、人民解放軍の考え方の一端を示しているといえ、中国は早い時期からサイバー戦にも注目していたことがわかる。

「網電一体戦」というのがこれまでの中国のサイバードクトリンであった[10]。網はネットワーク戦を、電は電子戦を意味し、それぞれを別のものと

---

8　サイバーに関する国際条約（の一種）としては、G7伊勢志摩サミットにおける「サイバーに関するG7の原則と行動」宣言（2016年5月）「我々は、一定の場合には、サイバー活動が国連憲章及び国際慣習法にいう武力行使又は武力攻撃となり得ることを確認する」があるが、参加国も少なく実効性に疑問がある。

9　喬良＝王湘穂『超限戦』（角川新書、2020年）83頁。

10　この概念は少なくとも2000年12月の新華社ネットの記事でその出現を確認できる。
　　http://202.84.17.73/mil/htm/20001213/265900.htm

して扱うのではなく、一体化し、1人の指揮官により一元的に統制されることを意味するものだ。その具体的な表現としては「リアルな戦闘に先立ち、サイバー戦と電子戦により、米軍の指揮統制システムを攪乱し、米軍が混乱から立ち直る前に数で圧倒する」というものだが、このような先進的な考え方が二十数年前の中国の論文で論じられているのだ。

ただし、「数で圧倒する」点については、最近の人民解放軍の文書では、その表現は用いなくなっている。軍の思想は近代軍として現代戦を戦える組織への脱皮を図るものに変わっており、現在はドローンをはじめ最新兵器による軍の近代化が著しく進んでいる。さらに具体的なサイバー兵器の開発も進んでいるという。

2011年には総参謀部を改編して軍のサイバー化を推進する信息化部を誕生させ、2016年の人民解放軍大改編の際には、電子戦、ネット攻防（サイバー戦）、宇宙戦を担当する独立兵科[11]の戦略支援部隊が新編された。こうした特定専門分野にかかわる高位の組織をもっているのは世界で中国のみであり、世界で最も先進的な軍隊の構造となっているともいえる。

また、産軍学の結びつきを強化しており、大学やIT企業の人々を組織まるごと民兵とする活動も進んでおり、これらが軍のサイバー戦力を補強している。その結果、現在の中国のサイバー戦能力はきわめて高いものになっている。

もちろん、質だけではなく、人民解放軍のサイバー戦部隊は数千人規模以上（1万人以上、40万人説もある）の多人数を擁しているという。

さらに、金盾と呼ばれる平時の政治目的のネットワーク監視システム等も、有事には防衛のために有効利用されるであろう。金盾はもともと外から中国人民にとって有害な情報が入ってこないようにフィルタリングするためのものであるが、戦時にあっては、外部からのサイバー攻撃を遮断することに応用可能であると思われる。

このように中国のサイバー戦力は世界レベルでもきわめて強力なものに

---

11　日本にはない概念であるが、陸軍、海軍、空軍などの「軍種」よりは下層だが、陸軍の歩兵科等の「兵科」よりは上層の軍事階層上、中二階に当たるもの。

なっている。

## ⑵　ロ　シ　ア

　サイバー戦に関し、過去、ロシアによるものではないかと疑われているサイバー攻撃がたくさんある。しかし、エビデンスとしてロシアであると証明されたものは少ない。これ自体、彼らの能力が高いことを示しているともいえる。

　たとえば、ロシアがサイバー戦を行ったと疑われている事例として、2007年4月、エストニアへのサイバー攻撃がある。このときは、大統領府、議会、外務省、国防省、メディアなどに重大な被害が発生した。エストニアは1991年の独立後、「IT立国」を国策に掲げて、世界初のネットによる国政選挙を行うなど、国全体の電子化を進めてきた[12]のだが、それがサイバー攻撃に対して大きな脆弱性をもつことが白日のもとにさらされた。

　また、2008年8月のロシアのジョージア侵攻の際には、軍事的攻撃に連携してジョージア政府機関等に対するサイバー攻撃が行われた。このときには、⒤ウェブサイトの書換え、⒤⒤DDOS攻撃による行政機能の妨害、⒤⒤⒤スパムメールを使った役人に対する業務妨害、⒤ⅴ民間ハッカーへの協力要請、ⅴ攻撃を実施するための具体的なソフトウェアの提供、ⅵサイバー封鎖、ⅶロシアに対抗するジョージア人ハッカーの連携妨害等、多種多様の攻撃が行われ、ジョージアの政府機関やメディアなどに大きな被害が出ている。私はこのような多種多様なサイバー攻撃があったことから、それらはロシアのサイバー戦に関する大規模実験だったのではないかと考えている。

　2016年には、この年の米大統領選挙にロシアがサイバー介入したのではないかといわれている。この件に関しては後に米司法省がロシア人13名を正式訴追している[13]。

---

12　たとえば2007年の時点で、日本のマイナンバーカードに相当する彼らのICカードは国民の98%、つまりほぼ全国民がもつに至っており、これは身分証明書、健康保険証、運転免許証などとして各種行政業務に使用可能であるなど、現時点の日本よりはるかに進んでいた。

2019年には、自国のネットワークをインターネットから隔離する実験[14]が行われた。サイバー封鎖も含め海外からサイバー攻撃が発生した場合に備える防衛訓練に相当する内容である。しかし、私はあえてこういいたい。「そういうことを心配している奴に限って、自分がそういうことをしようと思っているのだ」と。

　このように、ロシアは、その軍のサイバー部隊の実態は不明ではあるものの、サイバー戦に関する文書の作成をはじめ、教育・訓練と研究が着実に行われており、現在はこれらが大きな戦力へ発展している。

## (3)　北　朝　鮮

　弾道ミサイルや核兵器の開発で世界を騒がせている北朝鮮であるが、すでにその産業基盤は崩壊状態にあるものと考えられる。現在ではミサイルや核兵器など国家レベルの力を一点に集中して生産できるものは別として、大量生産されるものはその品質が維持できなくなっている[15]。また、その経済状態から軍の訓練用に油を使うことすら困難であり、一般的な戦争はもはや遂行できない状態にあると思われる。

　しかし、このような状況にある北朝鮮は自国の特性に見合った戦い方を追求している。非対称戦である。たとえば、正規軍ではなく特殊部隊の活用だ。20万人ともいわれる、その肉体を極限まで鍛えあげた兵士たちを有する国は世界に北朝鮮のみである。あるいは、地対地弾道ミサイルの開発と保有。これは現時点においていかなる国も有効に阻止できない兵器である。そして核兵器。このようにみてくると、北朝鮮がサイバー戦に目をつけたのは当然ともいえる。サイバー戦の戦士たるハッカーを育てるには高度の技術も

---

13　「2016年米大統領選に介入でロシア人・企業を正式起訴」（BBC NEWS、2018年2月17日）。
　　https://www.bbc.com/japanese/43094878
14　普通は海外に依存しているDNSサーバーを自国のサーバーに切り替えて通信経路を再ルーティングし、その場合でも国内でのネットワークが通常どおりに利用できるかを確認する等。
15　昔はロシア製の武器をコピーした小火器などを海外に売って外貨を稼いでいたが、最近はなくなっている。売り物としての水準を維持できなくなったからだという。

多額の経費も不要だからである。

　北朝鮮では、算数や理科の得意な子供たちを小学校の低学年の頃から選抜し、優秀な子供たちをより上位の学校へ進ませるなど、サイバーに関する英才教育を施している。脱北者の証言によれば、北朝鮮の大学では1981年以来、毎年100人のサイバー戦技術者を輩出しており[16]、いまでは相当数のサイバー要員が育っているものと考えらえる。

　このようなことから北朝鮮はハードウェアに関する技術力はかなり低いものの、ソフトウェア開発能力は先進国並みであると思われる。実際、北朝鮮のプログラマーは、これまで中国のソフトウェア企業の下請けをするなどして真面目にお金を稼いでいたことが知られている。もっとも、彼らは数年前から、その技術を利用して国家レベルのサイバー犯罪に手を染めるようになっている。最近では数々のサイバー銀行強盗事件などが彼らの仕事として有名である[17]。

　いずれにせよ、このようなこと[18]ができるハッカーを抱えている北朝鮮サイバー部隊は世界的にみてもかなり高いサイバー戦能力をもっていると思われる。さらに、北朝鮮の国家としてのサイバー防御能力は高い。北朝鮮は基本的にインターネットと直接つながっていない世界唯一の国家であり、社会基盤がネットワークに依存していないし、軍のIT化もこれからの状況であるため、外部からのサイバー攻撃に対する防御能力はむしろ強いからだ。

---

16　いまから40年以上前にサイバー戦の準備にとりかかっていたという事実は注目すべきことである。

17　たとえば、「北朝鮮、銀行サイバー攻撃で資金を不正取得」（ウォール・ストリート・ジャーナル、2020年8月27日）。
　　https://jp.wsj.com/articles/SB11633149986620753759604586593721881833078

18　銀行のシステムは、当然だが、最も手堅く守られているシステムの1つであり、攻略の難易度はきわめて高いので、そこを攻略できることは、その実力の証明となる。

# 3 戦争のパラダイムシフト

## (1) 戦争の変化

### ① ハイブリッド戦

21世紀の戦争はこれまでの戦争と比べてどう変化しているだろうか。サイバーとのかかわりから考えてみたい。

今日、ある国家は他の国に対して、あからさまな武力行使をすることはできない。国連憲章により自衛のため以外の武力行使は禁止されているからだ。そこで現代の国際社会では、国家の意思を強要する手段として、まず、関税、禁輸措置、経済封鎖、経済制裁など経済的な手法が用いられる。さらに、表には出ないが、心理戦、宣伝戦、世論戦などと呼ばれる情報操作の手法が併用される。これはインターネットを利用していろいろな情報をばらまき、相手国の内部に混乱や分断を惹起せしめ、選挙に介入することなどである。武力行使にあたっても、国際世論を刺激しないようにあまり目立たぬよう注意深く行われる。このように現代では、戦争にあたり、各種の手段を混合するのが普通であり、このような戦争形態を一般にハイブリッド戦と呼ぶ。

ハイブリッド戦に関しては、ロシアが2014年にクリミアを併合した際の行動要領が特徴的だ。『防衛白書令和2年版』に「国籍を隠した不明部隊を用いた作戦、サイバー攻撃による通信・重要インフラの妨害、インターネットやメディアを通じた偽情報の流布などによる影響工作を複合的に用いた手法が、「ハイブリッド戦」に該当すると考えています」[19]とあるが、まさにこの記述に当てはまる行動が行われた。

ハイブリッド戦に関しては多くの議論がある[20]が、今後も実効性ある国益追求の手段として国際政治で用いられ、世界に与える影響は今後、ますます

---

19 『防衛白書令和2年版』41頁。
20 志田淳二郎『ハイブリッド戦争の時代』（並木書房、2021年）16頁。

看過できなくなると考えられる。戦争は変化してきているのだ。

## ② 軍事戦争の役割の低下

ここで、戦争というものについてもう一度、考え直してみたい。

クラウゼヴィッツによれば、「戦争とは敵を強制して我々の意思を遂行させるために用いられる暴力行為である[21]」。彼がこれを述べた時代に敵を強制する力とはもちろん軍事力であった。一方、アルビン・トフラーの著作[22]から読み取れることだが、彼は歴史には大きな３つの波があると考えていた。農業、工業、情報産業である。また、それらに伴う力として、暴力、金銭、知恵もあげている。つまり、相手を拳骨で殴っていうことを聞かせる暴力、相手を買収していうことを聞かせるお金、相手をうまく操る知恵である。

これらのクラウゼヴィッツとトフラーの考えにインスパイアされて、ここで戦争をあらためて定義し直してみたい。まず、暴力、金銭、知恵を国家的

**【図表５－１】　３つの力からみた戦争（広義）の歴史**

| 時代 | 古代 | 近代 | 現代 | 将来 |
|---|---|---|---|---|
| 力 | 軍事力 | | 経済力 | 情報力 |
| 戦争 | いわゆる戦争 | | 経済戦争 | 情報戦争 |
| | 熱い戦争 Hot War　古代戦　近代戦　現代戦 | | 冷戦 Cold War　事実上の経済戦争 | 複合戦争 Hybrid War　21世紀の戦争 |
| | みえる戦争 | | みえない戦争 | |

出所：筆者作成。

---

21　クラウゼヴィッツ『戦争論』（淡徳三郎訳、徳間書店、1965年）18頁。
22　たとえば、アルビン・トフラー『第３の波』（徳山二郎監修、鈴木健次・桜井元雄ほか訳、日本放送出版協会、1980年）。

な力に置き換えると、それぞれ、軍事力と経済力と情報力ということになるだろう。とすると、力をもって意志を強要する行為である戦争の概念は以下の3つに整理できると思う。すなわち、(i)軍事力による戦争、軍事戦争、(ii)経済力による戦争、経済戦争、(iii)情報力による戦争、情報戦争である。

「軍事力」が中心的な力であった時代は、古代〜近代であり、第2次世界大戦は最後の軍事的大規模衝突であった。それは国家総力戦とも呼ばれ、軍事力を支える経済力が同大戦の勝敗の帰趨を決したといってもよい。その後、冷戦時代という経済上の戦争が主役の時代が続き、いまは情報戦争の時代になっている。この間、軍事力の影響の度合いは次第に低下してきており、現代では、軍事力、経済力、情報力がそれぞれ混合されて用いられる時代になったとみることができよう。

つまり、パラダイムとして戦争を分析すれば、それは、軍事戦争、経済戦争、情報戦争ということになり、それらの国際政治への関与の度合いが時代とともに変わってきているのだ。

## (2) 経済戦争

冷戦は資本主義陣営と共産主義陣営の対立・競争の時代であった。そこでは、経済という土俵の上で経済的手法を利用した「見えない戦争」が戦われたのだと私は考える。この戦争は実質的な第3次世界大戦であり、資本主義陣営の勝利に終わった。

経済戦争では意思を強要する手段として軍事力にかわり経済力が利用される。たとえば、債務漬けという方法がある。インフラ整備をしてやるフリをして対象国を借金漬けにしてその国をコントロールするものだ。関税の利用や技術の囲い込みなど相手国の健全な経済発展を妨害する行為もある。さらに、大規模な経済的攻撃手法としては経済制裁や経済封鎖がある。冷戦では、ソ連の5カ年計画の済々とした進捗状況を崩すために、米国はソ連に対し開発途上国への援助競争を強いたり、ソ連を新兵器の開発競争に巻き込んだりすることで、計画経済の弱点を突く経済的攻撃を仕掛けた。

最近は、ソ連にかわり中国が米国の新しい敵として認識されるようになっ

た[23]。これにより現在新しい経済戦争が始まっているが、それはファーウェイ叩きという目に見えるかたちで行われている。これを単なる技術上の争いとか貿易摩擦とみる人もいるが、実は世界の覇権を争う新しいかたちの戦争が行われているのだと私は考える。

　そして、2022年のロシア・ウクライナ戦争では、欧米は軍事力こそ使ってはいないものの、ロシアに意志を強要する手段として、上記の経済制裁のほか、ロシアの個人や企業の資産凍結を実施し、この経済戦争の手法を最大限に利用している。これらはやはり戦争の一環なのである。

## (3)　情報戦争

　この戦争の目的は、相手国が自国にとって都合のよい決定を下すことである。そのために、プロパガンダ、情報操作、マスコミの支配、さらには選挙介入といった多様な手段を用い、心理的な働きかけによって相手国の指導者や国民を都合よく動かそうとする。今日、このようなことが世界中で現在進行形で行われていると思う。サイバー技術はこの戦争における主要な道具として、大きな地位と役割をもつようになっている。

　特に問題なのがいわゆるフェイクニュースである。意図的かつ計画的に社会に嘘の情報を広める者が現れている。人々の意識がこれらの「信じたい事実」と結びつくことでフェイクがファクトを駆逐してしまい、嘘が社会に広がるというわけである。インターネットを利用することで、こうした活動のパフォーマンスが格段に向上した。現在では、このような活動をディスインフォメーションと呼び、新たなリスクとして警戒されている。

　こうしたディスインフォメーションを通じて、民主主義国家は新たな弱点を形成することになった。一方で、専制主義国家はこのような弱点をあまりもたない。したがって、民主主義国家は、今後、きわめて不利な戦いを強いられることになるのではないだろうか。

　一例をあげたい。2016年米大統領選へのロシアの介入だ。2017年1月6

---

23　100年のマラソンという考えが米国人の目を覚ましたといわれている。マイケル・ピルズベリー『China 2049』（森本敏解説、野中香方子訳、日経BP社、2015年）。

日、米国情報機関から「最近の合衆国大統領選におけるロシアの活動と意図に関する評価」というレポートが出た。それによれば、ロシアは（サイバー技術を利用して）米大統領選挙に影響を与えようとしたという。

　ロシアには専門のデマ拡散サイバー部隊があり、国内統制のため実践してきた情報操作の手法を対外的に応用している。このようなネット世論を操作するいわゆる「トロール部隊」の拠点が少なくともサンクトペテルブルクに1つあるといわれている。これは1日24時間365日、ネット上で情報工作をする「会社」である。300〜400人の従業員が業務ごとに部署に分かれ、メディアにコメントを投稿したり、フェイスブックなど交流サイト（SNS）に偽情報を拡散したり、架空の人物になりすましてブログも展開したりする。政治風刺画を手がけるデザイン部や映像制作部もあるという。

　同部隊では、ロシアのウクライナへの侵攻をめぐって対立したオバマ米大統領やメルケル独首相への批判、ウクライナの親欧米政権をおとしめる内容などが捏造されている。また、主義主張を述べ人々を誘導するブログでは美女を装う手法が多用されているという。ネットなどから盗用した美女の写真を掲載して関心を引き、たわいのない話に政治的なコメントを混ぜるのだ。ウクライナのメディアを装ったサイトやロシア国内ニュースの偽サイトもある。さらに既存メディアのニュースを書き換えてサイトに載せるなど、偽情報を相手国に発信するのが業務の一部であるという。

　情報戦争は現在進行形なのである。

##  4　サイバーセキュリティからみた わが国の安全保障と今後の方策

### ⑴　日本のサイバー防衛の現状と限界

　自衛隊の出動には武力事態であることが必要であるが、その武力事態は次の4類型に整理されている[24]。すなわち、大規模侵攻、航空攻撃、弾道ミサイル、ゲリラ・コマンド攻撃である。このように、武力攻撃事態の類型のな

かにサイバー攻撃は含まれていない。もとより自衛隊の法体系はポジリスト
といい、あらかじめ決められたこと以外をすることはできないようになって
いる。これは外国の軍隊と大きく違うところで、通常の軍隊は非常時であれ
ば、政府の指示に背くとか、戦争犯罪を犯すとかでない限り、なんでもあり
というのが普通だ。しかし、自衛隊はこのような法体系のもとにあるため
に、仮に外国から大規模なサイバー攻撃があっても直ちに出動することがで
きない。

　2012年9月防衛省サイバー指針では、「武力攻撃の一環としてサイバー攻
撃が行われた場合、自衛権発動の第1要件を満たすことになると考えられ
る」とされた。しかし、武力攻撃があれば自衛権発動は当たり前であり、
「一環としての」サイバー攻撃とは具体的になんであろうか。今日の戦争で
は物理的な攻撃の前にサイバー上の優勢を確保するためにサイバー攻撃が行
われる。この最初のサイバー攻撃の段階で武力攻撃の一環かどうかを判断す
ることはむずかしい[25]し、それがわかったときにはおそらく手遅れである。

　その後、第2次安倍内閣の2014年7月1日閣議決定において、日本が自衛
権（武力の行使）を発動する際に満たすべき3要件が定められた。

・わが国に対する武力攻撃が発生したこと、またはわが国と密接な関係にあ
　る他国に対する武力攻撃が発生し、これによりわが国の存立が脅かされ、
　国民の生命、自由および幸福追求の権利が根底から覆される明白な危険が
　あること。
・これを排除し、わが国の存立を全うし、国民を守るために他に適当な手段
　がないこと。
・必要最小限度の実力行使にとどまるべきこと。

　そして、政府は、「武力行使の3要件を満たすようなサイバー攻撃があっ
た場合には、憲法上、自衛の措置として武力の行使が許される」（岩屋防衛

---

24　平成17年3月閣議決定「国民の保護に関する基本指針」。
25　サイバー攻撃では、攻撃していることがわからないような攻撃もできる。また、初期
　　には故障に見せかけた攻撃も行われよう。仮に攻撃があからさまであっても、対象国は
　　「それは民間の犯罪者が勝手にやっていることだ」というかもしれない。犯罪者相手に
　　自衛隊は出られない。

大臣答弁）としている。しかし、具体的にはどのようなサイバー攻撃がこの要件を満たすものだといえるのだろうか。上記の要件はかなり厳しいようにみえる。

現代の戦争はサイバー戦抜きに論じられない。国民が直接、被害者になりうる戦略的なサイバー攻撃もありうる。民間を外国のサイバー攻撃から守るのはどの官庁の仕事となるのであろう？　犯罪なら警察庁だが、有事の場合は警察の仕事ではないのは明らかだ。平時に企業や通信インフラのサイバー防護をしっかりするように指導するのは経産省や総務省かもしれないが、有事の場合に何をどうできるのだろうか。このように日本の国内法も不明確なままの状況で、特に外国からの大規模なサイバー攻撃に対応する主務官庁がないというのは問題であろう[26]。

自衛隊自体のサイバー戦に関する現状も問題だらけだ。まず、諸外国に比べて圧倒的に人員数が少ない。現在のサイバー部隊の陣容は実力ベースで500人程度であり、これを将来1,000人体制とするとはしているものの、それでも米国の3万人以上、中国の10万人規模、韓国の2,000人程度といった世界の水準に追いつけない。また、当然ではあるが実戦経験に乏しい。有事になった場合、現行の法制では基本的にはサイバー攻撃が禁じられているので、作戦の主導権をもつことができない。有事にはそのような縛りが解けるとしても、その段階からサイバー攻撃に必要な情報収集をしていては間に合わない。さらに野外システムの防護もこれからという状況である。課題は多い。

⑵　**わが国がもつべきサイバー防衛能力と国家戦略**

民間企業が自分で自分を守るのは当然だが、敵が国家であった場合、それは無理である。力の差が大きすぎるのだ。国家は必要とあれば青天井で人員や機材を使うことが可能だが、企業ではそんなことはありえず、一定レベル

---

26　サイバーセキュリティ戦略の別紙に主務官庁について記載されているが、サイバー防衛関連であっても多数の官庁名が書かれており、その責任が明確であるとはいえない。
　　https://www.nisc.go.jp/active/kihon/pdf/cs-senryaku2021.pdf

のセキュリティを維持するのが精一杯である。よって、国が民間企業にサイバー防護の傘を差しかける必要があると思う。

このサイバーの傘には、直接的なものと間接的なものがあり、直接的には、偵察拒否、ゲートウェイ（サイバー上の関所）でのフィルタリング、国内にあってはトレースバック[27]による攻撃抑制が有効である。間接的には、人、物、金等の国からの支援である。

この具体的な防衛の仕組みとして、たとえば、以下のようなものはどうだろうか。

・海底ケーブル陸揚げ所にパケット監視装置

・トレースバック能力の開発と保持

・攻撃元への反撃能力の保有

まず、海底ケーブル陸揚げ所[28]にサイバー上の関所を設け、海外からの攻撃パケットを遮断し、明らかに悪意のあるアドレスはフィルタリングすることで企業の負担を減らす。

国内においてはトレースバックの仕組みにより平時は犯罪の抑制を図り、有事には国内にいる敵の協力者からの攻撃を逆探知することで攻撃を抑制する。

最後は、反撃能力であるが、論理的に反撃するにせよ物理的に反撃するにせよ、まず、敵の攻撃元を探知・標定できる能力をもつことが先決である。この分野は特に遅れているので、今後、注力する必要がある。

そして、何よりも重要なのは、どうやって日本を守るのかという具体的な国家防衛戦略をもつこと、あるいはその深掘りである。そのなかでサイバー防衛を検討、明確にし、具体的かつ早急に構築していかねばならない。時間はあまりないと思う。早急な対応が望まれる。

---

27　トレースバック技術とはパケットの発信源を特定する技術である。研究は2000年前後から行われているが、さまざまの理由から実現は困難として最近は低調な感がある。

28　サイバー空間という言葉もあるが、その実態はやはり電線や光ケーブルを伝わって情報が流れている。わが国は島国であるので、そのインターネットは海底ケーブルで世界とつながっており、そのケーブルが日本に上陸する所が陸揚げ所である。ここに対する物理的な防護も重要である。

**Q1** 日本としては、国レベルでどのような対応をとるべきなのでしょうか。

**A1** まず、安全保障上のサイバー対応に明確な主務官庁がないのが問題です。日本の安全保障自体の主務官庁は外務省ですが、外務省はサイバーにはどうしても疎く、あまり考えられていません。サイバーセキュリティ基本法の別表をみると、防衛省のかかわりがきわめて小さくみえ、心配になります。国防という観点から、防衛省をサイバー防御・攻撃の主務官庁とすることがまず必要だと思います。このことはすでに諸外国に比べて周回遅れですので、すぐにやるべきだと思います。

　自衛隊はまず自分を自分で守るレベルには達していますが、自衛隊の後方、兵站を支える民間事業者のシステムまでは手が回っていません。有事にはそれがねらわれると考えるべきで、ここを守れるようにしましょう。次いで、社会インフラを守れるように自衛隊の規模や能力を拡充するのです。

**Q2** 米国との連携についてはどの程度の期待がもてるのでしょうか。

**A2** 実際上ゼロであるとまではいいませんが、日本のサイバー部隊は米軍に比べて非常に小さい存在ですので、連携のしようもないような状態なのではないでしょうか。幼稚園児が大学生と手をつないで戦いましょう、連携しましょうという状態に近く、まだまだ現状は連携の前段階であると思えます。早急に自衛隊の力を向上させて米軍と会話できるレベルにもっていくことが必要です。

**Q3** 防御だけでは足りないので、攻撃能力をつけないとしても、とりあえずどのような防御策が考えられるのでしょうか。

**A3** 中国では、インターネットの外国接点は3カ所しかないのです。それ

はもっぱら政治的な理由によりますが、この事実は有事の際の防御のためにも活用可能で一定の効果があると思います。敵が攻めてくる口を狭めるというのは兵法でもあります。これをヒントにすれば、わが国の場合は海底ケーブル陸揚げ所等にサイバー上の関所を設け、怪しいアドレスのブロックやウイルスチェック等の管理機能をもたせることが有効ではないかと考えています。少なくとも国内企業がバラバラにそれぞれ自分を守る仕組みを用意するより効率的になりそうです。

　また、日本国内の重要システムには、すでに敵国により有事にサイバー攻撃の引き金を引くためのソフトやハードデバイスが埋め込まれている可能性もあります。そうした国内からの攻撃に対応するため、国内のインターネット関連業者が保有しているルーター等の機材に危険なパケットをフィルタリングできる機能をもたせることや、トレースバック機能を付し攻撃元を探知できるようにすることを検討する必要があるでしょう。

## 第 6 章

# 気候変動リスクと
# カーボンニュートラルへの対応
## ―高コストリスク―

鈴木　英夫

# 1 気候変動問題

## (1) 気候変動問題とは

気候変動問題は、人工的に排出される温室効果ガス（Greenhouse Gas、以下、GHG）の蓄積により地球の温暖化が進み、世界中で深刻な気象災害が多発し、GHGの排出を実質ゼロにしないと、気象変動リスクがさらに高まり、人類の生存に大きな影響が及ぶとされている問題である。

2015年のパリ協定は、GHG排出が新興途上国で急増していることを受け、全加盟国が排出削減に合意した画期的な協定であり、世界の平均気温を産業革命以前に比べて２℃より十分低く保ちつつ1.5℃に抑える努力を追求することとされた。

## (2) COP26と1.5℃目標への転換

2018年の気候変動に関する政府間パネル（IPCC）1.5℃特別報告書では、気候変動を最小限に抑制するために、2100年に気温上昇を1.5℃に抑え、2050年GHG排出実質ゼロ、2030年に2010年比で45％削減が推奨された。この報告書を主導したEUは、2019年12月、野心的なGHG削減計画とそれを実現するための産業政策、金融政策、社会政策からなる包括的政策パッケージ「欧州グリーン・ディール」を発表し、気候変動対策で世界をリードする強い意志を示した。

2021年８月、IPCCの第６次評価報告書（AR６）第１作業部会（WG１）報告書（自然科学的根拠）では、(i)人間の影響が気候システムを温暖化させていることは疑いの余地がない、(ii)地球の平均気温は産業革命以前と比べて1.09℃上昇し、うち人為寄与分は1.07℃、(iii)複数シナリオにおいて気温上昇が1.5℃に到達するのは近い将来（2040年まで）、(iv)高温に関する極端現象や大雨の頻度と強度が増加、(v)北極圏では2050年までに１回以上海氷のない状態になるとされた。2021年11月、英国が議長を務めたCOP26ではパリ協定

を実質的に書き換え、世界の気温上昇を1.5℃に抑える努力を行うことに合意した。

2022年2月のIPCCの第6次報告書（AR6）第2作業部会（WG2）の報告書[1]では、気候変動の影響、適応、脆弱性に関する最新の科学的知見がまとめられ、「人為起源の気候変動は、極端現象の頻度と強度の増加を伴い、自然と人間に対して、広範囲にわたる悪影響とそれに関連した損害を、自然の気候変動の範囲を超えて引き起こしている」と結論づけた。

## ⑶　先進国と新興国の分断と温暖化対策

COP26では、これまでの倍以上の130を超える国が2050年GHG排出実質ゼロを宣言したが、世界最大の排出国である中国は、その2カ月前に習近平主席が表明した2030年までは排出増を容認し、実質ゼロ実現は2060年とした国家目標を変更しなかった。近い将来世界2位の排出国になるインドも2070年実質ゼロを表明、欧州の思惑どおりには新興途上国の削減を加速させることができず、新興国と先進国の分断が大きくなり、気候変動リスクは下がるどころか高くなる可能性すらある。したがって、リスクの緩和（削減）に加えて、適応対策が重要かつ喫緊の課題となっている。

## ⑷　気候変動懐疑論

米国では気候変動懐疑論もまだ存在しており、ニューヨーク大学のスティーブ・クーニン教授は、(i)将来の気温や降水量などを予測するための複雑なモデルは依然として不十分で、最新のモデルでも過去の気候を再現できていない、(ii)欧州も中国も過去何世紀にもわたり壊滅的な洪水を経験してきた等の指摘をしている[2]。

---

1　"IPCC Sixth Assessment Report"（https://www.ipcc.ch/report/ar6/wg2/）
2　Wall Street Journal（August 11, 2021）

　2019年の世界の$CO_2$排出量は336億トン、排出量が多い順に、中国29.4％、米国14.1％、EU8.9％、インド6.9％、ロシア4.9％、日本3.1％、韓国、イラン、インドネシア、カナダがそれぞれ1.7％などとなっている。ここでは、EU、米国、中国、日本の順に削減目標と政策を概観する。

## (1)　EU

　EUは、2030年の55％削減を実現するために2019年12月に欧州グリーン・ディールとして50に及ぶ政策パッケージを出した。2020年3月、欧州の産業競争力の維持、産業部門の2050年GHG排出実質ゼロの達成支援、デジタル化推進の3本柱からなる「新産業戦略」を公表、6月には欧州気候法が成立し、2030年に1990年比55％削減と2050年GHG実質ゼロ達成を法制化した。7月には、排出量取引制度の強化、削減義務の対象拡大、炭素国境調整措置の具体案、気候変動対策社会基金の設立、エネルギー関係指令の強化、乗用車の排出規制の強化、航空、海運業に対する排出規制強化などを内容とする「Fit for 55」を発表した。また、EUタクソノミー（グリーンファイナンスの対象を決める基準）などによる金融支援策も決定し、EU地域の「気候変動対策を通じた経済成長を実現し、誰も取り残さない、公平かつ包摂的な社会変革を目指す」と宣言した。財政支援として、7カ年で70兆円を気候変動対策に充てると表明し、気候変動問題解決への強い意志が感じられる。

　ロシアのウクライナへの軍事侵攻がEU気候変動政策にどんな影響を与えるのかを考察してみよう。

　EUのこれまでの戦略は、化石燃料産業のグリーン転換を促進し、当面必要な天然ガスはロシアから供給を受け、域内産業の座礁資産化リスクと脱炭素転換コストを最小限にするものだが、この戦略に以下の影響が出ると思われる。

(a)　短期的にはロシアへの石油・ガス依存（ガスは4割）から脱却するた

め、中東、米国からのLNGに転換。ガス調達コストは液化と輸送コスト
が追加され相当上昇。中期的には脱炭素化の加速を政策的に推進すること
になる。

(b) 原子力発電の廃止期限の延長やフランス等での増設。

(c) 化石燃料価格が高騰し再生可能エネルギーへの転換が加速する可能性が
あるが、現在の目標はきわめて野心的なので削減目標の前倒しはできない。

(d) 再生可能エネルギー、化石燃料ともにコストが高くなり、産業競争力が
低下し、削減目標の達成が遅れる可能性がある。

## (2) 米　　　国

バイデン大統領は、気候変動問題を「生存基盤にかかわる脅威」とし、最
重要課題の1つとして「グリーン・ニューディール」と称し「気候変動への
対応、クリーンエネルギーの活用、雇用増」を同時達成する「ウイン・ウイ
ン・ウイン」の実現を目指している。就任直後にトランプ大統領が脱退した
パリ協定に復帰、2050年までにGHG排出を実質ゼロにし、2030年までに
2005年比50〜52%の削減を目標に掲げ、2030年に洋上風力による再生エネル
ギー生産量を倍増、2035年までに発電部門のGHG排出をゼロにし、2030年
までに国土、海洋の少なくとも30%を保全することを公表した。

さらに、石油ガス鉱区のメタン汚染規制強化、自動車の燃費・排ガス基準
厳格化の大統領令を発出、インフラ、自動車産業、電力セクター、建築、住
宅、イノベーション、クリーンエネルギー分野に4年間で3.5兆ドルを投資
する予算案（ビルド・バック・ベター（BBB）社会歳出法案）を提出、数百万
人の新規雇用創出、産業育成を同時達成しようとした。下院で予算規模を
2.2兆ドルに縮減して可決されたが、上院で、石炭産業に依存するウェス
ト・バージニア州選出の民主党ジョー・マンチン上院議員と調整し、名称を
インフレ縮減法に変更するとともに、予算規模を4,370億ドルに引き下げて
8月17日に成立した。

米国での排出量取引制度や炭素税導入はむずかしい。共和党議員はこうし
た増税や政府の介入政策に反対。連邦議会上院は民主党と共和党の議員数が

同数であり、ジョー・マンチン上院議員も反対しており、米国の2030年削減目標実現に黄色信号が点滅している。

## ⑶ 中　　国

　世界最大の排出国である中国の習近平主席は、2021年の国連気候変動特別サミットで、2030年までに排出量を減少に転じ、2060年に実質ゼロにすると宣言した。中国は、再生可能エネルギー設備容量は世界の30％、新規設備導入量も世界の35％、総発電量も世界一で世界をリードしている。新車販売における新エネルギー車（NEV：電池、水素電池、プラグインハイブリッドの3種）の割合を2025年に20％、2035年に50％にするNEV産業発展計画を策定し、販売補助金の効果で、2021年のNEV販売数は352万台、新車販売に占める割合は13.4％で世界一である（日本は5万台、0.5％）。鉄鋼でも生産量世界一の国営企業、宝武鋼鉄集団において、脱炭素化の研究開発のために500億元（約8,500億円）の基金を政府関係機関の拠出金で造成し、世界をリードしようとしている。2021年には「国家適応気候変動戦略2035」を作成し、気候変動対策と産業政策を一体的に推進し、排出量取引制度も2021年2月に発電事業者2,225社を対象に開始したが、EUの排出上限規制と異なりベンチマーク方式であり、取引量も少なく、$CO_2$1トン当り50元（約800円）程度で、その効果は不透明である。

## ⑷ 日　　本

　気候変動対策の本格化は、菅義偉内閣総理大臣が誕生直後の2020年10月26日の所信表明で「2050年カーボンニュートラル脱炭素社会の実現目指す」と宣言したことから始まる。その後、わずか2カ月で、産業界と調整なくグリーン成長戦略が策定された[3]。EUのように1～2年かけて総合的対策の枠組みをつくるべきであったが、その後も断片的で五月雨式の対応が続く。

---

3　経済産業省「2050年カーボンニュートラルに伴うグリーン成長戦略を策定しました─「経済と環境の好循環」につなげるための産業政策─」。
　　https://www.meti.go.jp/press/2020/12/20201225012/20201225012.html

2021年3月に「地球温暖化対策の推進に関する法律」（温暖化対策法）を改正し、基本理念では「2050年までの脱炭素社会実現を旨として」削減目標を法制化、「2050年までの脱炭素社会の実現を牽引することを明確にし、事業者、地方公共団体、国民などあらゆる主体の取組みに予見可能性を与えその取組みとイノベーションを促進する」ことを目的とした[4]。この法律では地域の脱炭素化実行計画の策定と企業のGHG排出量公表制度の拡充が主な内容であり、欧州グリーン・ディールとは比べ物にならない薄い内容であった。

　菅総理は日米首脳会談を控えた2021年4月に、突然、2030年にGHGを「2013年度比46％削減することを目指すこと、さらに50％の高みに向けて挑戦を続けること」を発表、10月には、この目標を実施するための「第6次エネルギー基本計画」「地球温暖化対策計画」「パリ協定に基づく成長戦略としての長期戦略」が閣議決定された。

　日本政府の脱炭素社会実現に向けた検討体制は、地球温暖化対策推進本部が最終決定機関であり、そのもとでエネルギー政策、グリーン成長戦略、グリーン社会実現、脱炭素化地域づくりのロードマップなどが策定されたが、欧州グリーン・ディールで中核的な役割を担う産業政策、構造調整政策、金融政策はなく、これらを含む包括的な政策パッケージができなければ野心的な目標達成はむずかしい。

　たとえば、グリーン成長戦略では、菅総理の英断でグリーン・イノベーション基金が創設された。10年間で基礎研究、応用研究、技術実証までを一貫して支援する画期的な基金である。日本の研究開発の分野は、研究は素晴らしいが、実用化、産業化の支援が弱く、中国、韓国に産業化で先を越されてきたので、この基金にはおおいに期待したい。ただし、最大の問題は基金の規模（10年間で2兆円）。EUは研究開発に7年間で12兆円を投資する計画であり、米国も10兆円を超える支援策が検討されている。基金の規模は1桁小さい。

---

4　環境省「地球温暖化対策推進法と地球温暖化対策計画」。
　　https://www.env.go.jp/earth/ondanka/domestic.html

経団連は、産業の国際競争力を維持・強化するため技術の社会実装・政策のロードマップの明示と司令塔の確立を求める「グリーントランスフォーメーション（GX）に向けて」を公表した[5]。

岸田政権は、こうした声をふまえ、クリーンエネルギー戦略を策定中であり、経済産業省は「新・素材産業ビジョン中間整理」[6]を公表、岸田総理は2022年5月のクリーンエネルギー戦略に関する有識者懇談会で、「前提のない仕組み、（中略）複数年度にわたり、予見可能性を高め、脱炭素に向けた民間の長期巨額投資の呼び水とするため、可及的すみやかにGX推進のため支援資金を先行して調達し」「成長促進と排出抑制をともに最大化する効果をもった、成長志向型カーボンプライシング構想を具体化するなかで、裏付けとなる将来の財源を確保しながら、20兆ともいわれる必要な政府資金を「GX経済移行債（仮称）」で先行して調達、すみやかに投資支援に回していく」「本年夏に官邸に新たにGX実行会議を設置」すると表明した。今後思い切った脱炭素政策の具体化を期待したい。

# 3 日本の新たなエネルギー政策とリスク

## (1) 第6次エネルギー基本計画[7]（以下、第6次計画）の課題とリスク

エネルギー政策の基本原則は、安全の確保を大前提に、安定供給、経済性、環境を実現すること（S（Safety）＋3E（Energy Security, Economic Ef-

---

5 　一般社団法人日本経済団体連合会「グリーントランスフォーメーション（GX）に向けて」（2022年5月17日）。
　　https://www.keidanren.or.jp/policy/2022/043.html
6 　経済産業省「産業構造審議会 製造産業分科会 中間整理」（2022年4月28日）。
　　https://www.meti.go.jp/shingikai/sankoshin/seizo_sangyo/20220428_report.html
7 　経済産業省資源エネルギー庁「第6次エネルギー基本計画」（令和3年10月）。
　　https://www.enecho.meti.go.jp/category/others/basic_plan/

ficiency, Environment)） であるが、再生可能エネルギーを大量に導入すると安定供給と経済性で大きなリスクが生じる。

① 安定供給リスク：再生可能エネルギー先進国であるドイツで明らか

ドイツの2020年の発電電力総量に占める再生エネルギーの比率は初めて50.5%になった。電力構成は、水力3.7%、バイオマス9.3%、風力27.0%、太陽光10.5%、以上再生可能エネルギー合計で50.5%、原子力12.5%、褐炭16.8%、石炭7.3%、石油0.3%、ガス12.1%、その他0.5%となっている[8]。10年前の再生可能エネルギーの比率19.1%と比べると、急速に再生可能エネルギーが増加、2030年には再生可能エネルギー比率を65%にする目標である。

ドイツの2020年の日別電力供給における再生可能エネルギー比率は、7月5日、過去最高の79.9%になったが、12月10日には16.5%まで低下した。こうした大きな変動に備えるため、再生可能エネルギー以外の発電容量は、2011年89.1GW、2020年85.9GWとほとんど減少せず、再生可能エネルギーが多い時期は、低稼働または非稼働で多額の維持コストが必要で、ドイツ政府は維持コストを補助している[9]。

ドイツの電力安定供給を容易にしている要因として、周辺の11カ国と電力供給線がつながり、電力不足のときは、フランスから安い原子力による電力を輸入できる状況がある。2021年に成立したドイツの連立政権では緑の党も与党になり、原子力発電については予定どおり2022年から廃止、褐炭、石炭火力廃止は2030年に前倒しすることを決めた（ロシアのウクライナ侵攻で原子力発電所の廃止延期の議論が出ている）が、フランスは原子力発電の新設を発表し、ドイツとしても安心だ。11カ国との電力連携網の利点は大きい。

ドイツのように恵まれた環境のない日本では、再生可能エネルギーの安定供給リスクはさらに高く、ドイツのコピーでない日本の実情にあった政策が必要である。

---

8 日鉄総研調べ。
9 日鉄総研調べ。

### ② 電力コストの上昇リスク

高い電気料金がカーボンニュートラルを目指す日本経済には大きなリスクになる。ドイツはエネルギー多消費産業と輸出産業には、思い切った電気料金の減免措置を実施している。世界的に有名なフラウンフォーファー研究所の分析[10]によると、ドイツの家庭用電気料金の平均は１kWh当り約40円、産業用電気料金の平均は約14円だが、エネルギー多消費産業である鉄鋼や輸出依存が高い自動車などの産業には、きわめて大きな減免措置がとられ、１kWh当り約７円で供給されている。フランスやオランダ、米国も同じ水準であり、中国、韓国は少し高いが８円程度で、各国は国際競争力で負けない水準を実現している。日本は17円程度とその倍以上だ。日本の素材産業が国際競争力を維持している秘密は、原料の石油石炭から出るガスをすべてリサイクルして発電し、外部の高い電力を買わないことでコストを下げてきたからである。しかし、産業の脱炭素化には石油石炭をグリーン電力に転換する必要があり、電気料金負担が一気に上昇、産業の国際競争力に計り知れない悪影響を与える。ドイツのように国民の理解を得て、国際競争に直面する産業への電気料金制度を改革すべき時が来ている。

### ③ 再生可能エネルギー（以下、再エネ）比率が高くなればコストも高くなる可能性

第６次計画では2030年における電力コストを試算している。まず新規立地の発電コストは、コストが低下した再エネの導入やIEAの見通しどおりに化石燃料の価格が低下する前提で、１kWh当り9.9円から10.2円とされ、第５次計画に比べ0.5円程度の小幅な上昇になっている。しかし、グリーンフレーションといわれる化石燃料の高騰が始まり、IEAの見通しは間違っていることが明らかになったので、この試算は見直されるべきである。

また、第６次計画では参考として電源立地や系統制約を考慮した電力コスト試算が付記された。たとえば、発電コストは、事業用太陽光11.2円、原子力11.7円だが、電源立地や系統制約を考慮したモデル分析では、事業用太陽

---

10　Fraunhofer ISL and ECOFYS, "Electricity Costs of Energy Intensive Industries : An International Comparison"（2015）.

光19.9円、原子力14.5円と原子力発電所を新設したほうが安い。この総電力コスト試算こそ、参考ではなく産業競争力や国民負担の議論のベースにすべきである。

## ⑵　2050年の電力コストシナリオ分析

第6次計画では2050年の電力コスト推計はないが、本計画の策定を担った総合エネルギー調査会基本政策分科会に公益財団法人地球環境産業技術研究機構（RITE）システム研究グループリーダーの秋元圭吾博士が「2050年カーボンニュートラルシナリオ分析」を示した[11]。この分析結果は今後の政府の対応、企業の経営戦略を考えるうえできわめて重要な示唆を与えるので、以下要約する。

⒤　非電力部門では、水素還元製鉄やDACCS（空気中の$CO_2$固定化技術）などの炭素除去技術やカーボンリサイクル技術が必要な技術であり、こうした技術を実装できない限りカーボンニュートラル社会達成はきわめて困難。

⒥　電力部門の脱炭素化が大前提であるが、その課題、制約の克服には相当の困難が伴ううえに、電力コストも現状の2倍以上（1kWh当り24.9円、再エネコストが飛躍的に低下するケースでも22.4円）に上昇する見込み。

⒦　導入するにつれて発電コストやシステム統合コストが上昇するような再エネ電源について（RITEモデル分析上の基本ケースは54％、再エネコストが飛躍的に低下するケースでは63％）、さらに導入量を増加させることは可能であるが、実際には、自然条件や社会制約の結果、極端にそのような電源への依存度を高めることは困難である。また、仮に再エネ100％とした場合には大幅にコストが上昇する（1kWh当り53.4円）ことが明らかとなり、再エネ100％のシナリオは現実的とはいえない。

⒧　以上をふまえ、結論として、将来にわたってカーボンニュートラルを確

---

11　公益財団法人地球環境産業技術研究機構「総合資源エネルギー調査会に提供の2050年カーボンニュートラル分析の追加情報および解説」（2021年6月11日）。
　　https://www.rite.or.jp/system/latestanalysis/2021/06/2050carbonneutrality.html

かなものとするためには、さまざまな技術イノベーションの実現が不可欠であり、イノベーションの不確実性をふまえれば特に電力部門のような確実な脱炭素化が求められる分野においては再エネ、原子力などの確立した脱炭素技術を確実に利用していくことが重要である。さらに、これらの脱炭素化技術が継続的に利用可能となるよう、政策の選択肢を狭めることなく幅広く政策対応を行うことが求められる。また、どの分野のイノベーションが実現するか現時点で見通すことは困難であることをふまえれば、特定の分野に偏ることなく、水素、アンモニア、CCUSなどあらゆる分野のイノベーションの実用化に向けた政策対応を行うことが求められる。

## 4 グリーン・イノベーションの実用化が最重要課題

上記シナリオ分析に指摘されているとおり、カーボンニュートラル実現のためにはグリーン・イノベーションとその実用化が最も重要であるが、グリーン・イノベーション基金では実用化への支援策がなく、また支援規模も不十分である。

### (1) グリーン・イノベーション基金

すでに記載したとおり、制度としては画期的な内容であり高く評価している。支援対象は、(i)環境エネルギー（普及促進）、(ii)環境エネルギー（構造転換）、(iii)産業分野（輸送、製造など）。(i)では、洋上風力産業、住宅・建築物産業、次世代型太陽光産業、原子力産業、ライフスタイル関連産業、(ii)では、水素産業、燃料アンモニア産業、カーボンリサイクル産業、資源循環関連産業、(iii)では、自動車・蓄電池産業、半導体・情報通信産業、船舶産業、航空機産業、物流・人流・土木インフラ産業、食料・農林水産業の18分野が対象である。基金総額は10年間で2兆円、1年平均で2,000億円、これは日本政府の年間の科学技術予算約4.4兆円のわずか5％であり、これで困難なイノベーションを実現するといってもむずかしい。

## ⑵　イノベーションの実用化投資に対する支援が最重要課題

　イノベーション実用化への国の支援策は検討中である（前述の「新・素材産業ビジョン中間整理」参照）。すでに投資促進税制があるが、税額控除率は投資額のわずか10％であり、高コストの脱炭素化投資の支援には不十分である。

　日本製鉄カーボンニュートラルビジョンによると、2050年までにカーボンニュートラル実現のために必要な研究開発・実証で１兆円、生産設備投資で４兆～５兆円かかり、生産に必要な水素やグリーン電力のコストを、政府目標などを前提に試算すると、生産コストは100％程度の増加になる。10％の税額控除では国際競争に勝てない。EUや中国に負けない思い切った支援策が必要である。

### ①　EU支援策との比較

　世界第２位の鉄鋼メーカーであるアルセロール・ミッタル社の第２次気候変動行動報告書[12]は、各国政府に対してCO$_2$削減設備投資に最低50％の補助が必要だと要請。スペイン政府は、同社セスタオ製鉄所での水素還元製鉄と電気炉の生産設備投資に、ドイツ政府は、同社ハンブルク製鉄所での水素還元製鉄設備投資に50％補助を発表し、生産コストを下げる支援策も表明している。

### ②　投資家の声

　海外の投資家からは、「日本政府の支援策は欧米と比べて１桁小さく、欧州や中国に負けるのではないか」と指摘される。欧州、中国と比べてそん色のない支援策を導入することが、投資家の疑問に応え、経営の予見可能性を高めることになる。

### ③　財政支援の財源は欧州諸国で実績があるグリーン国債で

　新型コロナ対策などで財政赤字が拡大している日本政府に大規模な財政的支援はむずかしいという指摘があるが、日本は金融資産で世界トップクラス

---

12　ArcelorMittal publishes second group climate action report（29 July 2021）
　　https://corporate.arcelormittal.com/media/press-releases/arcelormittal-publishes-second-group-climate-action-report/

の金持ち国であり、最近2年間で200兆円も増加している。この潤沢な資金を国債で吸収し、その資金をグリーン成長に資する民間投資支援に回す「グリーン国債」を創設すべきである。「建設国債」と比較しても、グリーン国債は投資先が生産設備であることから、収益を生み出し、経済成長に確実に貢献することで、償還の確実性は高いと考える。おそらく年間2兆～3兆円の支援資金があれば$CO_2$削減と経済成長の両立も可能であり、こうした新たな国家的ファイナンスシステムを実現すべきである。

# 5 カーボンプライシング

## (1) カーボンプライシングとは

　岸田総理は、2022年1月の所信表明で「経済成長に資する」カーボンプライシングについて方向性を決めると表明した。カーボンプライシングとは、なんらかの価格メカニズムや価格シグナルを利用して脱炭素化を推進する経済的手段である。$CO_2$排出量が少ない生産システム、製品、サービスについては、$CO_2$削減コストがかかるので、コスト見合いの価格をつけて、より$CO_2$排出が少ない生産システム、製品、サービスへの転換を促進することで$CO_2$削減を加速できるという政策である。

　環境省の分類によると、以下のものがある。

　① 国　　内

(i) 炭素税：燃料・電気の利用（$CO_2$排出）量に比例した課税を行うことで、炭素に価格をつけ、より炭素負荷が少ないものの利用を促進する税。

(ii) 国内排出量取引：企業ごとに排出量の上限を決め、「排出量」が上限を超過する企業と下回る企業との間で「排出量」を売買する仕組み。炭素の価格は「排出量」の需要と供給で決まる。

(iii) クレジット取引（非化石価値取引）：非化石エネルギーがもつ価値の売買。

(a) Jクレジット：先進的な対策により実現した排出削減量を「クレジッ

ト」として売買するもの。

(b) JCM（2国間クレジット制度）：途上国と協力して実施した対策によって実現した排出削減量をクレジットとして削減の効果を2国間で分け合う制度。

(c) ゼロエミッション車クレジット取引：販売するゼロエミッション車をクレジット化し、自動車メーカーに対して一定比率以上のクレジット取得を認める。

② 国際：国際機関による市場メカニズム

③ 民間企業（インターナルカーボンプライシング）：企業内で独自に排出量に価格をつけ投資判断に活用

## (2) 炭素税と排出量取引制度の効果と課題

技術開発などにより$CO_2$排出が少ない製品がより安く生産できれば、何もせずに$CO_2$削減は進む。米国では、シェールガス採掘技術により天然ガスが石炭より安くなり、石炭火力発電所が次々と閉鎖され米国の$CO_2$削減に貢献した。

$CO_2$の排出がより少ない製品・サービスの価格が従来の製品に比べて高い場合、排出量取引や炭素税によって、その価格差を補填し、$CO_2$排出量が少ない製品・サービスの購入を促進することができる。

① 排出量取引制度

排出量取引制度の課題は、炭素価格が$CO_2$削減に必要なコストを反映するのではなく、その時々の需給関係で決まることである。欧州排出量取引制度（EU-ETS）では、第3フェーズの2018年までは排出上限が緩く取引が少ないことで炭素価格も5ユーロ程度に低迷していたが、2019年からの第4フェーズでは、より厳しい排出上限になり、取引拡大期待から投機的資金が流入。2022年2月4日に96ユーロ（約1万2,000円）まで急騰したが、24日のロシアのウクライナ侵攻で50ユーロ台に暴落し、その後70ユーロ台に戻るなど投機により乱高下している。

投機的に決まる価格では、企業ごとに異なる$CO_2$削減コストを補填できる

保証はない。たとえば、削減コストが炭素価格より高い場合は、差額を政府が補填するか、製品を購入する企業が追加的プレミアムを支払わない限り脱炭素化コストをカバーできず、脱炭素化は進展しない。ただし、適切な価格で取引できれば、排出量取引制度は効果的に機能する可能性をもっている。

$CO_2$削減技術が確立されず、選択肢がない場合には、取引負担だけが生じて$CO_2$が削減されず、企業の研究開発の資金を奪い、競争力を喪失せしめることになる。EUはこうした産業に対して、排出量の無償割当を行い、実質的に削減義務を免除している。鉄鋼業の無償割当量は排出実績より多く、排出量を上回った分は取引市場で売却できるので実質補助金になっている。

② 炭 素 税

炭素税はエネルギーごとの炭素排出量に従って税率を賦課する制度であり、排出量取引のように産業別の削減コストを考慮した設定はむずかしく、削減インセンティブ（促進効果）には致命的な欠陥がある。

炭素税は国が徴収するので、その使途と一体的に議論する必要がある。炭素税は増税であり、経済にマイナスなので、「経済成長に資する制度」にするためには、増税のマイナスを補って余りあるプラスの経済効果がある政策に使途を限定しない限り、国民の理解は得られないと考える。

日本でも炭素税はすでに地球温暖化対策税として、$CO_2$排出１トン当り289円、平年度税収2,623億円の制度として導入され、温暖化対策予算として使われている。日経新聞[13]によると、世界銀行の調査は、2020年の世界のカーボンプライシングによる「課金や税収入は530億ドル（約５兆8,000億円）」であり、「パリ協定の目標達成には、各国の炭素価格の水準を$CO_2$１トン当り40〜80ドル（約4,500円から9,000円）程度にする必要がある」と指摘した。日本ではすでにこの世界の合計額を上回るエネルギー関連の国民負担がある。2018年実績で、地球温暖化対策税を含めた化石燃料に対する課税総額は4.3兆円、FIT賦課金2.4兆円を加えると6.7兆円にのぼる。

環境省の試算によれば[14]、日本のエネルギー課税は$CO_2$排出量１トン当

---

13　日本経済新聞朝刊（2021年７月１日）。

り、2018年実績で平均6,301円になり、世界銀行が必要と指摘する炭素価格水準に達している。ガソリンは2万4,575円、軽油1万3,313円、LPG6,511円、重油・灯油1,068円、天然ガス689円、石炭590円になる。ガソリンなどは欧州の炭素税水準に比べてそん色ないが、灯油などが低税率なのは、国民生活への影響に配慮したもので、炭素税増税では、こうした政策との調整も避けて通れない。

### ③　炭素税の段階的課税提案

$CO_2$の削減を加速するために、高い炭素税率によりクリーンエネルギーへの転換を一気に実現しようとすると、劇的に$CO_2$削減は進むが、既存のエネルギー産業は破綻する。また、クリーンエネルギーの供給制約がある場合は、炭素税がインフレを惹起し深刻な社会問題になるリスクがある。エネルギーや原料転換の選択肢がない分野では負担だけが増加し、研究開発を阻害し、競争力喪失を招き、$CO_2$削減には逆行するので、減免措置を組み込む必要がある。

深刻な社会問題を避けるためには、段階的に炭素税率を上げていく選択肢が考えられる。しかし、税率が、エネルギー転換が起こる水準より低い間は転換が進まず、$CO_2$も減らず、国民負担だけが生じる。増税は経済にマイナスであり、このマイナスを補って経済成長にプラスになる効果的な温暖化政策があればよいが、初期段階ではまず研究開発に投資する必要性が高く、この分野で経済成長の大きなプラス効果は期待できない。研究開発の実用化までに5~10年は必要であり、その間、$CO_2$削減効果は少なく、炭素税による経済のマイナス効果が累積することになるので、炭素税はきわめて慎重に検討すべきである。

### ④　今後の対応

カーボンプライシングの導入については、確実な経済成長効果と$CO_2$削減の両立が可能であることを示し、国民に可否を問うべきである。完全市場で$CO_2$削減のすべての選択肢が利用できる理想的環境があれば、カーボンプラ

---

14　環境省「$CO_2$排出削減に関連する既存の諸制度とカーボンプライシングとの関係について」（2021年6月21日）。

イシングは素晴らしい制度だが、現実はそう簡単ではない。

⑤　EUの炭素国境調整措置

（Carbon Border Adjustment Mechanism, CBAM）

EUは昨年、輸入品の炭素強度（生産輸送などで排出されたGHGの総量）にEU-ETS（EU域内排出量取引制度）の炭素価格を掛けた金額を輸入時に課税する「炭素国境措置制度」を、2026年から、セメント、電力、肥料、鉄鋼、アルミニウムを対象に導入し、EUと同等の排出量取引制度の導入国は対象外とすることを発表した。鉄鋼については、EU-ETSの無償排出枠を2026年から10年かけて段階的に削減し、2035年に全廃し、その削減した割合に応じ、輸入時の炭素価格と連動した負担を輸入品に求めるとした。

日本からEUへの輸出に大きな影響が生じるので、日本もEUと同じ炭素国境調整措置を導入し、影響を回避すべきという議論があるが、EUの対象品目はすべて輸入超過であり、域内産業を守る効果が大きい。日本は輸出国であり、3つの問題がある。まず、WTOルール、特に内国民待遇や最恵国待遇違反の可能性がある。次に、中国、インド、トルコなどは反対を表明しており、これらの国との貿易戦争になる可能性がある。第3に、$CO_2$の排出量の計測手法、データの透明性、信頼性に関する国際ルールがない。こうした問題を解決する必要があり、日本もEUと具体的仕組みについて交渉することが必要である。

なお、欧州鉄鋼連盟は本制度については、EU-ETSの無償割当を少なくとも2030年までは削減しないように要請しており、EUが予定どおり本制度をスタートできるかは不透明である。

# 6 サステナブル・ファイナンスの推進と開示制度

## (1)　気候変動リスク開示の必要性

気候変動リスクはその期間の長さや不確実性の高さといった特殊性をも

つ。気候変動による気温の上昇や災害の激甚化の影響は今後数十年かけて顕在化し、気候変動が金融システムの安定を阻害しかねないと判断するときには手遅れとなっている可能性、「ホライズンの悲劇」を生むことが指摘されている。したがって、気候変動の金融システムへのリスクに備えるとともに、2040年までに世界で最大8,000兆円が必要といわれている脱炭素化に向けた投資の促進も必要である。

　カーボンニュートラルを実現する主体は企業や個人であり、彼らの投資に対するファイナンス（サステナブル・ファイナンス）が円滑に行われることが必要である。そのためには、投資がカーボンニュートラル実現に貢献するか否かを判断する基準が必要になる。また、投資判断をするときに、投資先がカーボンニュートラル実現のために適切な経営戦略を採用し、それを着実に実行するか否かを評価することも必要である。このため、気候変動関連の情報開示、気候変動リスクに関するデータの整備、サステナブルな金融商品市場の整備が求められている。

## ⑵　EUタクソノミー

　EUはサステナブル・ファイナンス促進のため、EUタクソノミー（分類基準）を提案。タクソノミーとは、環境的にサステナブルな経済活動を分類・定義したもので、いわば経済活動のグリーンリスト（例として、電気自動車は○、ハイブリッド車は×）。これに対しては、企業による効率改善やイノベーションといったトランジション（移行）を通じた低炭素社会の実現も重要であるとの批判に応えてトランジションに関するスクリーニング基準を策定することになり、第1弾のタクソノミーは2021年1月から実施された。

## ⑶　トランジション・ファイナンスの重要性

　$CO_2$を排出しないものを金融対象としてタクソノミーで絞り込むことは非現実的である。カーボンニュートラルに向けたロードマップが明確であれば、その実現に必要なトランジション（過渡的な）・ファイナンスが不可欠になる。

2020年12月、国際資本市場協会（ICMA）がクライメート・トランジション・ファイナンス・ハンドブックを策定した[15]。これを受けて、日本政府は2021年6月「成長戦略実行計画」に基づき、金融庁、環境省、経済産業省共同で、トランジション・ボンドやトランジション・ローンと認めるための、鉄鋼、化学、製紙・パルプ、セメント、電力、ガス、石油など多排出産業界ごとのトランジション・ファイナンスのための分野別ロードマップを策定した[16]。

　このようなロードマップはアジア諸国のトランジション・ファイナンスにも有効であり、EUとも共有しつつ、アジア諸国に日本主導で展開すべきである。

## ⑷　気候変動に関する企業の情報開示

　気候変動に関する企業の情報開示については、任意でさまざまな取組みがなされてきており、その詳細は第8章に譲るが、ここでは、PCAFの活動とIFRS（国際会計基準委員会）による国際サステナビリティ基準（強制開示）の動向を紹介する。

### ①　PCAF（Partnership for Carbon Accounting Financials）

　PCAFは2015年オランダで設立、2019年にグローバルパートナーシップに拡大し、2022年1月現在、世界196の金融機関が加盟、総資産は57兆ドル。2020年、金融機関における投融資先に関する排出量の計測と報告に関するスコープ3ガイダンスを策定した。この基準では投融資先のスコープ1から3までのすべてのGHG排出量について計測手法を定め、6つの資産クラス（上場株式および社債、商業融資と非上場株式、プロジェクトファイナンス、商業不

---

15　International Capital Market Association "Climate Transition Finance Handbook Guidance for Issuers"
　　https://www.icmagroup.org/assets/documents/Regulatory/Green-Bonds/Climate-Transition-Finance-Handbook-December-2020-091220.pdf（December 2020）
16　金融庁「「クライメート・トランジション・ファイナンスに関する基本指針」の確定について」（令和3年5月7日　令和3年5月10日更新）。
　　https://www.fsa.go.jp/news/r2/singi/20210507_2.html

動産、抵当資産、自動車ローン）別に報告を求めている。わが国では2021年11月にPCAF Japan coalitionが発足、PCAFグローバル事務局のサポートを受けつつ、参画機関および金融セクターで経験・知見・課題の共有や連携を進め、投融資を通じたGHG計測・開示が日本の金融機関に広く普及・浸透する取組みを始めている。

② IFRS財団による国際サステナビリティ基準の策定

2021年10月、G20サステナブル・ファイナンス・ロードマップが制定された。そこでは「G20は企業価値創造に関するサステナビリティ関連情報の開示のための国際的に一貫した、比較可能で信頼性の高いベースライン基準を策定するIFRS財団の作業プログラムを歓迎する。これらの基準は、TCFD（G20合意に基づき金融安定理事会（FSB）により設置された気候関連財務情報開示制度）の枠組みに基づき幅広いステークホルダーと協議しながら他のサステナビリティ報告組織の作業を考慮したものであるべきである」とされた。

これを受けて、IFRS（国際会計基準）財団は、COP26で国際サステナビリティ基準審議会（ISSB）の設置を表明。ISSBは同年11月にTCFD（気候関連財務情報開示タスクフォース）が制定した任意開示基準を基礎として、テーマ別、業種ごとにサステナビリティ基準プロトタイプ[17]、公開草案を公表、パブリックコメントを経て国際基準を制定しつつある。日本では財務会計基準機構がISSBへの意見発信や国内基準の開発のためにサステナビリティ基準委員会（SSBJ）を2022年7月に設置し対応している。金融庁でも金融審議会ディスロージャーWGで並行して議論されている。

国際基準では「気候変動」「水」「生物多様性」「従業員（人的資本）」「人権」の5つのテーマ別に開示を求めるテーマ別基準とともに、68の業種ごとに重要な論点について、約600ページからなるTCFDより詳細な開示基準を定めている。この基準は強制開示基準であるが、詳細かつ不確実な条件を前

---

17 IFRS Foundation "General Requirements for disclosure of Sustainability-related Financial Information Prototype"
https://www.ifrs.org/content/dam/ifrs/groups/trwg/trwg-climate-related-disclosures-prototype.pdf（November 2021）

提とした項目も見受けられ、企業の負担が大きく、削除するか任意開示とすべきと考える。

<h1>7 カーボンニュートラル実現への<br>ロードマップとリスク（まとめ）</h1>

エネルギー転換が可能な分野は、適切な価格がつけば脱炭素化が進展する。日本は、再生可能エネルギーに関して、地価が高く、平坦地が少なく、建設コストが高く、気象条件もよくないので発電コストが高く、FIT（再生可能エネルギーの固定価格買取制度）によるコスト強制転嫁を継続すると、国民、企業に高い負担を求め続け、経済成長、産業競争力を喪失するリスクが高くなる。技術開発を加速して再生可能エネルギー、水素コストを抜本的に下げるとともに、産業用電気料金を国際水準に引き下げることが必要である。

また、エネルギーの安定供給のためには、蓄電池も解決法だが、コストがきわめて高くなる。経済性と安定供給を両立しつつ2050年のカーボンニュートラルを実現するためには、国が責任をもって安全性を確保し、国民の理解を得て、原子力発電を再稼働するとともに新増設の検討を開始することが必要である。

ガスにかわるエネルギーとして水素やアンモニアの実用化も必要だが、技術開発が進展しないことに備えて、CCUS（Carbon Capture and Utilization and Storage：$CO_2$製品原料化、地中固定化技術）を活用した化石燃料火力発電の維持も選択肢として残すべきである。

鉄鋼や化学のような$CO_2$を出さない生産プロセスへの転換が必要な分野については、何百年も続いてきた最も効率的な生産プロセスから未開発の水素などを利用する革新的生産プロセスへの転換が必要である。このため、革新的技術開発に加えて巨額の生産設備投資に対する政府の継続的かつ強力な支援が不可欠である。この結果、電気料金や製品の大幅なコストアップになることについて国民の理解も不可欠である。

さらに国民一人ひとりが意識をもって脱炭素化に向けた生活様式の改革や社会改革を推進する担い手となり、コスト負担についても自らの問題として受け入れていくことが必要になってくる。

　以上のような課題に包括的に対応するためには、国際競争力の維持、経済安全保障、国民意識改革を前提としたカーボンニュートラルと経済成長を同時に実現できる日本の国家戦略の構築が待たれるのである。

## 第 7 章

# カーボンニュートラルとサステナブル・ファイナンス
## ―企業、金融機関、国際機関の取組み―

引頭　麻実

陳野　浩司

# 1 企業のサステナビリティへの取組みと カーボンニュートラル

## (1) サステナビリティと企業を取り巻く大きな環境の変化

　企業にとって、サステナビリティの取組みに関する開示は大きなプレッシャーとなりつつある。2006年に国連が公表したPRI（責任投資原則）が契機となり、このPRIに署名した投資家はESGの考え方を投資判断プロセスに組み入れなければならなくなった。

　この15年で世界は大きく様変わりした。サステナビリティという考え方が企業や資本市場のルールを変えつつある。図表7－1の左側の項目はすでに定着しているものだが、右側にいくにつれ、今後企業が対応していかなければならない可能性があるものを示している。日本でいえば、2022年4月から、東証ではプライム市場がスタートしたが、コーポレートガバナンス・コードに加え、気候変動やSDGsの視点の開示拡充がさらに求められている。海外では、EUタクソノミーや、欧州がいま提案しようとしている国境炭素税等々、次から次へとサステナビリティに関する要求を突き付けられているというのが、現在の企業の状況だ。

【図表7－1】　サステナビリティが変えた企業ファイナンスのルール

出所：筆者作成。

サステナビリティが世界や日本のビジネスルールに大きく影響している証左として、2つの例をあげる。まず、米アップル社では、2020年7月、すべての自社グループ事業において、2030年までにカーボンニュートラルを目指すこと、またこの時点ですでにアップル社自身は達成ずみと発表した。しかも、1年経過後の2021年7月には、驚いたことに、グローバルでの製造のパートナー110社以上で、アップル社製品に関し使用する電力を2030年までに100％再生可能エネルギーに振り替えることを宣言している。

2つ目の例は2021年7月に公表されたEU委員会の人権ガイドラインである。また同じ月に米国でも、中国新疆ウイグル自治区での人権リスクについて警鐘が鳴らされた。これに応じ、日本を含めさまざまな企業が調査に乗り出している。いま、企業経営においては、環境と人権が、ビジネスを進めるうえでの大きな前提要件になっている。

## (2) 企業の気候変動への取組み

### ① 企業に求められている取組みとは

まず、気候変動に対する財務に関する開示の仕組みであるTCFD、科学的根拠に基づいた中長期目標を設定するという取組みであるSBT、そして再生可能エネルギー100％を目指す取組みであるRE100の3つに対する取組みをみると、日本企業の参加数は、TCFDではトップ、SBTでは2位、RE100でも2位（すべて2021年7月現在）で、参加企業数でみた日本の取組み自体は世界の先頭を走っている（図表7－2）。

また、2021年12月には、環境情報開示を推進する英国のNGOであるCDPが「気候変動」「森林」「水」の分野での2021年度のAリスト入り企業を発表、「気候変動」において272社がAスコアを獲得したが、日本企業は55社と首位となった。

企業に求められている$CO_2$排出量削減の対象領域は、図表7－3にあるように、自社が直接排出しているスコープ1、他社から供給された電気や熱や蒸気の使用とこれらに伴う間接的な排出量であるスコープ2、そして事業活動の上流・下流部分について、自分たちの事業の活動に関連して他社から排

【図表7－2】 企業に求められる取組み（世界の取組み／2021年7月末現在）

（順位、参加社数）

| TCFD（注1） | | | SBT（注2） | | | RE100（注3） | | |
|---|---|---|---|---|---|---|---|---|
| 1 | 日本 | 458 | 1 | 米国 | 154 | 1 | 米国 | 79 |
| 2 | 英国 | 377 | 2 | 日本 | 124 | 2 | 日本 | 58 |
| 3 | 米国 | 322 | 3 | 英国 | 111 | 3 | 英国 | 45 |
| 4 | オーストラリア | 115 | 4 | フランス | 53 | 4 | オーストラリア | 16 |
| 5 | フランス | 112 | 5 | ドイツ | 47 | 5 | スイス | 15 |
| 6 | カナダ | 97 | 6 | スウェーデン | 44 | 6 | ドイツ | 15 |
| 7 | 韓国 | 67 | 7 | インド | 24 | 7 | フランス | 14 |
| 8 | 台湾 | 57 | 8 | スイス | 24 | 8 | オランダ | 9 |
| 9 | スウェーデン | 53 | 9 | オランダ | 23 | 9 | 台湾 | 9 |
| 10 | スイス | 49 | 10 | スペイン | 22 | 10 | デンマーク | 9 |

注1：企業の気候変動への取組み、影響に関する情報を開示する枠組み。
注2：企業の科学的な中長期の目標設定を促す枠組み。
注3：企業が事業活動に必要な電力の100％を再エネでまかなうことを目指す枠組み。
出所：環境省HPより筆者作成。

出される排出量をスコープ3としてとらえられ、サプライチェーン全体として
の排出量削減が求められている。

　スコープ3は15種類に分類され、たとえば購入した製品・サービス、資本
財、輸送や配送、事業から出る廃棄物に加えて、出張、通勤、投資等、ビジ
ネスの細かいプロセスに至るまで、サプライチェーンにおける間接的な排出
量を算出するよう求められている。

### ②　エネルギーやインフラ系企業の例

　エネルギーやインフラ系企業は、脱炭素戦略の根幹を担っているが、エネ
ルギー・トランスフォーメーションを実現すべく、さまざまな取組みを行っ
ている。すなわち、洋上風力等の再生可能エネルギー、非化石燃料の既存エ
ネルギー（原子力等）、カーボンリサイクルとしてCCUやCCUS、あるいは光
合成、触媒、メタネーションなどさまざまなアプローチのほか、新エネル

**【図表7－3】 サプライチェーン排出量（スコープ1、2、3合計の排出量）**

| スコープ1カテゴリ | | 事業者自らによる温室効果ガスの直接排出（燃料の燃焼、工業プロセス） |
|---|---|---|
| スコープ2カテゴリ | | 他社から配給された電気、熱・蒸気の使用に伴う間接排出 |
| スコープ3カテゴリ | | スコープ1、2以外の間接排出（事業者の活動に関連する他社の排出） |
| スコープ3カテゴリの内容 | | |
| 1 | 購入した製品・サービス | 原材料の調達、パッケージングの外部委託、消耗品の調達 |
| 2 | 資本財 | 生産設備の増設（複数年にわたり建設・製造されている場合には、建設・製造が終了した最終年に計上） |
| 3 | スコープ1、2に含まれない燃料およびエネルギー活動 | 調達している燃料の上流工程（採掘、精製等）調達している電力の上流工程（発電に使用する燃料の採掘、精製等） |
| 4 | 輸送、配送（上流） | 調達物流、横持物流、出荷物流（自社が荷主） |
| 5 | 事業から出る廃棄物 | 廃棄物（有価のものは除く）の自社以外での輸送（注1）、処理 |
| 6 | 出張 | 従業員の出張 |
| 7 | 雇用者の通勤 | 従業員の通勤 |
| 8 | リース資産（上流） | 自社が賃借しているリース資産の稼働（算定・報告・公表制度では、スコープ1、2に計上するため、該当なしのケースが大半） |
| 9 | 輸送、配送（下流） | 出荷輸送（自社が荷主の輸送以降）、倉庫での保管、小売店での販売 |
| 10 | 販売した製品の加工 | 事業者による中間製品の加工 |
| 11 | 販売した製品の使用 | 使用者による製品の使用 |
| 12 | 販売した製品の廃棄 | 使用者による製品の廃棄時の輸送（注2）、処理 |
| 13 | リース資産（下流） | 自社が賃貸事業者として所有し、他者に賃貸しているリース資産の稼働 |
| 14 | フランチャイズ | 自社が主宰するフランチャイズの加盟者のスコープ1、2に該当する活動 |
| 15 | 投資 | 株式投資、債券投資、プロジェクトファイナンスなどの運用 |
| その他（任意） | | 従業員や消費者の日常生活 |

注1：スコープ3基準及び基本ガイドラインでは、輸送を任意算定対象としている。
注2：スコープ3基準及び基本ガイドラインでは、輸送を算定対象外としているが、算定いただいてもかまわない。
出所：環境省HPより筆者作成。

ギーの資源開発として、水素やアンモニアなど温室効果ガスを発生させない
エネルギー源の開発等を進めている。

　エネルギー関係の企業は、これらに加えて、エネルギーユーザーや企業の
再エネ化や脱炭素化に向けたトータルソリューションをサービスとして提供
するような取組みも行っている。そこでは個社だけではなく、サプライ
チェーンやエコシステムの構築を目指して複数の企業が協働し、また大手の
企業だけではなく多くのベンチャー企業も参画している点に特徴がある。

　たとえば、洋上風力で海上から陸に送電を行うため海底ケーブルが必要と
なるが、その敷設には多くの時間や費用が必要となる。そこで、電気の運搬
船という新発想で対応しようと、PowerXというベンチャー企業が名乗りを
上げ、徐々にビジネスを広げている。

　アンモニア発電に必要となるアンモニア製造では、つばめBHBというベン
チャーが、東京工業大学との共同研究を通じ、三菱ケミカルや三菱UFJ
キャピタル、味の素等大手企業の出資を受け事業を進めている。海外との連
携としては、オーストラリアの褐炭を使用した水素製造に川崎重工が取り組
んでいる。

　技術が確立されていない分野も多く、そうした分野はいままさに、イノ
ベーションの取組みの真っただ中にあるといえる。

　たとえば、水素のバリューチェーンを例にあげると、さまざまなプロセス
がある。NEDO（新エネルギー・産業技術総合開発機構）では、グリーンイノ
ベーション事業の基金（2兆円）が始動。大規模水素サプライチェーンの構
築プロジェクトおよび再エネ等由来の電力を活用した水電解による水素製造
プロジェクトが公募され、2021年8月、第1号案件として水素に関する実証
研究事業（11テーマ）が選定された。個社だけではできないため、協働する
枠組みを必要とし、18社が参画することになった。その顔ぶれはかなり多彩
であるが、金額的にはまだ十分でないかもしれない。

　このほか水素関連では、トヨタ自動車、三井住友フィナンシャルグルー
プ、岩谷産業が会長を務める「水素バリューチェーン推進協議会」が2021年
5月に第1回総会を開催。2021年3月末現在、理事会員22社、一般会員109

社、特別／賛助会員51企業・団体、計172企業・団体が加入するなど、大きな連携プラットフォームが形成されつつある。

このように共同で研究を進めるプラットフォームは形成されてきているが、わが国の過去の取組みをみると、さまざまな分野で全員参加型の仕組みがつくられたものの、当初のねらいが実現されていない例も多い。今回は必ずゴールまで行ってもらいたい。あるいは行き着かなければならないのではないかと考える。

③　一般的な事業会社の例

次に、一般の事業会社での取組み事例として、リコー社を取り上げてみよう。同社を取り上げる理由は、RE100、リニューアブルエナジーを100％使う取組みに、2017年4月、日本で最初に参加したのが同社であるからだ。

リコー社は、SDGsをベースに、重要な社会課題を「マテリアリティ」とし、7分野を選択している。具体的には、まず事業を通じた社会課題解決として、「"はたらく"の変革」「生活の質の向上」「脱炭素社会の実現」「循環型社会の実現」の4分野を、さらに経営基盤の強化として、「ステークホルダーエンゲージメント」「共創イノベーション」「ダイバーシティ＆インクルージョン」の3分野を掲げた。有価証券報告書においては、これらのうち、社会課題解決の4分野では2030年の目標を提示するとともに、2022年の数値目標も記載している。

少し詳しくみると、「脱炭素社会の実現」ではスコープ1・2・3のすべてについて、2030年および2022年の数値目標を記載している。2030年削減目標として2015年比で、スコープ1・2で63％削減、スコープ3で40％削減、さらに再生可能エネルギー比率を50％とする目標を掲げている。図表7－4は、リコー社が参考として有価証券報告書に記載した、この分野のTCFDに基づく情報開示である。

また、「循環型社会」では、バリューチェーン全体での資源効率化を目指し、新規の資源の使用率を2022年に85％以下に、2030年には60％以下にすることを目標としている、「ステークホルダーエンゲージメント」では、行動規範の遵守に署名したサプライヤーを重視していくということで、サプライ

【図表 7 - 4】 リコーグループの環境目標（脱炭素分野）

| | |
|---|---|
| 環境目標 | 〈2050年目標〉<br>●バリューチェーン全体のGHG排出ゼロを目指す<br>●事業に必要な電力を100％再生可能エネルギーに切り替える<br>〈2030年目標〉<br>●GHGスコープ1、2：63％削減<sup>(注)</sup>2015年比<br>●GHGスコープ3：40％削減2015年比（調達、使用、物流カテゴリー）<br>●事業に必要な電力を50％再生可能エネルギーに切り替える<br>（注） SBT（Science Based Targets)に沿った削減目標<br>GHGスコープ1：自社の工場・オフィス・車両などから直接排出されるGHG<br>GHGスコープ2：自社が購入した熱・電力の使用に伴うGHG<br>GHGスコープ3：企業活動のサプライチェーンの排出量（GHGスコープ1、2を除く） |
| 考え方 | 1　徹底的な省エネと再生可能エネルギーの活用で自社の"GHG排出ゼロ"を目指す<br>2　エネルギー効率の高い製品やソリューションの提供を行うとともに、ビジネスパートナーとも連携しバリューチェーン全体のGHG排出ゼロを目指す<br>3　社会の気候変動への適応に積極的に取り組む |

出所：有価証券報告書より筆者作成。

ヤーの行動規範署名率をKPIとして掲げ、2022年には重要なサプライヤーについては完了することを目標としている。

　このほか、2050年へ向けてのGHG削減目標をスコープ別に示しているが、BAU（Business As Usual)、すなわち削減努力を行わなかった場合の2050年のGHG排出量が示されるとともに、2050年までの削減努力の結果なお残存するGHG排出量については、国際的に認められたかたちでオフセットすることまで具体的な目標として公表するなど、先進的な取組みをしている。

## ⑶　企業が直面している課題

　企業はその直面している脱炭素という課題のもとで、行動様式の変革が強く求められている。それは異次元の経営改革ともいうべきものである。経済

価値と地球環境、サステナビリティを本気で両立させなければならない。その過程で、想像以上の競争力格差が生じる可能性がある。先のアップル社の例にあったように、アップル社のグローバルでの製造パートナー110社はアップルの製品についてはリニューアブルエナジーを100％にすると宣言したが、それら企業はアップル社のみに製品供給しているわけではないとみられ、アップル社以外の顧客に対しては再生可能エネルギーを使っての製造はむずかしくなるかもしれない。サプライチェーン上でのクリーンエネルギーの取り合いが競争格差につながっていく可能性は否定できない。

　自社の状況を調査、分析し、開示していくことがまずは必要であり、そうした課題に自社だけで取り組んでいくことはできない。さらに、排出量削減に向けた投資コストやさまざまな費用を価格転嫁、つまり製品価値として顧客に訴求できるかということが、今後大変重要な問題になってくる。企業は排出量削減という前提条件のもとで、まさにその存在価値を問われる時代になっている。

（引頭　麻実）

## 2　国際機関における気候変動、カーボンニュートラル問題への取組み

　世界銀行グループの国際金融公社（IFC）は、発展途上国の経済発展を、民間企業を通じて支援しているが、それを進めるうえで気候変動の問題は非常に重要になっている。気候変動問題への対応を進めるなかで、いままで化石燃料に頼っていた事業を再生可能エネルギー等に変換することによるコストの上昇で事業そのものが立ち行かなくなってしまい、経済の発展を促進できずに貧困の撲滅につながらないというリスクに直面している。

　一方、気候変動問題への対応により、さまざまな機会や市場が創造されている。世界銀行グループの試算では、約1,000兆円の投資機会が創出され、40億トンの二酸化炭素を削減することにより2億人以上の新しい雇用機会を創造できる可能性があるとみられている。

気候変動問題には、エネルギーの創出とその使用が大きくかかわる。家庭に加え、交通機関などでのエネルギーの使用があるが、農業でも作物をつくるために森林やジャングルを開墾することが二酸化炭素の排出だけではなく、酸素供給源の減少をもたらすことも考えなくてはならない。都市化が進むなかで、その都市での仕事や生活のためエネルギーを使うことによって二酸化炭素の排出が増えてしまう。製造業では工場などで使う電力の供給源を再生可能エネルギーなどで代替し、二酸化炭素排出をどこまで減らせるかが鍵になっている。また、その活動を支える金融が重要な役割を担うだろう。

　世界銀行グループでは「The Climate Change Action Plan」を策定し、2022年7月から新たな投融資の85%に関してはパリ協定に沿ったものにすること、そして2025年7月からは新たな投融資の100%をパリ協定に沿った事業やプロジェクトに振り向けていく方針である。そこで培ったノウハウ等を他の国際開発金融機関や民間の金融機関とも共有し、民間セクターを含めた多様なチャネルを使いながら気候変動に対する取組みを進めていきたいと考えている。ちなみに、現状、約35%が気候変動に関する投融資となっており、2021年の30%から5ポイント増加している。

　そのために、市場で共有できる基準づくりも行っている。IFCはグリーンボンドの発行や、グリーンボンドへの投資およびその市場づくりを推進しているが、そこで用いられるIFCのPerformance Standardが1つの基準になっていくのではないかと考える。

　また、EDGEというグリーンビルディングの認証をIFCが創設して運用している。同認証はコロンビアで採用され、現地の新築ビルの約7%がEDGEの認証を受けている。コロンビア最大の銀行であるバンコロンビアに対して資金援助をして、コロンビアでのグリーン関連プロジェクトを推進している。

　さらに、750行以上の銀行とともに、TCFDに基づく開示基準の策定について議論を進めている。特に日本は金融機関に加えて事業会社も多数加盟しており、気候変動に対する取組みは世界のなかでも進んでいるので、日本政府の支援も受けて、日本企業がもつ知見をどのように途上国の金融機関と共

有して活動を進めていくか模索している。

　以下、世界銀行グループが取り組んでいる投融資の事例を示す。

⑴　太平洋の島嶼国であるフィジーにおいて、低所得者向けの住宅への電力供給に太陽光発電を使うなど、気候変動に関して重点的な対応をした住宅供給をフィジー政府と協力しながら行っている。

⑵　米国のアピール・サイエンス社は、作物由来の成分によって野菜や果物がいままでの２倍長持ちするようなパッケージをつくり、その包装によってフードロスを減らそうという取組みを行っている。

⑶　インドラマ社というタイのポリエチレンやペットボトルの製造会社に対して、海洋プラスチックの削減のためのブルーローンを提供し、同社が今後３～４年の間に500億個のプラスチックのペットボトルを回収するとともに、海洋のプラスチックを回収するための資金を提供している。

　　さらに、国際機関だけではこの気候変動の問題への対応に限界があるので、民間金融機関や企業の資金や各国の開発資金を使った取組みを行っている。

⑷　エジプトでは、IFCと開発金融機関が民間金融機関とともに13の太陽光発電所をつくるプロジェクトに対して融資をして支援している。また、グリーンボンドのファンドを創設して、このファンドを通じてグリーンにかかわる事業会社や金融機関への投資を行っている。

⑸　日本ではメガバンクと提携し、IFCが投融資するプロジェクトからカーボンクレジットを創出し、カーボンクレジットが必要な日本の事業会社が買い取るスキームを検討している。これによって日本の事業会社は、自身の二酸化炭素排出削減努力に加え、カーボンクレジットを使うことでカーボンニュートラルが達成できるようになると考える。

　気候変動、カーボンニュートラルへの対応は、国際社会のなかで高い優先順位にあるので、民間の金融機関が投融資可能なプロジェクトや、事業会社が参画できるようなプロジェクトをつくっていく必要がある。パリ協定への対応は簡単なことではないが、培ったノウハウを金融機関あるいは事業会社と共有できるプロジェクトや対応スキームを創出して、ソートリーダーシッ

プという概念を共有していきたいと考える。気候変動のリスクを最小限に抑えるために何をすべきかということを念頭に置きながら、発展途上国の経済発展、開発支援を進めている。

（陳野　浩司）

# パネルディスカッション

## ◀スコープ3▶

**参加者1**　金融機関の観点から課題と思われる点を個人的見解として申しあげたいと思います。

　1点目は、スコープ3の温暖化ガスの開示と計測の問題です。ポートフォリオからの排出量の改善や削減に向けた行動計画の開示が事業法人および金融機関に求められていますが、金融機関のポートフォリオからの温暖化ガスの排出の計測をどう進めるのかは、大きな課題の1つです。

　欧州ではEU-ETS（排出量取引制度）が2005年から導入されており、EUの二酸化炭素排出量の約半分となるエネルギー部門や工業部門の施設が対象となっているため、排出量のデータが蓄積されています。日本にはこのようなデータベースの蓄積がないなかで、企業および金融機関では、サプライチェーンも含めた排出量の把握がむずかしい作業になると考えられます。排出量計算の標準化やデータベースづくりでは、国際的な動きを注視しつつ、行政とともに、協調した対応が求められると思います。

　2点目は、トランジション・ファイナンスに関する課題です。その必要投資額は膨大になり、企業側では抜本的な事業転換が必要となります。わが国では、直接金融へのアクセスに限度があり、中堅・中小企業の資金調達が借入れ中心であることを考慮すると、トランジション・ファイナンスでは間接金融の重要性がより高まると考えられます。トランジション・ファイナンスは企業全体への信用供与となり、そのリスクテイクの規模や融資方針の策定面等でさまざまな課題がありえましょう。国レベルでの対応や工夫、役割分担などが必要と考えます。

　3点目はグリーンウォッシュです。欧州の資産運用部門が米国と欧州の規制監督当局の調査対象となった例もあり、レピュテーショナルリスクの観点からも慎重な対応が必要です。国際的に認められるスタンダードづくりが重要だと思います。

4点目は国際競争力の確保です。気候変動は世界の問題であり、各国が取り組む必要があるなかで、再生可能エネルギーの既存量や導入可能量も含めてエネルギーへのアクセスは国ごとに異なっています。欧州では国境調整措置が導入されるとのことですが、そうなれば日本の国内製造業へ影響が出ることが必至です。そこで、たとえば、国内でカーボンクレジットや再生可能エネルギーなどを輸出型企業へ優先的に配分するなどの措置をとることも考えられます。米欧中で気候変動対策が産業政策と一体化していることに鑑みれば、こうした取組みは日本としても考えていかなければならない点だと思います。

**引頭**　1点目について、スコープ3は計測がむずかしい側面もありますが大変重要なアプローチだと思います。コンサルティング会社などのアドバイザーの力を借りたり、CDP（Carbon Disclosure Project）という英国の非営利団体の仕組みを通じて計測することになります。具体的には、CDPが各サプライチェーンの事業会社等に対して、どのような取組みをしているのかを聞く質問票を送り、得たデータを解析するのですが、それによってサプライチェーンの評価を受けることができます。CDPには日本からは数社が加盟し、グローバルでは約9,600社の企業が参加していますので、グローバルのデータベースとしても活用できます。

　排出量削減に向けた取組みにおいては、サプライチェーンの視点が重要です。たとえば、水素エネルギーについては、その水素の出自、つまり、製造工程が再生可能エネルギーでつくられたものなのか、それとも化石燃料からつくられたものなのかにより、特にEUでは評価が変わってきます。最後の出口のところだけに着目していても、努力が報われない可能性もありますので、サプライチェーンの考え方が重要だと思います。

　もっとも、企業は脱炭素に加えて、さまざまなことを同時に求められています。それらすべての整合性を確保したかたちで施策を構築していかないと、効率的ではないし、企業としての一貫性が保たれないのではないかと思います。経営者がいろいろな活動を鳥瞰し、それらを論理的に整理されたかたちで束ねて進めていくことで、本当の意味でのサステナビリティ

対応が実現するのだと思います。

陳野　非常に重要なご指摘です。開発と気候変動問題、あるいは持続可能性が、そのままだと相反してしまう可能性があります。サステナビリティを保ちながら気候変動問題にも対処して経済発展するということが求められている。非常に複雑な連立方程式を解くことになり、部分最適が全体最適となるかという問題も出てくると思います。日本企業も国際競争に勝ちながら国際協調も達成して他の国の模範になり、最終的に世界全体で目標が達成できるというのがベストだと思うので、ぜひそのあたりを皆さんと一緒に考えていきたいと思います。

参加者2　日本の再生可能エネルギーの費用が海外と比べ3倍程度の水準であるなかで、わが国としてどのような経済的な最適解を求めていくのかが重要なテーマの1つだと思います。たとえば、国際金融機関や国が補助金で支援するスキームも必要になるかもしれません。サステナブル・ファイナンス、トランジション・ファイナンスにおけるスプレッドの水準と、カーボンプライシングとの関係をどのように整合的に考えていけばいいのでしょうか。

参加者1　直接金融の分野では、資金の流動性が豊富な状況にありますので、この再生可能エネルギーのファイナンスへのスプレッドは、長期のファイナンスとなりますが、現状、日本だけが高いということはなく、世界と変わらない、あるいは低いレベルにあります。

鈴木　再生可能エネルギーの導入コストは、日本は他国よりもまだ高く、グリッドパリティ（太陽光発電をはじめとする再生可能エネルギーの発電コストが、既存の電力コストと同等であるか、それよりも安価になること）を達成できていないのですが、いまはその分をFIT（再生可能エネルギーの固定価格買取制度）のプライスで補っています。日本は電力コストが高いので、最終事業者がコストを負担するかたちになります。

## ◀トランジション▶

参加者3　特に日本の場合はトランジションのコストが莫大で、失敗すると

会社存亡にかかわるリスクがあり、日本の中小企業が無理にやろうとすると経営に負の影響が出るのではないかと思います。金融機関、投資家はリスクを過小評価している面もあるかもしれません。

**参加者1** 「GREEN×GLOBE Partners」など、中堅・中小企業支援とは違った観点から、一企業では対応しきれないが必要なことについて、みんなで知恵を集めて解決していこうというコミュニティもつくられています。大企業は敏感にトランジションへの対応策を具体的に検討していますが、中堅・中小企業は研究開発費、実装力、財務上の強さが十分ではない場合もあると思います。そのなかで、製造業の大企業は、他の大企業や地域金融機関と協調し、中堅・中小企業を巻き込むかたちで排出量削減の取組みを進めていると思います。金融機関のコンサルティング能力やバンク・ガバナンスの効果が限定的ななかで、製造業の大企業と手を組みながら進めていく必要があると思います。

**陳野** 新興国には、トランジションに積極的に取り組んでいこうとする気運があります。なぜなら、彼らは電力が足りていないので常に新しい電力源が必要です。新規の発電源としては再生可能エネルギー、つまり太陽光、風力や水力発電などを取り入れていかなくてはなりません。また、古い発電設備が使えなくなればそれを再生可能エネルギーに変えていくことになります。もちろん、その過程において、ガス火力発電を取り入れることはあり、優先順位や導入の仕方を考えなければなりませんが、再生可能エネルギーによる発電を積み上げていくことでトランジションの問題に対処することが可能ではないかと思っています。

　一方、日本や欧米などではすでに設備は整っていて、これから新しい設備と置き換える必要があるということで、本当にそれをやろうとしたら企業の存亡にかかわるということもあると思います。そういう状況下では、1つの会社だけで対応するのがむずかしくなります。カーボンクレジットを購入することや、日本を離れて消費地に近い国で新しいエネルギーを使った工場で生産することなどを考えていく必要があると思います。二酸化炭素を多く排出する旧来の設備に対しては、何か他の用途を考えていく

ことも必要だと思います。

　いまあるものを全部一度に換えるのはむずかしいと思います。理論的には正しくとも実行がむずかしいこと、総論賛成・各論反対の議論をどう進めるかが鍵となると思います。そのためには、発想の転換が必要になってくると感じるところです。

**参加者4**　海外展開のなかでリスクを分散させていくような試みも必要ではないかと思います。

**陳野**　単に生産コストが相対的に安いからという理由で海外に生産拠点を移すのではなく、生産拠点を分散させてサプライチェーンが途絶するリスクを軽減するとともに、再生可能エネルギーによる製造をベースにしていくことで新たな雇用をつくり、新しいマーケットもつくるというビジネスモデルを模索していく必要があると思います。

## ◀排出量取引市場▶

**参加者5**　RE100の企業を中心に、カーボンの内部価格を設定している企業が増加していますが、こうした枠にとらわれず、経済全体で排出量削減のコストをシェアするために、日本国内で排出量取引市場の整備が必要と考えますが、いかがでしょうか。

**引頭**　ご案内のとおり、RE100に参加しているのは59社で、日本全体からみたらまだ少数です。

　加えて、先ほどの鈴木様のご講演にもありましたが、ドイツの日別でみた再生可能エネルギー比率は、高い日では8割程度の日もありますが、低い日では16〜17％程度まで低下したということでした。この減少分を補っているのが多くの火力発電所で、これらはいざというときのために普段は稼働しないで維持されているそうです。

　ドイツでの再生可能エネルギー価格設定のなかで、そうした不稼働、低稼働率の火力発電所がどうカウントされているのかを考えなければいけません。また、ドイツはフランスの原子力発電所の電気を購入・消費する一方で、脱原発の看板を掲げています。欧州に国境はありますが、グリッド

に国境はなくつながっていることは日本との大きな違いになっています。

　そう考えると、グローバル・プライシングなるものが、本当に同じ土俵で議論されているのかについて考える必要があるとみられます。要するに、グローバル・プライシングの背景にある事実を複眼的に確認することをしないままに、いわゆるグローバルスタンダードということで合意されてしまった場合、もう後戻りはできないのです。そうなりますと、国際社会に通じるルールを考える前に、日本としてはこういうルールでやっていくという腹を固める必要があります。それを本当に世界が受け入れてくれるかどうかというのは、また別の問題だと思うのです。従来のように、グローバルに遅れているから追いつかなくてはという考え方やアプローチから、戦い方を少し変えないといけないのではないかと思います。

**参加者6**　東証が、一度マーケットをつくろうとして、できなかった経緯があります。そう簡単ではないかもしれませんね。

**引頭**　過去において、金融商品マーケットは、官主導の色彩が強かったと思います。ところが、市場参加者が魅力を感じられないと市場はあるけれども活性化しないというかたちになってしまいます。拙速に市場をつくることが目的ではなく、地球に優しく、人々の生活が本当に豊かになれるようなことをまず実現して、そこにマーケットがついていくほうが、私は本当の意味でのprosperity（繁栄）につながるのではないかと思っております。

**陳野**　その意味では、レギュレーターとしては、市場経済を重視した見解があったとしても、いま、マーケットで成立している気候変動にかかわるさまざまなプライシングは、気をつけてみていかないといけないということでしょうか。

**引頭**　おそらくそうだと思います。どの市場で取引されているのか、また市場参加者の顔ぶれなども影響してくるのではないかとみられます。当然ながら価格は日々変動します。

　さまざまな情報や予想などを織り込んでいくのがマーケットだと思っております。そうなりますと、投資判断ができるだけの十分な水準のディスクロージャー、情報開示がやはり前提にあると思うのです。現状、気候変

動に関してはディスクロージャーがまだ不十分なので、プライシングに十分に織り込まれていない可能性もありますね。

　ですから、プライシングをつけにいかなければいけないのではなく、プライシングをつけにいくためのメカニズムのほうをもう少し充実していかなければいけないのではないかと思いました。

**鈴木**　いまの議論へのコメントですが、資源エネルギー庁は非化石エネルギーの電力市場をつくろうとしているのですけれども、なかなかむずかしい。サウジアラビアや中東のように太陽エネルギー、太陽光発電がすごく安くなればその電力を買うわけですけれども、日本ではもともと高いのが普通の電力の価格をさらに上回る非化石エネルギーの電力の買い手がいるのかという問題があります。

　この点については、付加価値の高い商品を製造していて容易に価格転嫁ができる企業や電力使用量が少ない企業であれば、RE100に加盟して高い電力を買うことになったとしても、再生可能エネルギー100％の実現を目指すことも考えられるので、そのような市場もあっていいかもしれません。

　しかし、別の問題として、現状、FIT（フィードインタリフ）で、高い価格で再生可能エネルギーによる電力を買い取り、それを消費者や企業に同じように平等に負担していただいているのに、こういう市場ができた場合、たとえば、低いコストで非常に効率よく太陽光発電などを実現した企業が、安い価格で電力を市場に売ることになったら、残されたFITで流通する電力価格が相対的に高くなってしまうのです。それによって、富裕層が安い再生可能エネルギーによる電力を買えて、一般国民が高い電力を買わざるをえないというジレンマが生じます。公平性も含めてどのようなマーケットがいいのかを考えていかなければいけません。

　いずれにしても発電コストを下げること、それから、いまのFITのもとでは20年間、非常に高いコストで国民や企業が再生可能エネルギーによる電力を買わなければいけないことが本来は問題なのです。できるだけ競争力のある価格で電力を提供できるような仕組みをつくることが本質的に重

要なことかと思います。

　また、情報開示の点については、地球温暖化対策促進法の改正により、いま、石油換算で1,500kl／年以上のエネルギーを使用しているすべての事業所は、温室効果ガスの排出量を計算して提出しなければいけないという義務が課せられています。法律改正によって各事業所の排出量も含め、遅滞なくすべて公表するという制度に変わります。これにより日本国内の企業の温室効果ガスの排出量の透明化が急速に進み、さまざまなビジネスが生まれて、より$CO_2$削減が促進されるのではないかと期待しています。

**参加者7**　いろいろな動きを加速させるために排出量に価格をつけるということへの期待が大きいことは理解できるのですが、2つの点でむずかしいのではないかと思っています。

　第1に、プライシングするということは、将来のキャッシュフローを現在価値に引き直すことになりますが、ここで将来はきわめて長期なので、将来の技術革新をどうみるかについては人によって相当ばらつきがあると思われます。このため、プライシングは相当にむずかしい作業になると思います。

　第2に、オリジネーターと投資家の間の情報の非対称性が相当に大きいので、客観的なプライシングは相当むずかしいだろうという気がしています。現時点では、企業におけるパーパスを意識した動きなどに期待するしかないのではと感じているところです。

**引頭**　プライシングに将来のイノベーションや長期の構造変化を十分に織り込めないのではないかというご指摘は、そのとおりだと思います。ものすごくボラティリティの高いプライシングになる可能性があると思うのです。

　金融の視点からみると、デリバティブなどを駆使しながら利益を稼ぐチャンスが多い市場になるのかもしれませんが、正しい価格を見出すことがむずかしいというのは、本当にそのとおりだと思います。ご指摘のとおり、重要なことは企業が自らの社会的責任をしっかりと受け止め、取り組

んでいくことだと、私も感じております。

## ◀後進国の優位性▶

**参加者8**　排出量のプライシングについては情報の非対称性の問題があって、全面的に市場に頼るのはむずかしいのではないかという点については まったく同感です。産業革命の過程で、繊維から重工業へ変わったとき も、石炭から石油に変わったときも、産業金融政策のもとで、間接金融が 重要な役割を果たしたという歴史があり、今回も間接金融機関がしっかり 対応できないと乗り切れないと思います。ところで、アフリカなどの後進 国のほうが伝統的な産業革命を経ていないため、再生可能エネルギーの活 用において優位性があるということはいえるのでしょうか。

**陳野**　いま、排出量が多いのは、先進国のほか、中国、インド、インドネシ アなど人口が多い中進国です。彼らは石油石炭燃料を使って工業化の基盤 をつくってしまったがために、すぐに再生可能エネルギーに転換すること がむずかしいので、先進国でも同じような歴史があるではないかと、あま り積極的に対応していません。

　一方、最貧国、たとえばサブサハラのアフリカなどは、いまだに十分な 電力設備をもっていません。必要な電力が供給できていない状況で、化石 燃料を使う火力発電ではなく、地域によっては小規模発電の形態で太陽 光、風力、水力、地熱といった再生可能エネルギーを導入することによ り、この問題を乗り切る可能性はあります。

　ただ、彼らが脱炭素の問題にある程度対応できたとしても、それ以上に 大きな貧困、政治の問題を抱えていることが多いし、天然資源に頼りすぎ て産業が育たず経済が発展しないという現状もあります。携帯電話による デジタルバンキングのようなことが、脱炭素化でもできるかどうかは非常 にむずかしい問題です。

　ある程度政治が安定していて、新しい取組みが可能な比較的小規模の国 において、うまくいく例がいくつか出てくる可能性はあると思います。し かし、そもそも電力インフラがないなかで一足飛びに持続可能な脱炭素化

が達成できるかどうかというと、それ以外の問題があまりにも大きすぎて、一概にはイエスとはいえないというのが現状です。

## 第 8 章

# 国際金融センターとしての
# 日本の役割
## ―脱炭素化を支える日本の国際金融センター―

中 曽 宏
（対談）駒形 康吉

# 1 はじめに

　日本経済は、1990年代初頭の資産バブル崩壊後、時に「失われた20年」とも形容される長い停滞の時代があった。回復の兆しがみえるたびにリーマンショック、東日本大震災、パンデミックという新たな課題が現れ、それを乗り越える努力が続けられ今日に至っている。その日本経済が現在直面する大きな課題が2050年カーボンニュートラルの達成だ。脱炭素化への大仕事だが適切に対応すれば日本経済にとって起死回生の成長機会をもたらす。折しも日本では政府や東京都が国際金融センター構想を掲げ、その実現を目指している。本章では、国際金融センターとしての大きな構想をふまえたうえで、その中心テーマである脱炭素化を支える金融機能に焦点を当てて論じる。そして金融が適切にその役割を果たしていくための課題について整理する。そのうえで、課題を達成したときに展望できる新しい東京国際金融センターの輪郭についても述べる。

# 2 日本経済の長期課題

　バブル崩壊後、日本経済がたどってきた道を端的に表すのが経済の実力ともいえる「潜在成長率」が趨勢的に低下してきたことだ。図表8−1は、実線で潜在成長率の推移を、棒グラフでその要因を分解して示している。潜在成長率は、労働投入（就業者数＋労働時間）、資本蓄積（設備投資）、全要素生産性の3つの要素で決まる。全要素生産性はTotal Factor Productivity＝TFPと呼ばれるもので技術革新などによるイノベーションを示す。

　グラフに表れているように、日本では、この3つの要素がバブル崩壊後に停滞、あるいは減少した。つまり、バブル期に積み上がった3つの過剰（過剰債務、過剰設備、過剰雇用）の調整に企業や金融機関が追われるなかで、設備投資が停滞し技術革新の勢いも失われた。21世紀に入ってからは、生産年

【図表8－1】　日本の潜在成長率の推移

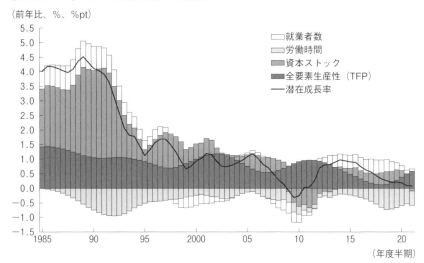

（前年比、％、%pt）

凡例：
- 就業者数
- 労働時間
- 資本ストック
- 全要素生産性（TFP）
- 潜在成長率

（年度半期）

出所：日本銀行より大和総研作成。

齢人口が減少に転じて追い打ちをかけた。この結果、実線で示すように1980年代末期には4％程度あった日本の潜在成長率は、その後、ほぼ一貫して低下し、一時はマイナスとなった。現在は「若干のプラス」と推計されている。

　このように、日本経済の停滞は複合的な要因に起因するものであるので処方箋としての政策も複合的なものである必要があった。こうした問題意識に基づいて、前安倍政権下で必要な政策を総動員したのが、いわゆる「アベノミクス」が掲げた「3本の矢」であった。第1の矢は「大胆な金融政策」、第2の矢は「機動的な財政政策」、そして第3の矢が潜在成長率の引上げを企図した「成長戦略」だった。この組合せは、日本の抱える問題に照らせば正しい組合せだった。ただ、3本の矢にかかった負担が一様ではなく、特に金融政策に過重な負担がかかったのが問題だったと思う。第3の矢は、女性の労働参加率の引上げ等の面で成果をあげたが全体として力不足だった。第3の矢は、もっと高く、もっと速く飛ぶ必要があった。

　そこに現れたのが、2020年10月に日本政府が宣言した「2050年カーボン

ニュートラルの達成」という、日本経済にとってきわめて野心的な課題である。脱炭素化対策は、これまで、なかなか効果のあがらなかった日本の成長戦略にとってゲームチェンジャーとなりうる政策だ。日本の潜在成長率の趨勢的低下は、前述のように投資不足、イノベーションの欠如と人口減少に起因する。この点、脱炭素化は巨額の設備投資と技術革新が車の両輪となる。この2つの要素は、潜在成長率を底上げする力になる。

　設備投資については、IEA（国際エネルギー機関）が2021年10月に公表した「World Energy Outlook」によると、2050年カーボンニュートラルを達成するためには、世界全体で年間投資を2030年までに4兆ドルに増やす必要があり、日本でも巨額の設備投資資金需要をまかなっていく必要がある。技術革新については、第6章および第10章でも詳しく述べられているが、水素やアンモニアなどの燃料開発やCCUS技術の実用化等、膨大な研究開発投資が必要だ。これらは日本の産業界にとって大きな課題だが、世界が一目置く技術を有する日本企業が多いことも事実であり、脱炭素化は、日本経済にとって格好の成長戦略となるはずだ。

## 3　脱炭素社会への移行を支える金融の役割

### (1)　脱炭素化におけるトランジション・ファイナンスの意義

　この膨大な設備資金需要をどう円滑にまかなっていくかが金融の役割ということになる。日本の場合、特に考慮を要するのは、脱炭素化が直ちにはむずかしく、段階的に低炭素化を進めていく移行過程にある企業も数多く存在することだ。そうした観点からは、移行過程で生じる設備資金や運転資金を円滑に調達するトランジション・ファイナンスの果たす役割が大きい。その対象範囲については、次の2点について留意することが適当である。

　第1には、資金使途の範囲として、「移行期」における省エネ投資や燃料のLNG化など排出量削減への取組みだけでなく、非化石燃料系の新エネ

ギー開発・利用促進のほか、将来の革新的技術の研究開発や社会実装への取組み等も対象とすることが適当と考えられる。第2に、対象企業は日本企業だけではなく、日本のサプライチェーンも構成し脱炭素化に向けて日本企業と同様な課題に直面するアジアの多くの企業も含めることが適当である。つまり、アジアでは、なお一日の長を有する日本の金融の力を生かして、日本企業だけでなくアジアにおける企業の資金調達の中心としての機能を発揮しアジア全体の脱炭素化に貢献していくことが適当と考える。さらに、そうした企業の多くが資本市場での債券発行が直ちには困難な中小企業であることを前提とすれば、トランジション・ローンを供与する金融機関の役割がきわめて大きいと考えられる。

## (2)　金融インフラの整備と市場育成

　トランジションを含め企業の脱炭素化を金融面から支援していくためには、金融インフラの整備と市場育成措置を同時に講じていく必要がある。政府が2020年の骨太の方針で掲げた日本の国際金融センター構想は、翌2021年には金融の力で脱炭素化を支援することに的を絞った「グリーン国際金融センター構想」へと進化した。東京都もこれと平仄をあわせるかたちで、2021年11月、「国際金融都市・東京」構想2.0を公表した。これは、2017年に策定された構想を、その後の国際金融をめぐる大きな環境変化をふまえて刷新したものだ。図表8－2に示すように、構想2.0は、グリーンとデジタルを基軸としている。このうち、グリーンについては、「東京グリーンファイナンスイニシアチブ（TGFI）」と呼ばれる新たな計画に基づき、グリーンボンドの発行市場をはじめとしたグリーン・ファイナンス市場の発展、参加プレーヤーの裾野の拡大、人材の育成を目指すこととしている。また、KPIとして各種具体的項目につき2025年の中間目標、2030年の最終目標値を設定している[1]。

---

1　東京都政策企画局『「国際金融都市・東京」に向けた東京都の取組』（令和3年11月1日）32頁。
　　https://www.seisakukikaku.metro.tokyo.lg.jp/pgs/gfct/vision/

【図表8－2】 「国際金融都市・東京」構想2.0

**「国際金融都市・東京」構想　改訂のポイント**

「国際金融都市・東京」構想（2017年11月策定）

金融関連プレーヤー（企業・人材）の集積を主眼に施策展開
　①魅力的なビジネス面／生活面の環境整備、②東京市場に参加するプレーヤーの育成、
　③金融による社会的課題への貢献

国際金融をめぐる激しい環境変化をふまえ
　　「グリーン」と「デジタル」を基軸として、内容を刷新

「国際金融都市・東京」構想2.0

| *Green* | *Digital* | *Player* |
|---|---|---|
| 1　社会課題の解決に貢献する分厚い金融市場の構築 Tokyo Green Finance Initiative（TGFI）の推進 | 2　フィンテックの活用等による金融のデジタライゼーション | 3　資産運用業者をはじめとする多様な金融関連プレーヤーの集積 |

プロモーションを強力に推進　*Promotion*

サステナブル・リカバリーを実現し、世界をリードする国際金融都市へ

出所：東京都「国際金融都市・東京」構想2.0（2021年11月）より筆者作成。

　金融インフラという点では、グリーンボンドやトランジションボンドの市場の整備が柱となる。図表8－3に示すように、日本ではグリーンボンドの発行額、件数とも拡大を続け、2021年中の発行総額は1兆8,700億円に達した。また、一部の先進的ないくつかの企業はトランジションボンドの発行にも踏み切った。ただ、日本の経済規模、あるいはグリーン化を進めなければならない企業数などからみると、世界の発行額に比べると、わが国のグリーンボンドの市場規模は全体の3％程度と相対的にいまだ小さく、拡大余地がまだ相応に残されている。

　グリーンボンド市場の具体的な整備策としては、第1に、発行体や投資家にとって必要な情報を一元的に集約し、一覧性のあるかたちで提供する情報プラットフォームの構築が必要だ。記載情報としては、発行額、利率などの基礎情報、発行企業の経営・ESG戦略、外部評価取得状況等が考えられる。これについては、現在JPX（日本取引所グループ）において、2022年半ばの構

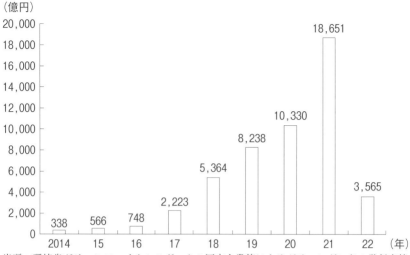

(億円)

出所：環境省グリーンファイナンスポータル国内企業等によるグリーンボンドの発行実績
（2022年 3 月21日現在）より筆者作成。

築を目指して作業が進められている。海外の投資家を呼び込むために、英語
での情報開示も同時に行うことが望ましい。第 2 に、グリーンボンドやトラ
ンジションボンドが、求められるグローバルな「基準」に基づいて発行され
ていることを客観的に確認・認証する制度の構築だ。このような仕組みは、
いわゆるグリーンウォッシュを排除し市場取引に対する信認を高めるうえで
も必要である。

　資金調達手段も多様化する必要がある。この点、ドル建ての国内債市場の
拡充も 1 つの選択肢となりうるだろう。グローバルに展開する日本の企業に
とっては、ドル建てを中心とした外貨での設備資金調達需要は相応に高い。
現在、資本市場におけるドル長期資金調達は、基本的に外貨建て外債発行に
依存している。しかし、外債は契約書や投資家への開示資料等、膨大な英文
書類（ドキュメンテーション）の作成が必要なほか、海外格付機関の格付け
も要し、一般的に発行コストが高く、起債までに時間もかかり、中堅企業に
は負担が大きい。

この点、国内法準拠の外貨建て国内債は、英文書類が不要で、海外格付機関の格付けも必ずしも必要とされない。また、円貨を外貨に転換する際のスワップコストもないため、発行体企業にとって安価で簡便な外貨資金調達手段となりうる。さらに、米国金融政策が正常化する過程で円債より高金利でもあり、サステナブル投資意欲の強い個人を含めた国内投資家の外貨運用ニーズの受け皿にもなりうる。起債を促す観点からは、発行登録事務の効率化や発行書類のデジタル化のほか、国内個人投資家の投資対象となるような商品設計が必要だろう。また、流通性を高めるため、決済処理を「即時グロス決済（RTGS：Real-Time Gross Settlement）」とすることが有効と考えられる。

　以上のような市場インフラや調達ツールが整えられることを前提にして、各種の市場育成措置が講じられることが望ましい。たとえば、自治体や公的金融機関は、自らグリーンボンド等の発行を行うことで「呼び水効果」を発揮していくことができるだろう。国によるグリーン国債の発行も、脱炭素に対するコミットメントを象徴する行動として検討に値する。このほか、発行企業の認証費用、コンサルティング経費の一部への助成措置も効果的だろう。すでに、東京都はグリーンボンドの発行についてこうした助成措置を導入した。環境省補助金とも併用すると、グリーンボンド発行経費の企業の自己負担は10分の1にまで軽減される。こうした負担軽減措置は、これまでは資本市場での債券発行になじみの薄かった中堅企業のグリーンボンド発行を促すことに寄与すると考えられる。今後は、トランジションボンドの発行企業に対しても同様な助成措置を講じていくことが望ましい。また、グリーンローンやトランジション・ローンの借り手に対しても同じく助成していくことが適当だろう。

# 4　課　題

## （1）　国際的に相互運用可能な排出権取引とトランジション・ファイナンスの導入

　以上述べてきたように、脱炭素化を進めるうえで金融が果たす役割は非常に大きいが、機能を発揮するうえで２つの課題がみえてきた。国際的に相互運用可能性（interoperability）のある排出権取引と、何が「グリーン」で「トランジション」であるかを判断する基準の導入だ。企業は、排出権価格が高いほど、また経済活動が基準を満たさない度合いに応じて、グリーン化を目指して設備投資や研究開発投資を積極的に行うようになる。こうしたプロセスのなかで、定量的な所要設備投資額が決まり設備資金需要として顕現化する。これをファイナンスして脱炭素化を後押ししていくのが金融の役割ということになる。

　排出権取引などに代表されるカーボンプライシングやタクソノミーの議論を主導してきたのはEUだ。これに加えて最近では、中国によるEUの制度と両立するような仕組みの導入に向けた積極的な動きが目立つ。まず、排出権取引については、日本では、脱炭素化に取り組む企業で構成する「GX（グリーントランスフォーメーション）リーグ」を組成し、政府ではなく、企業自身が自主的に排出量の目標を設定し、目標が未達の場合は、市場で排出権を購入するという、日本型の仕組みの導入に向けて2022年度からの実証が開始されると理解している。

　これは、方向としては正しい第一歩だが、将来的には国際的な排出権取引との整合性を確保することが重要であろう。最終的に、①総排出量上限が義務として設定されたキャップ＆トレード型の取引、②参加企業の裾野の拡大、③公示性のある価格での取引を可能にする電子取引プラットフォームを具備したカーボントレード市場を創設することが望ましい。グローバルスタンダードを満たす市場として、日本企業だけではなく、世界の、なかんずく

アジアの企業が参画するカーボントレードのアジアのハブを目指すべきだろう。日本の国際金融センターには、アジア太平洋地域を俯瞰する視点が必要だ。

　次にタクソノミーについて、日本では、「EU型のグリーンか否かの二元論だけでは企業の着実な取組みが評価されないおそれがある」として、前述した一足飛びに脱炭素化できない企業を念頭に、段階的に低炭素化を進めるのが重要、という立場である。そのため、日本型アプローチとして、2021年5月経済産業省・金融庁・環境省が「クライメート・トランジション・ファイナンスに関する基本指針」を公表した[2]。本基本方針は、国際資本市場協会（ICMA）が2020年12月に策定した「クライメート・トランジション・ファイナンス・ハンドブック」と整合的な内容となっている。本基本方針のもとで、産業分野別の脱炭素化に向けたロードマップの策定作業が進められている。そこで、産業の実態に応じてどの経済活動が「トランジション」に該当するかが判別されることになる。こうしたトランジション・ファイナンスの進め方は、共通の課題を有するアジアの企業と、当初より共有できる内容とすることが適当であろう。

　このように、排出権取引も基準も、当初は日本型の仕組みの導入が目指されているが、日本型アプローチは、産業の実態に応じて柔軟にファイナンスをしていくことが可能となるメリットがある一方で、海外の視点からみると横断的な比較可能性がむずかしく投資しづらいという課題があるように思う。したがって、将来的には、これまで主導的に議論を進めてきたEU型との相互運用可能性を目指すべきである。柔軟性と比較可能性のバランスをうまく確保していくのが今後の大きな課題であろう。相互運用可能な仕組みが日本で構築されることによってこそ金融の力が最大限発揮される。

## (2)　インベストメント・チェーンの高度化

　第2の課題がインベストメント・チェーンの高度化だ。図表8−4のイ

---

[2]　https://www.meti.go.jp/press/2021/05/20210507001/20210507001.html

【図表 8 - 4】 インベストメント・チェーンと実体経済

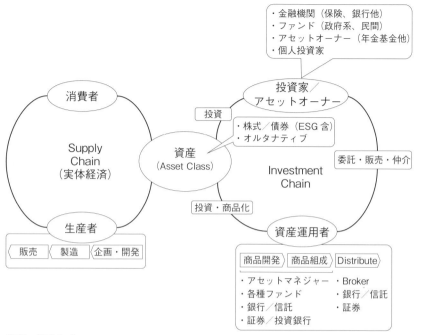

出所：筆者作成。

メージ図の右側に示すように、インベストメント・チェーンは、資金を保有する投資家（アセットオーナー）、それを効率よく運用する資産運用者、それに、投資家のリスク選好に応じた多様な投資対象資産（アセットクラス）という3つの要素から構成される。それぞれの構成要素が高度化され有機的に結合することによって資金が循環し、図の左側に表したように実体経済を支えていくことができる。ところが、これまでの日本では資金が滞留して投資が必要な分野にうまく流れなかった。たとえば、日本には2,000兆円にも及ぶ家計金融資産が蓄積しているが、半分が預貯金に眠っている。一方で、脱炭素化にはこれから巨額の資金が必要になる。インベストメント・チェーンがうまく回れば図が示唆するように、投資へと資金が流れる好循環が起動する。これは家計も含め投資家に有利な運用機会を提供し、海外からの投資も呼び込むことにもつながる。

では、インベストメント・チェーンの各構成要素の高度化はどのような方向を目指すべきなのだろうか。たとえば、日本の枢要な機関投資家である企業年金基金は、努力しているところも増えているが、まだ改善が必要なところが多い。安全だがリターンが低い資産だけに投資するのではなく、運用執行体制をしっかりと構築したうえで、リスク調整後のリターンを最大化することを目指すべきだろう。リターンの向上は受益者の厚生を増すことにもなる。また、ESG投資の増加トレンドが続くなか、国連責任投資原則（Principles for Responsible Investment：PRI）に署名することも有益だろう[3]。PRI署名は、ESG課題への取組みに対するコミットメントを公示する効果があるだけでなく、ESG投資への関心を高める受益者の意向に沿うことにもなる。企業年金基金はプロの投資家として重要な役割を果たしていくことができるはずだ。

　次にアセットマネジャー等資産運用者については、運用能力は高くても、運用残高が小さかったり運用実績を示すトラックレコードが十分でなかったりして、力を発揮する機会がない国内外の新興アセットマネジャーにも活躍の余地を広げることが1つの課題だろう。この点、海外の機関投資家は新興アセットマネジャーに対して0.5％程度に相当する資金を拠出するマネジャーエントリーと呼ばれる仕組みを導入しているケースも多い[4]。こうした仕組みが日本においても定着することが望ましい。また、新興アセットマネジャーの発掘と育成の観点から、関係金融機関等が資金を共同で拠出してファンドを組成し新興アセットマネジャーに運用を委託することなども考えられるかもしれない。最後に、アセットクラスについては、多様な投資ニーズを満たすため、安全資産からオルタナティブ資産までリスクプロファイルの異なる資産の品揃えを充実させていくことが課題となろう。

---

3　PRIは、2006年に国連の支援のもと設立された国際組織であり、機関投資家が投資プロセスにESG課題を組み込み、長期的な視点から受益者の最善利益（ベストインタレスト）を追求するよう促すことを目的としている。PRIに署名した投資家は6つの責任投資原則の遵守にコミットすることが求められる。
4　東京国際金融機構がアセットオーナーを対象に2021年に実施したサーベイ調査による。

# 5 日本の国際金融センター像

## (1) 脱炭素化を金融面から支えるアジアの金融センター

　以上のような課題を克服し、脱炭素化へ向かう日本経済を金融面から支える機能が整ったときにみえてくる日本の国際金融センターの姿はどのような特徴を備えたものになっているのだろうか。脱炭素化が世界的な課題となっている今日、日本の国際金融センターは日本経済だけではなく、アジア太平洋地域の持続的経済発展に貢献する役割を果たしていくだろうと予想している。

　これまで述べてきたように、アジアには一足飛びにグリーン化を果たすことができない企業が数多く存在する。日本の国際金融センターが、そうした内外の企業の移行過程も含む資金需要をまかなう市場として機能していくことが、アジア太平洋地域の企業のグリーン化、ひいては持続的経済発展に寄与する道であると考える。自由な貿易と投資を標榜し、民主主義という普遍的な価値観を共有することは、日本の金融センターにとっては大きな利点だ。国内金融資産の蓄積が進む日本の首都で、内外のグローバル金融機関が集積し、頑健な金融の基幹インフラを擁するという点で比較優位のある東京は、そうした役割を果たしていけると確信している。脱炭素化へ向けて経済構造の転換を金融面から促す機能を発揮することで、東京は、中国本土へのゲートウェイである香港や、アジアと他地域を結ぶハブとしてのシンガポールなどの他の金融センターとは一味違う役割を果たしていけるのではないかと思っている。

## (2) 東京で進む集積

　国は、国際金融センター構想を推進した過去1〜2年間の過程で、さまざまな制度改革を行った。税制では、海外金融機関や高度金融人財の対日進出を促す観点から所得税、法人税、相続税それぞれの面で意味のある改正が実

現した。

　たとえば、相続税の分野では、従来は日本居住の外国人が日本で亡くなると、国外財産まで課税されたので、外国人の間では「日本では死ねない」とまでいわれたものだが、今回の改正で国外財産は課税対象外に改められた。また、金融庁と財務局が合同で拠点開設サポートオフィスを開設し、外国の資産運用会社等の財務局への登録がすべて英語で対応できるようになった。さらに、高度外国金融人材のビザ要件が緩和され、同時にナニーのような家事使用人の帯同条件も緩和されたので日本での生活基盤が築きやすくなった。

　各種の制度改革が奏功して海外金融機関の対日進出は、コロナ禍にもかかわらず着実に進んでいる。最近の事例をみると、フィンテック／インシュテック企業、議決権行使助言会社、プライベートエクイティ、ウェルスマネジメント会社、さらには暗号資産交換業者とその顔触れは多岐にわたっている。また、Brexit以降、英国が対日アプローチを積極化していることも特徴的だ。CPTPPへの正式な加盟申請は貿易面での動きだが、金融面ではロンドン証券取引所が日本取引所グループと連携を強めている。最近では、「ネットゼロ気候関連日本株指数」という新たなインデックスの共同開発を進めていることが市場関係者の注目を集めている。コロナ禍による制約は多いが、対日進出のモメンタムが途絶えることのないように誘致活動を続けていく必要がある。

## 6　結　語

　脱炭素化は難題だが、グリーンレースからの脱落は日本経済の埋没を意味する。気候変動対策を、新たな経済成長の絶好の機会として、また持続可能な社会の構築のための不可欠なステップとして関係者が一丸となって積極的に取り組むべきである。国際金融センター構想は、脱炭素化を金融面から支援していくものだ。その目的は日本だけでなく、アジア太平洋地域の脱炭素

化と持続的成長であり、その便益は特定の都市や特定の産業に限らず、広範囲の市民生活に及ぶ。そうした効果が最大限発揮されるためには、第4節「課題」で述べたように、グローバルスタンダードを満たす取引や市場の仕組みを構築していくことが前提となる。

　バブル期、日本の金融機関は、時にスペインの「無敵艦隊（アルマダ）」にたとえられるほど世界で大きな存在感を誇っていた。そして、その基地である東京は労せずして世界屈指の金融センターとしての地位を得た。しかし、いま私たちが目指すのは、規模を誇る金融センターの再建ではない。本稿で述べてきたように、真に日本を含むアジア太平洋地域の持続的成長に貢献できる新しい機能を具備した国際金融センターである。

## ◀過去の国際金融センター構想との違い▶

**駒形**　のっけから辛口の質問で恐縮です。過去何回も国際金融センター構想が出ては失敗という歴史なのですが、今回脱炭素化というテーマがあるとしても、これまでと何が違うのでしょうか。

**中曽**　国際金融センター構想が過去に何回も浮かんでは消えてきたのは事実ですが、その原因を端的にいうと、本気度が足りなかったからではないでしょうか。逆にいうと、日本経済がそこまで切迫していなかった。今度は脱炭素化の目標達成のため、やらなければならないという状況に追い込まれているともいえます。そのための金融からの支援という役割もみえてきたのではないでしょうか。関係当局も、東京都、金融庁、経済産業省、財務省、日本銀行と、かつてなく足並みがそろいました。以前は強い実体経済に金融が乗っかっているだけでしたが、今度は金融も真剣に実体経済を支えようとしているという姿勢の違いでしょうか。

## ◀インベストメント・チェーンの高度化▶

**駒形**　今回は脱炭素化にフォーカスされていますが、これに加えてさらに注力すべきこと、成功のキーは何でしょうか。

**中曽**　注力すべきことはいくつもありますが、やはりインベストメント・チェーンの高度化です。まず機関投資家。かなりレベルアップしてきているとはいえ、たとえば企業年金は、そのほとんどが適格機関投資家でないままでいます。プロの投資家として自家運用の道を開き、リスク調整後のリターン最大化を目指す体制を構築するためには、人材登用などいろいろな課題があります。規制監督面でも、運用リターンの向上と給付金支払い事務の堅確性との間の適切なバランスをとる必要があります。アセットマネジャーについては、本論でも指摘しましたが、マネジャーエントリーシステムなど内外の運用能力の高い人たちを活用できるような仕組みをぜひ

設けてほしいと思っています。国内の独立系の運用者自身の成長も期待したい。

**駒形** インベストメント・チェーンで何を高度化するかということなのですが、市場関係者の見地からいうと、中曽さんのおっしゃる3つの構成要素とは切り口の違う、「量」「質」「革新性」という3つの物差しがあるように思います。「量」は市場規模や流動性、「質」は価格機能や運用パフォーマンス、「革新性」は商品や金融手段の開発です。どの項目が弱くても市場全体の高度化は実現できない。インベストメント・チェーンの構成要素のメンバーは、何を改善しようとしているのか、ほかの妨げにならないか、意識して動くべきだと思います。その意味で私は、「量」の重要なポイントである個人投資家が動かないというのが残念で仕方がないのです。個人は何十年間も投資に対する信頼をもてないままにきたうえに、いまも大方はリスク回避的でぬるま湯状態にいます。われわれ金融に携わってきた者も投資教育とかいろいろいいますが、猛省して変革への努力をすべきですね。

**中曽** そのとおりですね。運用の「質」の面でも、優秀なアセットマネジャーが参入し、プロがお互い切磋琢磨すればよりよい運用を提供できると思います。そうしないとインベストメント・チェーンの高度化、好循環は実現しないですね。

## ◀サステナブル・ファイナンス▶

**駒形** 海外のリスクマネーもその好循環があってこそ、集まると思います。さて、グリーンボンド、ローンに言及されておられました。まだまだ伸ばさねばならないようにも思いますが、進捗はいかがですか。また、外貨建て国内債のアイデアもおもしろいですが、発行額が少なく流動性はどうか、グリーンの価格づけ、外貨の為替リスク等の問題がありそうで、市場参加者は及び腰にもみえますが。

**中曽** グリーンボンドは東京都をはじめとする地方自治体も発行してきていて、応札倍率も相応に高いといえます。2021年には日本全体で2兆円近く

まで急増しましたが、これらが呼び水効果を発揮して裾野が広がることを期待したいです。世界のなかでのシェアとしてはまだ低いので、たしかにもっと拡充が必要ですね。外貨建て国内債は、たしかにいまは発行額が限られ流動性も低い状態ですが、鶏と卵的なところがあると思います。外貨資金調達の企業側ニーズは大きいので、手続の簡素化、デジタル化、保護預り制度などの各種制度整備をして、個人投資家への提供も含め、まず始めていくことが大事だと考えています。

**駒形** 国にもぜひグリーン国債をきちんと発行してもらい、民間の尻を叩くくらいの覚悟をみせてほしいと思います。実体経済を支える力をもつためには、金融に携わる関係者の官民あげての真剣な努力が必要と思います。

## ◀市場インフラ整備をし日本の魅力アピールを▶

**駒形** この1年間、税制をはじめ市場インフラ整備をされ、海外勢はそれを評価して進出を決めているところもあるとお聞きしましたが。

**中曽** 本論でも申しましたが、外国人の間で日本は結構人気があるということをあらためて認識しています。住みやすく、ガストロノミー（美食）とか、文化や安全という面での評価はもともと高い。ビジネス環境さえ整っていれば、東京に行きたいという意欲は非常に強くなっています。香港などで起きていることをふまえてか、FCT（東京国際金融機構）などにもひっきりなしに照会があります。東京のアドバンテージについて、しっかり発信していくということだと思います。日本人には当たり前なことが、海外の人々には大きな魅力であることを認識したうえで、それを伸ばしていく。それが国際金融センターとしての競争力をより強めていくことになると思います。

## ◀エネルギーコスト高のハンディキャップ▶

**駒形** 日本にとって再生可能エネルギーのコストの高さは重いハンディキャップとなりますが、日本企業は、海外勢からみて魅力的な投資対象になれるのでしょうか。

**中曽** ハードルが高いのは事実ですが、海外の投資家に聞くと、意外に日本企業に対する評価は高いです。たとえば、海外の研究機関による定量的なClimate Value At Risk分析で、気候変動などで企業が負担するリスクや逆にもたらされる利益による企業価値の変化をみると、日本の企業は技術がもたらす収益機会が他の外国企業より大きいとする研究もあります。しかも、エネルギー産業など環境負荷の高い企業ほど評価が高かったりします。日本の環境関連技術に対する高い国際評価のおかげかもしれませんが、ブランドイメージがあるのであれば、海外からのサポートも得ながら、環境対応に積極的に取り組めば勝機が広がるのではないでしょうか。

## ◀トランジション・ファイナンスのアジア発基準づくりを▶

**駒形** 本論でいわれているように、トランジション・ファイナンスでアジアをぜひ巻き込んでいきたいですね。世界のサプライチェーンに入っているアジアの企業にとって、脱炭素化への対応はまさに死活問題です。

**中曽** はい、東京の強みというのは、金融の力がすでにある程度集積をしていること、加えてバックに非常に分厚い産業構造を構成する多様な企業があることです。アジアの多くの企業は、日本の企業と同様あるいはそれ以上に、脱炭素化を進めていくうえでのハードルが高いといえます。トランジションは、アジアと日本の企業にとって共通の課題です。そこをレバレッジにして国際金融センターの役割を高めていくのが大切でしょう。トランジションに係る論点は「基準」ですね。EU型は二元論的なタクソノミーです。もう少し柔軟でアジアの実情にあった基準を確立し、それを広めていくことが1つの道ではないかと思います。

**駒形** EU型と平仄をあわせつつも、トランジションの中間段階を設定して3段階として、最終的には同じゴールとする、それがアジア版グローバルスタンダードになっていくことを目指すといったイメージですかね。懸念は、日本人は基準づくりが苦手ではないかということです。EUやグローバル型に対し、独自に、普遍性、共通性のある基準をつくり普及させることができるかと心配します。

**中曽**　一般論としてはご指摘のとおりです。ルールメイキングに積極的に関与し、リーダーシップを発揮していく人材が、日本では十分にいない。そういう人材はもちろん一朝一夕にできるわけではないので、長い時間をかけて継続的に国際社会で経験を積ませて信認を得られるように育てていかなくてはならないわけです。日本の企業組織や官僚機構はローテーションもあるので、そういう仕組みにはなっていないのが問題ですね。

**駒形**　当フォーラムでも、日本の人材づくり、教育問題を議論していますが、社会全体につながる大きな問題だと思います。

## ◀発信力、英語、そしてチャレンジする勇気▶

**駒形**　これらの問題を考えると、やはり発信力、グローバルなコミュニケーション力が非常に重要になりますね。アジアでのリーダーシップを発揮するには具体的にまず何を始めるべきでしょうか。

**中曽**　アジアでの各種フォーラムや会議で積極的にリーダーシップを発揮しようと努力していくことが、地道ですが最初の一歩になるのではないかと思います。私自身もABAC（APECビジネス諮問委員会）というAPECの民間諮問機関で首脳陣にインプットする会合に日本の代表の１人として参加しています。さまざまな組織で経験を積んできた日本のメンバーが、いろいろな場で実務的な視点から積極的に政策提言をしていくことが大事なステップだと思います。

**駒形**　最近の日本人は海外に出たがらないし、アジアをはじめとする海外からの人材受入れにももっと積極的になってほしいです。コロナでさらに鎖国状態になり、開国派としては少々憤慨しています。ところで、英語の問題もよく話題になりますが。

**中曽**　国際金融センターについて議論すると、日本人は英語ができないから発信力が弱い点が不利だという指摘を受けます。しかし、フィンランドやエストニアなどの言語はウラル語系であり、英語とは構造が違いますが、町中で普通に英語が通じます。言語構造は理由になりません。読み書き中心の受験英語がいけないという指摘もありますが、それにも違和感があり

ます。ビジネスの世界では別に流暢でなくても実務的、技術的な事柄を正確に伝達できればいいわけで、受験英語が役に立たないとはまったく思わないですね。まずしゃべりだす勇気をもつ、そういう勇気が評価されると伸びると思います。

**駒形** そのしゃべりだす勇気というのはどう形成されるのでしょう。

**中曽** 日本の教育に必要なことは、新しいことにチャレンジする勇気を評価し、異議を認め、失敗は当たり前とすることだと思います。コロナの前に北欧に行ったのですが、北欧は1990年前後に銀行が破綻して経済がボロボロになって大変だった。ところが、いまやデジタル先進国になっているわけです。日本と同じような銀行危機があったのになぜ急速な経済再生ができたのか、と聞いたときに返ってきた言葉が大変印象的でした。成功をもたらした原動力は、「ヒーローやクールなことへの憧れによって動機づけられた起業家精神、未知の領域に挑む経営者の勇気だった」というのです。

**駒形** かっこいいですね。

**中曽** 要するにチャレンジを肯定的に評価することですが、それが精神論だけに終わらず、実践的プロセスが用意されていることが重要です。たとえば、リカレント教育です。日本では定年退職した人がもう一度学び直すという意味でリカレント教育という言葉を使いますが、実は経済が構造変革を起こしているときに、世代を問わず摩擦的に職業を失う人たちを、無償で大学や専門学校でもう一度教育して労働市場へ送り戻す仕組みがリカレント教育です。これがあったので、失業しても新しい技術や知識を身につけ、社会へ復帰することができたということでした。

**駒形** なるほど。いまの日本の若い人たちのチャレンジ精神はどうでしょう。私は結構優秀だし、意識も実は高いようにもみえるのですが。

**中曽** 日本の若い人たちは職業倫理が高いのがいいですね。彼らに目標とチャレンジするチャンスが与えられれば、全身全霊でチャレンジするでしょう。そういう意味では悲観する必要はないと思います。彼らはたしかに控え目ではありますが、ポテンシャルの高い人たちが多いし起業家志望

も多いです。

　大学周辺にはベンチャーが林立していますし、チャレンジ精神のある人たちも確実に出てきている。そういう人たちが旧来型の企業とか官僚機構にも入って揺さぶりをかけてほしいです。

**駒形**　日本は過去、困難でも明確な目標とその道筋がみえているときに力を発揮してきました。今回の脱炭素化は背水の陣だという切迫感と危機感の共有があれば、若者は奮い立つと信じています。

　われわれ高年層も、失敗するかもと考えたり、すぐ止めたりしないで、チャレンジして失敗した人間こそ次を動かす人材だとサポートすべきですね。

## ◀内外他市場との競争およびKPI▶

**駒形**　東京は他国の国際金融センターと比較して劣後してきていないかという質問も結構出ます。どのようにご覧になっていますか。

**中曽**　基本的には他者と比較するのではなくて、国際金融センターとしての自身の目標をはっきりもつべきだと思います。日本の国際金融センターは、アジア太平洋地域の脱炭素化ひいてはその持続的な経済発展に資する、実体経済支援型の国際金融センターを目指すべきだと思います。香港やシンガポールとは全然違うモデルです。上海はたしかに似たような競争相手でありうるのですが、自由と民主主義という価値観を共有し、自由貿易・投資を標榜する日本には強みがあるともいえます。ちなみに、国内の他都市、大阪、福岡とも争う必要はないですね。各都市が比較優位を生かしながら補完し合い、日本全体として機能が高まればよいのではないでしょうか。また、去年のフォーラムでウィンブルドン化になるかもという質問がありましたが、海外勢が多くとも市場が機能すれば、日本勢も刺激を受けて活躍していくのではないでしょうか。そして、これらの結果として評価、順位が上がってくればいいと思います。

**駒形**　東京都の「構想2.0」ではKPIとして目標の見える化をしています。

**中曽**　東京都はその戦略ペーパーである「構想2.0」でさまざまな指標をリ

ストにして、2025年に中間目標値、2030年に最終目標値を設定しています。たとえば、日本の機関投資家等を通じたサステナブル投資残高の世界に占める割合を、去年の8.1％から15％まで伸ばすとか、いろいろ掲げています。これはもう少し広く発信したほうがいいですね。

**駒形** そうですね。きちんとみせてともに頑張るようにしたいですね。さらにいうと、ペーパーのなかでも述べられていますが、東京都だけの目標ではなくて官民関係者全員の目標にならないと意味がありませんね。

## ◀ウクライナおよび経済圏デカップリングリスク▶

**駒形** ロシアによるウクライナ侵攻の影響について何かお考えはございますか。

**中曽** ウクライナ問題については、もちろんどうなるかまだわかりませんが、長い目でみると、ロシアや中国の経済と西側経済とがデカップリングする方向に力が働くのではないかと思います。金融制裁はかなり効果を発揮していると思います。

　注目はロシアの外貨準備高で、現在6,300億ドルで世界の5、6位なのですが、特徴的なのは、通貨構成ですね。クリミア併合前は米ドルが40％程度であったのがいま16％。その分人民元が13％にまで増えています。量も構成も変わってきています。中国には人民元の国際銀行間決済システムCIPSという、中国人民銀行が運営する優れた基幹インフラがあり、人民元を国際決済通貨として使える環境が整っています。すぐにではないのでしょうが、ロシアがそういう経済通貨圏に組み込まれていくかもしれません。ウクライナの問題が大きな変化の契機となるかもしれないと感じます。こうした新たな国際経済金融情勢のなかで、民主国家である日本の国際金融センターが果たしていく役割は大きいと思います。

**駒形** グローバルだ、みんな仲良くやろうといっていたのが、こういう分断リスクが顕在化すると、やはり価値観の違う国とあまり安易な付き合いはできないという警戒感がどうしても出てきますね。東京、日本の利点も分断世界の片側での話になるわけですが、本来はグローバルに修復された世

界全体の大国際金融センターになってほしいものです。

　国際金融センターが、日本、アジアに活力を供給できるようになるか否かは、単に市場機能拡充にとどまらず、現在日本が直面しているさまざまな問題克服の成否にもかかっていることを痛感しました。今度こそThis time is different.となることを期待したいですね。

## 第 9 章

# デジタルファイナンスが日本にどのような影響を与えるか

瀧　俊　雄
（対談）大久保琢史

# フィンテックの勃興

　2015年頃より、Fintech（フィンテック）は金融産業における重要なキーワードとなった。スマートフォンの普及により生活者・事業者の経済活動が大きく変わるなかで、銀行業を中心とする金融システム観においては、

(ⅰ)　既存の金融産業が経済の変化についていけなくなるリスク

(ⅱ)　既存の金融産業が新たなテクノロジーサービスにとってかわられるリスク

という2つのシナリオが危惧されてきたようなところがある。

　(ⅰ)については、たとえばデジタルな経済圏では、シェアリングエコノミーにみられるように、モノではなく体験や機能に向けて支払いが行われるようなケースが増えてくる。従来であれば自動車を購入していたところが、ライドシェアサービスの利用やドローンによる輸送に対して支払いを行うといった変化がある。さらにこれからは、そもそも多くの取引が自動化され、取引単位もさらに小粒化していくと考えられる。

　このような経済圏では、少額で多頻度の決済が主流になる。その決済も人間ではなくアルゴリズムが承認するため、より自動化・自律化が進むことになる。マシンやソフトウェア同士が会話する経済では、固定費のかかる決済システムよりも、変動費ないしは無料に近いような決済システムが求められる。

　(ⅱ)については、もともとはビッグテック企業が銀行等に参入するようなシナリオが想定されていた。だが、中国等におけるスーパーアプリの事例を除いて、実際にはテクノロジー企業が規制コストを伴うライセンス業に進出することはなく、ライセンス提供者となる金融機関が金融機能のモジュールを提供し、ソフトウェア企業がユーザー接点のなかに金融機能を埋め込む（Embedded Financeと呼ばれる）かたちが主流となっている。典型的なのは、iPhone$^{TM}$などのサービスを軸とするアップル社が提供するクレジットカードが、裏側では米ゴールドマンサックスが傘下にもつデジタル型の商業銀行

のライセンスによって発行されているケースである。

　金融のモジュール化が進むと、規制業種自らが創意工夫を行うよりも、広範に普及したデジタルサービスのなかに金融機能が取り込まれるほうが、顧客利便性が高まる状態が生まれる。結果的に、金融サービスのどこまでを従来の金融機関が担い、どこからはオープンイノベーションに委ねるかという線引きの議論が生まれる。大きなトレンドとしては、従来の金融サービスモデルにとって、決済サービスの収益性の低下や、サービスインターフェースをもつ企業群に対する交渉力の低下といった影響が生まれてくることとなる。

　また、上記のような金融機関のサービスに加えて、より規制コストの低い電子マネーの存在や、世界的な中央銀行デジタル通貨（CBDC）の発行が今後は重奏的に影響してくることとなる。後に触れるように、これらも金融システムの不可欠の要素ととらえたときに、日本は決済をどうしていきたいのか、そのグランドデザインを誰が担うかという議論が必要である。

## 2 日本におけるフィンテックの制度進展

　日本のフィンテックを考えたときに、海外とは大きく異なる点が2つある。海外であれば大なり小なり、口座をつくることができない問題（アンバンクト問題）が存在する。また、信用創造のコストが与信による収益に見合わない問題（アンダーバンクト問題）も顕著であり、これら2つを解消することで莫大な経済的利益が生まれている。だが、日本ではほとんどの国民が口座をもち、政府系金融の貸付やクレジットカードの発行度合いにみられるように、比較的与信を受けられない層が限定されているのが実態といえる。

　そのため、日本のフィンテックはその存在価値を、補助産業としての経済取引の増大や、金融サービスの利便性向上に求めることとなる。この数年間で、銀行API（Application Programming Interface：銀行機能を外部のソフトウェアが活用できるようにする接続仕様）の進展にみられるようなオープンイ

ノベーションに向けた動きを当局が主導したことと、キャッシュレス化に向けた公的な支援が大々的に行われたことが記憶に新しい。

## 3 利便性向上事例としての銀行API

　銀行APIは、世界的にも2010年代半ばより進展してきたテーマである。海外でも、特に義務的な開放が促された欧州や英国では、金融機関が入出金照会や振込用のAPIを整備することで、外部から与信判断や送金需要を取り込むことを可能としてきた。また、米国ではAPIの開放に向けた法律上の定めはないものの、APIを通じて金融機能を提供する事業者（ネオバンクなどと呼ばれる）が、口座獲得・預金の獲得を実現したことで、若手世代の金融ニーズを既存の金融産業が取り込める状況が生まれている。

　翻って日本をみると、2022年現在、銀行APIは参照系APIでの利用が主たるものとなり、筆者の所属企業のような会計ソフト・家計簿といった帳簿作成・資産管理事業者が主たるAPIへの接続者となっている。これらのサービスは、利用者からみれば自分のデータを自分でより便利に利用するといった

【図表9－1】　銀行APIの概念図

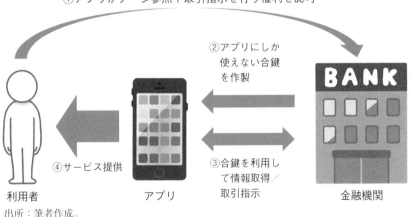

①アプリがデータ参照や取引指示を行う権利を認可
②アプリにしか使えない合鍵を作製
③合鍵を利用して情報取得／取引指示
④サービス提供
利用者　　アプリ　　金融機関
出所：筆者作成。

用途となるため、ATMで残高照会に利用者がお金を払わないのと同じ論理で、なかなか金融機関側に収益として還元されない状況がある。また、仮にこのような事業者が多くの口座を獲得し預金を集めたとしても、そこから生まれる経済的メリットが限定的ととらえられているケースも多い。国内銀行業務の収益性ゆえに、金融機関によるサービス提供の成果が、もっぱら預金者の利便性向上のみに資するかたちとなり、API接続事業者に収益として還元されないというジレンマがあるのも事実である。振込用APIが普及することでEC取引の振込手数料を取り込むことや、金融サービス以外の場所での本人確認結果を利用する際の手数料が収益の源泉として期待されるも、これらの進展は今後の開発を待つ必要がある。

# 4 キャッシュレスの推進

次にキャッシュレス政策をみると、電子マネーの利用に向けた大々的な補助金や、五輪開催を契機とした変革なども相まって、キャッシュレス支払手段の利用度は対個人消費で2015年の18％から2020年には29％と、大きな伸びを示している。

この割合は口座振替を含まないものであるため、実際のキャッシュレス比率はより大きいものと考えられるが、冒頭に述べたように経済がより少額多頻度の決済を求めるなかで、自動化に適さない現金取引や、固定コストのかかる決済手段は、より軽やかに価値の移転が可能な電子マネー等へと移行することが未来の経済圏を実現していくためには望ましい。

今後、電子マネーは、現在想定されているようなICカードを経由する支払手段というイメージから脱却し、オンライン上の鍵のような役割を果たしていくことが期待される。そして、ECサイト上でシームレスな買い物が促されることに伴い、決済手数料による収益というよりは、経済活動が拡大することによる利益の一部が還元されるようなかたちで、ビジネスが構築されていくものと考えられる。

# 5 求められる決済インフラ改革

　このような状況のなかでは、決済インフラをいかに最終利用者からみて利便性高く、安価で提供できるかという問題意識が生まれる。このような決済インフラが利用できない場合の最悪のシナリオとして、スーパーアプリに代表される自らシームレスな決済能力を備えた海外テクノロジー企業が、経済取引ごと産業を代替してしまう可能性もある。そのため、次世代の日本経済にフィットする決済インフラを、先手を打って構築する必要がある。

　諸外国では決済インフラのあり方を、金融産業のみならず消費者や事業会社、テクノロジー企業を含めて検証していくというガバナンス上の進展が起きている。一方、日本では全国銀行資金決済ネットワーク（全銀ネット）が事実上唯一の中央インフラとなっており、そこでクリアリングを行える主体も銀行のみという状況が長年続いてきた。全銀ネットは従来から有料道路にたとえられ、高機能であるかわりに利用者に固定的費用がかかる。近年は改革も進み、電子マネー事業者による接続や、利用費用の低下に向けた取組みが進展しつつあるが、どのようなインフラが次世代経済の動脈としてふさわしいのか、また、それをどのような費用負担により実現するべきかについて、利用者を中心に置いた議論が行われていない。

　とりわけ送金・決済業務は多くの金融機関にとって貴重な役務収益業務でもある。誤解をおそれずにいえば、次世代の決済インフラを実現することと、既存の金融産業の健全性の間にはトレードオフが存在している。更新投資を求めることもむずかしいなかで、決済インフラを公共財ととらえて、その構築費用を政府支出でまかなうことも1つの選択肢ではないだろうか。

　CBDC（中央銀行デジタル通貨）についても触れたい。昨今、消費者が使うことができる一般利用型CBDCが実現する際には、市中の銀行や決済サービスから取引がなくなり、イノベーションや信用創造のルートを閉じてしまう危惧もあるため、国際的な議論においてもあえて利便性を下げる必要性が指摘されている。もっとも、CBDCはデジタル化された現金という位置づけで

もあり、日本の決済インフラのサービス水準向上に前向きに寄与できるツールでもある。そのため、電子マネー間の交換、給付金のすみやかな受取りといった国民の厚生につながる機能をもたせる議論をバランスよく取り込んでいく必要があり、ネガティブな議論に偏重してもいけないと考えている。

　私たちは決済インフラの改革を急ぐ必要がある。日本の現金選好については、治安、手にとれる安心、デフレマインド、印刷技術の高さ、イナーシャの強さといったことが常々、原因としてあげられてきた。だが、私たちは「国産の検索エンジン」「SNS」「モバイルウェブ」「スマートフォン」「白物家電」「PC」において過去に同じようなことを、主張してきたことを忘れてはならない。経済取引の利便性を高めることを目指して、海外勢を中心とするテクノロジー企業の猛攻がある。世界の時価総額ランキングの上位10社をみても、ソフトウェアは世界をすでに食べてしまった状況である。そのなかで、経済取引において日本企業の活躍余地を少しでも残せるよう、金融という最も重要な経済の接点における動きが求められている。

## 6 日本の社会課題を テクノロジーの観点から解消する

　金融産業におけるDX（デジタルトランスフォーメーション）推進を考える際に、よくハードルとして取り上げられるのが、高齢化比率や金融リテラシーの問題である。事実として、インターネットバンキングが預金者の24％においてしか使われていなかったり、いまだに現金が主たる決済手段であったりする点にもそれは表れている。

　これらの点は放っておいても改善するものではない。デジタル庁が発足し、総務省がデジタル活用支援を推進するなかで、「これがないと不便を被る」と思えるデジタルなプロダクトが出てこないといけない。そして、そのようなツールはベンダーから提案されるようなものでもなく、自らリスクをとってつくっていく必要がある。この状況について、個人的には高齢化経済においてこそ、先手を打ったデジタルソリューションが求められていると考

えている。

　先に述べた金融サービスのAPIは、適切な認証手段と、情報共有の認可を組み合わせることで、チーム型での資産保全に生かすことができるものでもある。図表9－2のように、高齢者の口座情報に常時アクセスできるサービス会社が、ATM出金や振込みで異常がみられたときにだけ、家族や後見人などに連絡をとれるような仕組みは、現に簡単に実現できる。このような仕組みは、周囲や金融機関にとっての安心を形成するだけでなく、高齢者本人にとっても行動の自由をできるだけ維持する、ウェルビーイングの手段といえる。そして、最終的に相続や保険といったマネタイズ領域にもつながる。

　現金であればさまざまな犯罪が起きうるところ、デジタルであれば記録や情報共有により問題が解消される例はほかにも数多くある。このような事例を、さまざまな顧客接点を通じて試しつつ、新たな金融サービスの付加価値を高めていくことが、金利が極限まで下がり、決済収益も下降トレンドにある日本の金融産業にとっては、死活的に重要なのではないだろうか。

【図表9－2】　金融APIを活用した見守りツールのイメージ

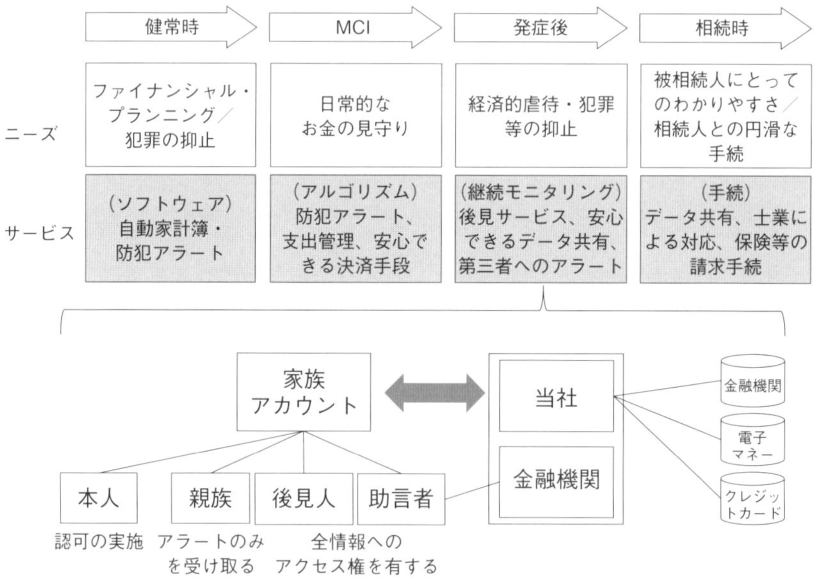

出所：筆者作成。

196

瀧　俊雄・大久保　琢史

## ◀決済システムの再構築費用▶

**大久保**　瀧さんは、銀行を中心とした日本の決済システムは公共性が高いので、国がなんらかのかたちでその決済システムをうまく守ってあげる必要があるとおっしゃっていましたが、そのお考えは変わりませんか。

**瀧**　そうですね、銀行は免許業であるがゆえに、本来は一定のレント、もしくは独占的利益を有しています。１つは、預金を集めて運用・信用創造して得られる金利等収益。そしてもう１つが、決済制度の担い手であることに付随する収益です。昔は信用創造でちゃんとレントが存在するなど、この２つの活動領域から得た収益で公共財を運営していく能力があったのですが、だんだん信用創造から生まれる収益が細ってきて、決済収益にもさまざまな低下圧力が発生しています。結果的に中央インフラの更新投資がむずかしくなってしまえば、経済の動脈といえる決済システム自体が老朽化して経済の歩みを止めてしまったり、新規参入を拒んでしまったりする可能性があります。そして、決済業界でイノベーションが起きにくくなってしまうというのがいちばん強い問題意識としてあります。

**大久保**　瀧さんは新規参入サイドにいるわけですが、新しいフィンテックが決済サービス領域に入ろうとすると、銀行がそこを守ろうとしている雰囲気を感じるということでしょうか。

**瀧**　大なり小なりそういう抵抗は当然にあるものと思います。それゆえ、ここ数年は公正取引委員会等が競争環境をある程度確保しようとする動きもみられます。たとえば、全銀ネットに英国のワイズのような大手電子マネー会社が接続できるという競争環境が最近つくられました。このようにイノベーションの担い手が増えていく余地はありますし、従来みられなかった自由化が進んでいるという印象もありますが、決済インフラのあり方を本来全面的に見直さないといけないようなときに、国内銀行業務の収益性は加速的に悪化していますから、インフラづくりを民間で行う余力は

乏しくなっているのではないでしょうか。海外の例をみると、第2全銀ネットのようなものは、米国ではFRBがつくるなど、ある程度、公共サイドがリーダーシップをとっている例も多いです。フィンテックの進展は、公共的な政策が付随してはじめて機能することも多いため、国策として利便性の高い決済インフラを用意して新しい経済取引に向けた整備をするわけです。日本ではいままで162円だった決済の手数料が62円になってニュースになりましたが、米国のACHは数円以下なので、まだスムーズな金融の世界には距離があります。

## ◀中央銀行デジタル通貨（CBDC）への期待▶

**大久保**　なるほど。これに関連してですが、CBDCが実現すると、決済システム全体を中央銀行が担うということにもなりかねないのですが、瀧さんはどう思われますか？

**瀧**　CBDCは原則便利になりすぎてはいけないというのがG7におけるコンセンサスだと理解しています。あまりに便利なものをつくって、決済がすべて中央銀行の側で行われてしまうと、信用創造の余地が大きく狭められ、決済のイノベーションが起きづらくなります。ですので、CBDCはあくまで不便なオルタナティブであるべきというのがいまのコンセンサスだと思っています。ただ、不便さにもほどがあり、あまりに不便で使われないものではなくて、いろいろな決済体験のボトムラインを決めるのがCBDCだと思うのですよね。日銀の立場はそのボトムラインを少しずつ上げていくという立ち位置でもあります。加えて、もう1つのCBDCへの期待として、現状Suica™やWAON™などの電子マネー同士の交換手段が存在してないので、それを実現してキャッシュレス決済の体験を改良していくことがあります。

## ◀デジタルファイナンスの可能性▶

**大久保**　さまざまな電子マネーをつなげるインフラプラットフォームですね。デジタルファイナンスが日本にどのような影響を与えるかという点

198

で、いま決済に関して話しましたが、信用創造に関しては、フィンテックによる信用創造はあまりうまくいってない気がします。P2Pレンディングなどが当初話題になりましたが、結局あまり成功していません。クラウドファンディングは、チャリティ目的などである程度の成功を収めていますが、ビジネス向けの信用創造はうまくいっていないという印象があります。信用創造に関して、デジタルファイナンスが日本にどういう影響を与えるかについて、どう思われていますか。

瀧　信用創造を大きく分けると、伝統的な信用創造と、オルタナティブな信用創造があります。2008年の金融危機からしばらく経ちましたが、当時、伝統的な信用創造から小さい会社が排除されがちになり、フィンテックブームが始まったんですね。世界全体が信用収縮状態にあるときは、フィンテックが信用創造ルートとして機能する余地があると思います。中国でP2Pレンディングが流行っていたのは、他の方法で融資が得られなかった人たちに向けて、市場原理に照らして成立するべきだったマッチングが新しいかたちで行われたというのが、初期的な状態だったと理解しています。しかし、世界的に金融収縮が終わってからは、フィンテックによる新しい信用創造は役割を失っていったと思います。

　一方、米国ではオルタナティブな信用創造の世界が現在もみられます。事業会社によるクレジットカード発行が１つの例です。トランザクショナルファイナンスと呼ばれますが、たとえばｅコマースの売買の情報は、伝統的な貸し手からは信用情報だと思われていません。ラーメン屋で売上げが立って、それが会計帳簿に反映され、監査されて、ようやく信用情報が発生します。それに対して、オルタナティブな与信では、食べログの点数から売上予測を行えるのと同じように、ｅコマース内のさまざまなデータも潜在的な信用情報として機能します。なので、レジを所有する会社、ECサイトの分析ツールをもっている会社、もしくはShopifyなどECサイト運営会社などは、新たな貸し手となる可能性があるわけです。このように、帳簿にたどりつく前の与信データをキャッチする業態は海外でも生まれています。別の例でいうと、契約とか受発注が生まれる場でも将来の売

上げが決まりますよね。この段階で、短期の資金ニーズと返済能力が同時発生しています。このように経済取引が始まる場にかかわる事業は、引き続き信用創造領域でも競争力があるのではないでしょうか。

**大久保**　たしかにそうですね。瀧さんが触れられたように中国の場合、金融政策として信用創造を抑えようとしたときに、オルタナティブな信用創造が起きてしまいました。日本の不動産バブルのときも、与信の総量規制をかいくぐるような信用創造が起こってしまったのではないかと思います。個人的には、フィンテックの信用創造は、金融危機が起こり、全体の信用が収縮しているときというより、むしろ信用創造が活発なときの追加的な信用創造ではないかという気がします。

**瀧**　たしかに信用創造が活発で、既存の金融機関の処理能力が追いついてないときに、新たな信用創造の担い手が、イノベーションを実現していることはあると思います。米国で顕著ですが、クレジットスコアが鶏と卵の構造になっているケース、つまり、信用履歴がないと信用履歴がつくれないという矛盾がありますよね。今後、日本でも非正規雇用層は、信用履歴もなければ、大企業による信用補完もなく、信用創造から排除されていくケースが増えていくものと予想されます。そういうケースへの対処は、民間・公共の両サイドで必要だと思います。Buy Now Pay Laterとかも、実質、その文脈で出てきていると理解しています。信用履歴に依拠できない層でも、ｅコマースへの需要はしっかりとあるわけです。その場合、日本であればコンビニでの現金払いなどで対応できるわけですから、これまで履歴がなかった層にはとても重要なツールだと思います。

**大久保**　銀行の事業向け融資でも、旧来の不動産担保から、流通在庫を担保にするなどさまざまなイノベーションがありました。本当は信用力がある主体に対して、伝統的な担保では貸すことができないという問題の解決策としてイノベーションが起きたわけです。ｅコマースのレコードから信用が生まれていることは、それの消費者版といえますね。また、日米での違いについていうと、日本の場合、消費者金融に関する規制は厳しいですね。米国では金融知識が乏しい層への搾取的な貸付が昔からあったわけで

すが、フィンテックの場合、消費者金融に対する日本の厳しい規制をかい くぐるような搾取的な業態は生まれていないのでしょうか。

瀧　リボルビング払いで金利をとっている業態はあまり起こってない印象が あります。マンスリークリア型の後払い決済が多く、負債を負わせて、そ こから17％の金利をとるというような世界にはなっていません。日本は消 費者金融そのものが、新しいマーケットとしてはまだ拡大してない状況だ と思います。

## ◀金融サービスの現在・過去・未来▶

大久保　最近の動向について話しましたが、過去20年程度を振り返ると、ど のようなイノベーションが金融で起きたでしょうか。

瀧　この数年で明確になりましたが、SBI証券、楽天銀行・証券などオンラ インの金融業が主流となりつつありますよね。この変化は20年越しだと思 います。昔、1990年代にイートレード証券などが生まれ、その後、セブン 銀行など新しいタイプの銀行が2000年代前半に生まれましたが、当時、消 費者にとって、これらはメインでなく、サブの位置づけの金融機関だっ た。それがここに来て、オンライン金融業がどんどん大きくなりメガバン クと競い始めました。また、eコマースの売り手・買い手に対する与信の 残高が積み上がってきている点も特筆されます。

大久保　店舗をもたないオンライン金融機関が消費者にとってメインバンク となりつつあるということですね。

瀧　フィンテックにおいても、SBIや楽天に勢いで勝る企業は出てきていま せん。私の所属しているマネーフォワードも、資本市場からは金融ではな く、SaaSの会社としてみられているのではないでしょうか。それに比べ ると、20年ぐらい前から取り組み始めていたオンライン金融機関は、時間 をかけて従来型の金融機関に対抗する大きさにたどりついたといえます。 あと、長いスパンでの変化としては電子マネーの発展が顕著です。日本が 電子マネー自体を始めたのは早かったのですが、そのあと暫くICカード勢 以外あまりいない状況でした。現在はPayPay™が出てきて、大規模な投資

を日本でも展開したことから、状況が大きく変わりつつあります。今後、特にこういう新しいタイプのキャッシュレスは、アクワイヤラーとイシュアーの両機能をもつので経済に対するコントロール力がかなり高まります。私もこんなに電子マネーが栄えるとは思っていなくて、もともとはデビットカードが主流になると思っていました。

**大久保**　瀧さんは銀行振込みを代替するかたちで電子マネーの決済が伸びていくと思われますか。

**瀧**　キャッシュレス化は社会のｅコマース化とともに進んでいくと思います。電子マネーへのチャージも、だんだんとAPI化が銀行で進んできています。チャージ手段が整備され、ｅコマースが浸透していくなかで、キャッシュレスがあらゆる側面で進みます。今後数年でｅコマースの浸透度が８割に達するという予測もありますね。そのｅコマースの支払いを手元資金でまかなうか、将来の給料でまかなうかで電子マネーかクレジットカードかの選択となり、デビットカードを通じた銀行口座も競争に加わるという状況かと思います。

## ◀**DXとデジタルファイナンス**▶

**大久保**　わかりやすい整理ですね。ありがとうございます。次のトピックに移って、デジタルファイナンスとDXの関係についてお伺いします。

**瀧**　DXがスムーズに進む領域と、進まない領域があります。たとえば、消費者向けのサービスでは、利便性が高いものが出てきたらデジタル化が自然と進む印象があります。そもそも、導入コストを感じるDXはあるべきものではないですよね。DXが思いのほか進まない領域として議論すべきなのは、主に業務上の変化ではないでしょうか。この領域では、大きく３つのビジネスチャンスがあると認識しています。帳簿の電子化と、インボイス制度が来年（2023年）始まることと、決済インフラについては、全銀ネットの電子マネー事業者への開放や、新たな銀行間送金ネットワークがつくられることがあります。

　電子帳簿についていうと、総務部などの仕事のうち、来たものをきちん

とファイリングしたり、システムの動作点検をしたりといったことが、電子帳簿によって基本的に自動化されます。さらに、それを事後的に監査することも楽になるはずなので、内部監査のコストも大きく下がる。そこで浮いた人員をフロントオフィスに回すことができれば、その会社の生産性が上がります。

　２つ目は、デジタルインボイスが生まれ、企業間の取引がどんどん定型化され、データ化しやすい環境になるということです。来年以降、消費税の仕入税額控除をしたければ、インボイスの発行を受けなければなりません から、おそらくデジタルインボイスを発行することが当たり前になっていくと思います。そうすると、インボイス上に支払先の銀行口座のデータ等が埋め込まれていて、月締め払いではなく米国のようにつどの支払いで、キャッシュフローの変化がなだらかに起きるようになります。運転資金のニーズが減ることは、企業にとってはすごくありがたいことで、企業を営むコストも下がるということですね。

**大久保**　つまり、決済がリアルタイムで進むようになるということですね。

**瀧**　そうです。より短期で振り込まれることで、より効率性の高い社会が実現するという期待があります。

**大久保**　たしかにそうですね。でも、すぐに支払わなくてよいというのは、１つの資金調達源であったわけですよね。

**瀧**　そうですね。だから、払いは遅く、受けは早くということを実践できる人たちと、これまでの下請けのようにそうはできない弱い立場の人たちに分かれていたのかもしれません。

**大久保**　昔は金利が高かったので、支払いを遅らせることで、金利を少し稼ぐといった側面もあったのですが、ゼロ金利が続くことで支払いを遅らせることのメリットも減っていますね。デジタルファイナンスと社会全体のDXの間には、ほかに重要なつながりがあるのでしょうか。

**瀧**　ビジネスのDXと政府のデジタル化を接合できるのではないかと思います。個人がマイナンバーカードを通じて、ビジネスであれば法人マイナンバーや事業所ごとの識別番号が整備されることで、中間にいる手配者を介

さなくても政府に対して手続ができるようになりますよね。いくら頑張っても自社の生産性につながらない領域を効率化してコストを下げるチャンスではないでしょうか。

**大久保**　これまで取引の仲介手数料を収益源としていた金融機関において、最近は手数料をゼロにして、注文などのデータを集め、そのデータを収益源にしようというビジネスが登場していますね。このファイナンス業でのDXについてどう思われますか。

**瀧**　米国のロビンフッドはそうだと思います。もっとも、ロビンフッドの最近の決算をみていると、売上げのほとんどはオプション取引と仮想通貨取引で稼いでいます。大久保さんのおっしゃった、PFOF、ペイメント・フォー・オーダーフローという、情報を収益源とすることへの期待は、この2年ぐらいで少し下がったなという感覚をもっています。eコマースプラットフォームなどをもっていない限り、簡単には情報を収益源にはできないところにきているのではないでしょうか。たとえば、グラブがSPAC上場したのをみていても、昔はスーパーアプリであることのプレミアムが企業価値に含まれていたと思うのですが、最近は純粋なライドシェアや純粋なECとしての期待値になっている印象があります。そういう意味では情報の精練価値みたいなものは、いまはあまり楽観視できないのかもしれません。私たちのようなSaaSの会社も、データをたくさんもっていることが株価に反映されているわけではなくて、基本的には利便性に比例した売上高でみられていると理解しています。

**大久保**　なるほど。情報をもっているだけでは、価値とみなされなくなったのですね。行政とデジタルファイナンスのかかわりでは、自治体が運営している地域通貨、地域間での助け合いをデジタルで実現する、という話がありますが、実際にそれがうまくいっている例はあまり聞かないですね。

**瀧**　あまりうまくいかないのではないかという感覚を私はもっていて、すでに決済システムがあるなかで別途、行政が便利なものをつくるハードルはとても高いのではないかと思います。

**大久保**　そうですね。行政のDXとデジタルファイナンスが直接つながるよ

うなところはありますか。

瀧　公的給付を行うための口座がコロナの最中にすごい問題になりましたよ
ね。ただ、大きく広がる話でもないかなと思います。口座の継続利用には
相応の利便性が求められるからです。

## ◀既存の金融機関のビジネス▶

大久保　では次に、日本の金融機関が、これからどう収益性を上げていくか
について、瀧さんいかがでしょうか。

瀧　現状ではまだ、ほとんどの金融機関が対面をメインに位置づけ、デジタ
ルはサブであるという立場をとっています。しかし、金融は結局、補助産
業です。主産業の重心がデジタルに寄っていけば、アナログかつお客さん
に来てもらうという建付けでは、極度にユーザー体験が劣る産業になると
思います。だから、金融機関が自ら、国民や事業者のDXに向けて融資や
決済サービスを改善していかなければいけない。願わくば、日本でも一部
存在するDXを先導している金融機関が、より多くの顧客を獲得できるよ
うになっていくといいですね。そして、成長スピードの速い経済セクター
を取り込み、シェアも大きくなる展開が理想です。

大久保　そうですね。ただし、日本の金融機関のなかでも特に銀行業は、少
し遅いイメージですよね。証券会社は、よりイノベーションにセンシティ
ブだと思いますけど。

瀧　証券と銀行の最大の違いは、ストック型かフロー型かだと思うのです
が、証券もストックビジネス化が進んでいます。銀行の場合、オープンイ
ノベーションの難易度は本来、高いのだろうと思います。メガバンクは銀
行以外の業務や海外事業がより大事になるなかで、国内銀行業務における
イノベーションの優先順位は高くないのではないかとも思います。目覚ま
しいイノベーションを起こさなくても、電子マネー等をさらに便利にして
いくといったフィンテック1.0をきちんとやるだけで、インパクトある施
策になるのではないでしょうか。便利なインターネットバンキングや、基
礎的なAPI接続といった、社会の人たちが求める地道な自動化やバーチャ

ル化を進めてくれれば、社会に十分な恩恵を与えられると思います。

## ◀脱炭素化におけるビジネスチャンス▶

**大久保**　最後のトピックになりますが、カーボンニュートラルとデジタル
ファイナンスの関係についてはいかがでしょうか。

**瀧**　サステナビリティ担当役員を務めていて思うのは、当然ですが私たちの
ような業態はカーボンライトだということです。そして、炭素消費の可視
化を通じて、取引先の$CO_2$排出量を相互にモニタリングするようなことが
起きてくれば、新しい会計業務が発生してくると思っています。この領域
では、フィンテックや新しい計測技術が生きると思いますし、$CO_2$だけで
なく非財務情報の開示と呼ばれる業務においても、機械学習やセンサー技
術を活用することで、改善できる事柄が多いはずです。

## 第 10 章

# 第 6 期科学技術イノベーション基本計画の未来社会ビジョン

上山　隆大

# 1 総合科学技術会議と科学技術基本計画

　2016年3月に総合科学技術・イノベーション会議（以下、CSTI）に常勤議員として参画することになった。CSTIの最大のミッションは、5年に一度の科学技術に関する基本計画をつくることである。わが国では、1995年に科学技術基本法を定めたが、そのメッセージはきわめてシンプルである。科学技術立国を目指すべきわが国にとって「科学技術の水準の向上」は不可欠であり、そのために国も地方自治体も科学技術への投資を拡大させなければならない。その目的のために、5年ごとの「科学技術の振興に関する基本的な計画」をつくること。これが旧科学技術基本法の求めていたことだ[1]。

　したがって、第1期から第3期までの基本計画の主たる政策目的は、科学技術への国全体の投資の目標値を定めて拡大させることだった。実際、国の科学技術への投資目標として当初掲げられていたのは、第1期は5年間で17兆円、その後、第2期24兆円、第3期25兆円、第4期25兆円であったが、その目標値を達成できたのは第1期だけだったのである。その意味では、旧科学技術基本法の求めていたミッションという観点からいえば、最初の5年間以降の計画は実現できなかったといわねばならない。

　しかしながら、第4期以降の基本計画の政策目標は旧基本法のメッセージを超えていく。第4期にはイノベーションの重要性、科学研究と社会の関係、第5期にはSociety 5.0という目指すべき社会像まで語られるようになったのである。これはある意味で、社会における科学技術のもつ意味がこの25年の間に大きく変化したこと、また我が国の科学技術・学術研究が大きな曲がり角に来ていたことと無縁ではない（図表10−1参照）。

　事実、筆者がこの会議に入った2016年当時から、アカデミアについて多くの課題が指摘されるようになっていた。わが国の研究力の深刻な低下、大学

---

1　科学技術基本法（平成7年11月15日法律第130号、平成26年5月1日法律第31号［最終改正：平成26年5月1日法律第31号］）。
　　https://www.mext.go.jp/b_menu/hakusho/html/hpaa201901/detail/1418474.htm

【図表10－1】 わが国の科学技術・イノベーション政策の変遷

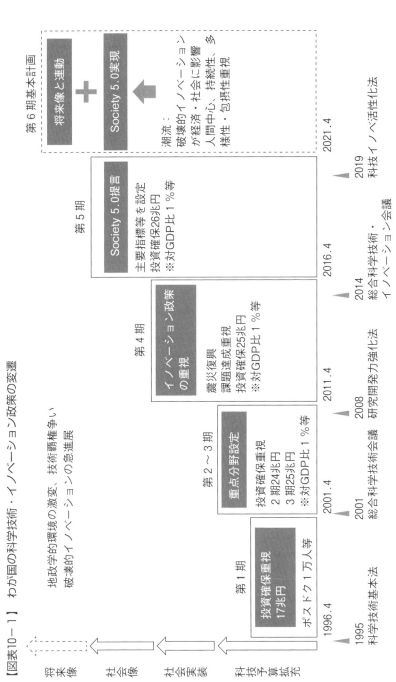

出所：内閣府「第5期科学技術基本計画レビューとりまとめ（案）」より引用。

院博士課程への進学率の下落、若手研究者の研究環境の悪化、研究の現場を覆う閉塞感、研究時間の減少、研究者の国際頭脳循環などである。それらの課題への政策提言を考える一方で、第6期基本計画の議論をCSTIの内部で始めた。2019年の夏頃の話である。

第5期はSociety 5.0という、科学技術によって実現する世界像を提言した。第6期は、それを実際に実現していく計画でなければならない。それが最大のミッションであることは明らかだったのである。世界各国が科学技術に関連する未来像をつくっている。たとえば、「世界経済フォーラム」の第4次産業革命、国連サミットで提唱されたSDGs、ドイツもすでにIndustry 4.0という産業政策ビジョンを公表していた。では、わが国のSociety 5.0というビジョンにはどのような世界的意味があるのだろうか。

これに対する答えが第6期科学技術イノベーション基本計画の策定であり、その延長線上にいま進行しつつある10兆円規模の大学ファンドを中心とした新しい科学技術政策がある。この小論ではその概略を記しておきたい。

## 2 第6期科学技術イノベーション基本計画

### (1) 科学技術イノベーション政策の政策ターゲットの拡大

第6期をCSTIのなかで議論していたとき、いつも考えていたことがある。科学技術政策の最終目的をサイエンスの進展だと考えるのは間違っているということだ。

科学技術関係予算を拡充させ、大学に関するさまざまな規制の隘路を打破し、若手研究者向けの創発研究資金を確保し、通常の研究費ではむずかしい失敗を許容する破壊的イノベーションの予算を確保すること、これらの一連の政策がサイエンスを進捗させることは明らかである。だが、それを税金由来の資金で国家が行うのは、科学の振興がもたらすアウトカムが国民にとって価値を生み出すからであって、サイエンティストを育てるためだけではな

い。そして、そのアウトカムにナショナルな利益からみた優先順位が付随するのは説得的である。

　科学技術立国というスローガンが初めて掲げられた1980年代と比べても、「科学」と「技術」とそれを社会に広く普及させていく力としてのイノベーションはわれわれの日常生活に深く浸透している。たとえば、新たな感染症の科学的予防、デジタルトランスフォーメーション（DX）、AI技術の加速化とシンギュラリティ、人新世を見据えたグリーン技術、メタバースと実空間での人の生き方、インターネットの世界を超えようとするWeb3.0の到来。それらはあまねくすべての市民の身の回りに押し寄せており、新しい技術がわれわれの社会を大きく変貌させつつある。その現実を前に、科学技術を振興させるための基本計画というスローガンはいかにも古めかしい。

　科学技術政策のターゲットとしてわれわれが射程に入れるべき多くの課題がある。わが国における人口減少問題、DXの戦略的展開の必要性、今後のエネルギー政策とカーボンニュートラル、都市と地域との格差の問題、わが国が置かれている地政学的な問題、その一つひとつに私たちの国の未来がかかっているのみならず、そこでは科学技術の果たすべき役割がますます大きくなっている（図表10−2参照）[2]。

　2030年にいったいわれわれはどのような社会をつくるべきなのか。2050年までの超長期にわたって、実現すべき社会への道筋をどうつくっていけばよいのか。その未来社会像からバックキャストするかたちで、2021年から2026年までの5年間の基本計画を語るべきではないか。第6期基本計画をつくりあげる際には、このような問題意識があった。その意味で、第6期基本計画は、科学技術を振興させるための基本計画ではなく、新しい社会像、未来像

---

2　K. Matthias Weber and Harald Rohracher, "Legitimizing research, technology and innovation policies for transformative change : Combining insights from innovation systems and multi-level perspective in a comprehensive 'failures' framework", Research Policy 41 (6) (2012) 1037−1047; Wouter Boon and Jakob Edler, "Demand, challenges, and innovation. Making sense of new trends in innovation policy," Science and Public Policy 45 (4) (2018) 435−447; Stefan Kuhlmann, Peter Stegmaier and Kornelia Konrad, "The tentative governance of emerging science and technology−A conceptual introduction", Research Policy 48 (5) (2019) 1091−1097.

【図表10−2】 科学技術政策の課題

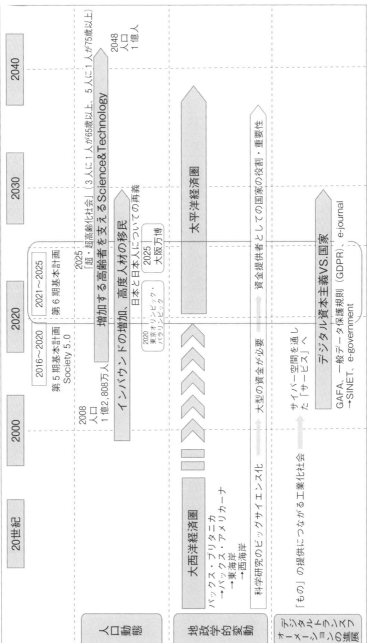

出所：筆者作成。

を実現するために科学技術が果たしうる役割を問うことに力点を置いた。

　加えて、上記のさまざまな課題は日本にとどまる問題ではない。今回の基本計画のなかでは、はじめて「人新世（Anthropocene）」という言葉も使った。人類の過去150年にわたる急速な経済発展の結果がもたらした新しい地質学的な時代にどう対応すべきか。地球というガイアの世界が大きな制約となって、われわれの生活や産業のあり方に大きな異議申立てをしている。さらには、それと連動するように急務の課題となる食料問題も含めて、第6期基本計画では、大きな地球レベルでの課題解決に国際協力をふまえてわが国が打ち出すことのできる政策のパッケージを目指したのである[3]。

## (2)　経済安全保障の視座

　10年か20年後の歴史家は、第6期基本計画は科学技術政策の計画に安全保障という視点が持ち込まれた最初のものだという評価をするかもしれない。たしかにそう判断する要素は存在する。そして、基本計画が安全保障的な色彩を帯びるようになったのは、計画策定の真っ最中にコロナパンデミックが世界を襲ったことと無縁ではない。

　巷間しばしば指摘されたように、このたびの感染症危機は100年前の1918年に世界を席巻したスペイン風邪を思い起こさせる。それは第1次世界大戦から第2次世界大戦に至るまでの、いわゆる戦間期の経済社会における新しい世界秩序の模索の時代に重なる。パックス・ブリタニカからパックス・アメリカーナに移っていく過渡期の時代と同様に、われわれの世界も、これから10年あるいは20年の間、価値の中心が2つあるいはいくつかに分かれながら、完全な中心をもたない模索期が始まっていく。そして、そこには科学技術やイノベーションが大きく関係するだろうと考えている。

　図表10-3をみてほしい。これはアジア地域の逆さ地図が示すように、自由で開かれたインド太平洋圏[4]、今後の世界で最も成長を期待される地域において、わが国はその玄関口に位置している。その地政学的意味が今後の日

---

3　閣議決定「科学技術・イノベーション基本計画」（令和3年3月26日）。
　　https://www8.cao.go.jp/cstp/kihonkeikaku/6honbun.pdf

【図表10-3】 アジア太平洋経済圏における日本

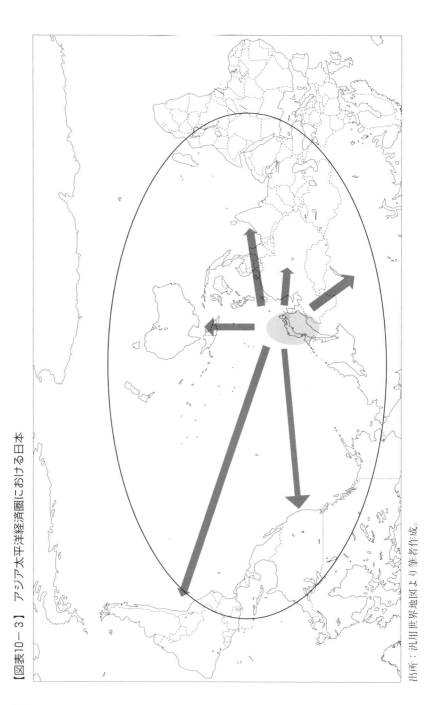

出所：汎用世界地図より筆者作成。

本にとって重要なものになっていくだろう。そして、世界が新しい秩序を模索するなかで、さまざまなブロック化（局在化）が生まれてくるに違いない。

　すぐに思いつくのはサプライチェーンの局在化である。台湾のTSMCがアリゾナへ半導体工場を移設し、インテルなどの米国企業とのコラボレーションへの税制優遇政策も始まった。わが国も4,000億円の政府負担によって熊本への工場の誘致を決めた[5]。

　科学技術政策の視点から基礎研究に目を向ければ、研究データの局在化が生まれつつある。コロナパンデミックの真っ最中に、この新たな感染症の脅威に対して世界は団結してあたらなければならないという掛け声のもと、米国は真っ先に、論文が出版される前のプレプリントのデータベース（BioRxiv, MedRxiv）への集約を呼びかけた[6]。さらには、感染症研究のデータ・レポジトリを設置し、そこでの世界中の研究生データの共有を主張したのである。共有化によってより効率的に科学研究を進展させようというオープンサイエンスは、これからますます世界の潮流となっていくだろう。一方で、この動きはそのデータをどの国が囲い込むことになるのかというクローズド戦略という性格ももちうるのである。

　大学という制度もこれから局在化の対象となるだろう。コロナパンデミックを契機として、労働環境はいうまでもなく、教育も研究もDXが大きな役割を担うようになる。物理的場所としての大学へのアクセスをパンデミックが妨げるとしても、MOOC、Cousera、Minervaなどのオンライン講義で一歩も二歩も先を行く米国の大学は、世界の優秀な頭脳をデジタル空間で囲い込むことを目指すに違いない[7]。そうしたブロック化も大きな影響をもたらすであろう。

---

4　外務省「「自由で開かれたインド太平洋」の実現のために」（2016年8月）。
　　https://www.mofa.go.jp/mofaj/gaiko/bluebook/2019/html/chapter1_00_02.
　　html#T001
5　TSMC "TSMC Announces Intention to Build and Operate an Advanced Semiconductor Fab in the United States"（2020/05/15）
　　https://pr.tsmc.com/japanese/news/2033
6　https://connect.biorxiv.org/relate/content/181
7　https://www.mooc.org/ ; https://www.minerva.edu/

科学技術政策におけるもう１つの安全保障的な要素は、中国を念頭に置いた「研究インテグリティ」という動きである。この数年、米国は中国がウミガメ政策によって多くのポスドクや博士課程人材を米国に送り出し、千人計画によってトップ層の研究者を中国に招聘してきたことの帰結に異議申立てをし始めている。研究データの不正な持ち出し、最先端技術の倫理基準にあわない利用法などその主張は多岐にわたる。2020年１月28日には、ハーバード大学の生化学の学者が中国からの研究資金に関する虚偽の報告で逮捕されている[8]。コモンズの思想が中心となる研究活動とは、本来、科学研究の公正性（integrity）、オープン化、共有、互恵性（reciprocity）のノルムを伴うものだが、中国はその理念を守っていないのではないか。自国中心の科学技術が世界との協調ではなく、研究倫理の亜種をつくり始めているというのである。

　この動きがわが国の科学技術にとっても大きな問題となってくるのは、日本の研究者が米国の研究者と共同研究する場合、セキュリティ・クリアランスを通過できた研究者だけが参画を許される可能性が高いからである。そのような研究倫理の局在化も現れてきている。

　総じていうならば、このような世界の動きを注視しながら、日本が位置しているアジア太平洋地域における科学研究の競争と協力のあり方をつくりあげること、地政学的な優位さを最大限に生かしていく科学技術とイノベーションの戦略をつくりあげることが第６期基本計画の出発点であった。

### ⑶　わが国のデジタル化の遅れとSociety 5.0の再定義

　第５期基本計画で初めて導入されたSociety 5.0というコンセプトは、基本計画のなかでは「サイバー空間（仮想空間）とフィジカル空間（現実空間）を高度に融合させたシステムにより、経済発展と社会的課題の解決を両立する、人間中心の社会（Society）」[9]と記載されていた。言い換えれば、「IoT

---

8　米国合衆国司法省（広報室）リリース（2020年１月28日）。
https://www.justice.gov/opa/pr/harvard-university-professor-and-two-chinese-nationals-charged-three-separate-china-related

（Internet of Things）ですべての人とモノがつながり、さまざまな知識や情報が共有され、いままでにない新たな価値を生み出すことで、これらの課題や困難を克服する。また、人工知能（AI）により、必要な情報が必要なときに提供されるようになり、ロボットや自動走行車などの技術で、少子高齢化、地方の過疎化、貧富の格差などの課題が克服」される社会となることが謳われていた。

　しかしながら、コロナパンデミックがわが国を襲ったとき、多くの人が、超スマート社会としてのSociety 5.0などどこにもなかった、日本は情報化やデジタル化に大きく劣後していたと感じたに違いない。

　Society 5.0のストーリーでは、狩猟社会としてのSociety 1.0、農耕社会としての2.0、産業社会としての3.0、そして来たりくる超スマート社会の5.0の前に、わが国は情報化社会の4.0を経験していたはずだ[10]。では、諸外国のパンデミックへの情報網の迅速的かつ効果的な活用をみるにつれ思わざるをえなかった、わが国における情報化社会とはいったい何であったのだろう？

　わが国にICT技術が入っていなかったわけではない。1990年代から、わが国におけるコンピュータ化の流れは、企業・組織にとうとうと流入していた。それは事実だ。だが、問題は、そのような情報化が従来の仕事を便利化、効率化していく道具としてしか認識されず、「個々のワークフロー」「個々の組織のあり方」、あるいは「人々の働き方」がまったく変化に至らなかったということだろう。それこそが、情報化への道程のなかで私たちが取り残したものにほかならない。

　本来のICTの技術は、それが社会のなかに受容されるに従って、組織での働き方や人間の生き方や行動がドラスティックに変わり、次第にきわめてフラットな社会構造を生み出すはずであった。しかしながら、高度経済成長期からのわが国におけるある種の成功体験が、そのような社会システムへの改

---

9　内閣府ウェブサイト「Society 5.0とは」。
　　https://www8.cao.go.jp/cstp/society5_0/
10　https://www8.cao.go.jp/cstp/society5_0/

革を阻んでいたのだろう。

　そしてこのことは、Society 5.0というビジョンが掲げた「人間中心社会」という理想ともかかわる。それが実際にはどのような社会になり、そのなかに住まう人々がそこからどういう「安寧well-being」を獲得していけるのか、そのような視点は、第5期基本計画のなかで述べられていなかったといわざるをえない。第6期基本計画を考えるとき、まずはその反省から始めるべきだと考えたのである。

　したがって、Society 5.0を第6期基本計画においてあらためてとらえ直すならば、考慮すべきは技術の問題だけではなくて、社会そのものの問題である。科学や技術の前に、社会そのものを成り立たせている仕組み、あるいはシステムそのものが変わっていくべきなのではないか。別の言い方をすれば、これまでのモノ中心、タンジブルな有形資産中心の社会から、無形のインタンジブルな資産が中心となる社会へと転換していくべきであり、そこに大きな価値を見出すような社会経済構造を生み出していくことが必要である。そして、私たちは、そのような構造転換を推進していく新しい人、若い世代への先行投資をやっていくべきだ。

　第6期基本計画には、このような社会システムのリデザインを大きなビジョンとして掲げた。国内外における地政学的状況の変化、ITプラットフォームによる情報の独占や富の偏在化にどう対応していくのか、そのことを見据えての科学技術基本計画だったのである。

## ⑷　第6期科学技術イノベーション基本計画のメッセージ

　最終的に第6期基本計画が目指すべき社会の特徴として掲げたのは次の2点である。第1は持続性と強靭性を備え、国民の安全と安心を確保する社会の実現だ。地球環境の持続性はもとより、現世代と将来世代が豊かに生きていくことができ、災害や感染症をはじめとするさまざまな脅威に対する総合的な安全保障が満たされている社会を目指す。第2に、一人ひとりの多様な幸せ（well-being）が実現されていなければならない。それは経済的豊かさと質的豊かさを担保し、誰もが能力を伸ばし、多様な生き方が可能となり、

生涯にわたり生き生きと社会参加でき、それぞれが夢を持ち続け、自らの存在を肯定して活躍できるような社会であり、それを2030年から2050年の将来には実現できる、その基盤となる５年間の計画だと宣言したのである。

　この未来社会ビジョンは、誰１人取り残さない、持続可能で多様性と節制のある社会の実現ということで17の国際目標を掲げた国連のSDGsと通底するものがある。しかしながら、SDGsにせよHorizon 2020にせよ、その価値観のもとで産業の世界標準を確保しようとする戦略が見え隠れする。そのような欧米流のビジョンに伍して、わが国がSociety 5.0という独自のビジョンを掲げる意味はどこにあるのだろう。

　この問いは、今後の世界秩序模索の時期において、日本が確保すべきポジションともかかわっている。わが国がポスト・コロナの国際社会をリードしていくには、わが国の価値観（Japan Model）を言語化し国際的に認知されるよう努めていくべきではないか。

　世界の課題に真っ先に直面した日本の取組みを世界は固唾をのんで見守っている。少子高齢化、環境問題、地域間格差と地方創生。どの課題も世界的なものであり、その解決を通して国際社会に貢献していくべきものである。それを推進していくSociety 5.0というコンセプトを支えているのは、ある種の「分かち合いの価値観」（Community Governance（協創統治）への日本的視座）であり、それが独特の「信頼性」「互恵性」「協働性」を大切にする生活倫理ともなっている。しばしばいわれる、「理（人間活動の価値）」と「利（三方よしの考え方）」と「力（国の総合的な能力）」の３つを融合させようとする価値観ともいえるだろう。

　科学技術イノベーション政策の文脈でこの理念を考えるとき、基底にあるキーワードは「信頼性（トラスト）」と思われる。安倍総理が2019年の世界経済フォーラムで唱えたDFFTは、データが価値を決めかねない時代における信頼の重要性を説いたものだが、わが国の研究やモノづくりが確立してきた高度の信用は、デジタルのデータのみならず、医療、材料研究、工学をはじめとした、さまざまな分野で生まれる「リアルデータ」の信頼性の高さに由来する。そして、その信頼性自体が、日本独自の倫理観・社会観から生ま

れたものといえるだろう。そこに今後のJapan Modelの基盤がある。

　Society 5.0はICTやデータ活用が行き着いた静的なユートピア（お花畑）ではない。未知の感染症や災害、サイバーテロも含めた不確実かつ非連続な変化に対し、デジタルの力を駆使し、ダメージの最小化とリスクコントロールに長け、持続的でレジリエントに連続する社会であるはずだ。さらには、老若男女が大都市・地方にかかわりなく活躍し、誰1人取り残されることのないインクルーシブ社会を目指すものである。人間と地球の共存を目指すSDGs目標と軌を一にしながらも、信頼と安心に裏打ちされたわが国独自の社会モデルとして言語化し世界に流布するように発信しなければならない。

　そのような新しい社会の将来像を描き、共有していくにあたり、ともすると対立する価値観（経済成長vs地球環境、専制主義vs自由主義、市民社会vs国家）の2項対立を超えるわが国独自の価値観を提示していくことが求められる。その際に、人文学・社会科学の「知」と自然科学の「知」を融合した「総合知」を導きの光とし、市民とのコミュニケーションによって社会受容性を高めることで、Society 5.0の世界を推進していくことが第6期基本計画の最大のメッセージであった。

## 3　現在進行中の具体的政策

### (1)　新しい人材育成の視座：「ヒト」への国家投資戦略

#### ①　初等中等から高等教育さらにはリカレント教育も含めた人材育成パッケージ

　加えて、上記に記してきたさまざまな科学技術・イノベーション政策を支える最大の取組みは、「新しいヒト」の育成と「ヒト」への国家的な投資の拡大であることを強調したい。

　わが国の最大の財産は「ヒト」であり、研究者のみならずイノベーションの担い手など幅広い人材育成に関する思い切った施策が必要である。新たな

文理融合教育に向けたリベラルアーツ教育、初等中等からのいわゆる
STEAM教育（Science, Technology, Engineering, Arts and Mathematics）は
いうまでもなく、わが国の博士課程進学者数が減少しているという事態を危
機的事態ととらえ、高等教育における博士人材の発掘に力を注がねばならな
い。

そのための施策の１つとして昨年からCSTIは、「Society 5.0の実現に向け
た教育・人材に関する政策パッケージ」を推進してきた[11]。科学技術に関す
る計画として初めて初等中等教育にまで踏み込んだのである。

ますます複雑化する社会課題を解決するためには、より創造的でより柔軟
な思考をもつ新しい世代の育成が急務である。俯瞰的な視座をもち、分野横
断的で多様な知を結集できる「総合知」を育て、社会的文脈や社会課題への
感覚を養う教育を初等中等の段階から醸成していかねばならないだろう。そ
のためにも、STEAM教育は、大学に進学する以前から導入されるべきだと
考えたのである。

また、義務教育終了段階では、比較的高い理数リテラシーをもつ子供が約
４割いるにもかかわらず、高校段階での文理別のコースを選択するシステム
も契機になり、理系進学率が急速に低下している。わが国の高等教育に深く
浸透している文科系と理科系という区別は、早い段階から子供の可能性、俯
瞰的な知を育む道を狭めているといわざるをえない。

ここに興味深い18歳意識調査の国際比較がある（図表10－４）。「自分を大
人だと思う」「自分は責任がある社会の一員だと思う」「将来の夢をもってい
る」「自分で国や社会を変えられると思う」「自分の国に解決したい社会課題
がある」「社会課題について家族や友人など周りの人と積極的に議論してい
る」、これらのすべてにおいて、わが国の18歳の若者が「はい」と答えた
パーセンテージは、どの国と比べても圧倒的に低かったのである。また、大
学を卒業して社会人になってからの学び直しへの極端に低い関心もわが国の
特徴となっている。成績はよいのだが学び自体は好きではない、社会に出て

---

11　内閣府（教育・人材ワーキンググループ）ウェブサイト。
　　https://www8.cao.go.jp/cstp/tyousakai/kyouikujinzai/index.html

【図表10-4】 イノベーションを志向する人材の確保状況
日本は、諸外国と比較して以下の各項目がいずれも最低
Q1 あなた自身について、お答えください。（各国 n＝1,000）
（※各設問「はい」回答者割合）

| | 自分を大人だと思う | 自分は責任があ社会の一員だと思う | 将来の夢をもっている | 自分で国や社会を変えられると思う | 自分の国に解決したい社会課題がある | 社会課題について、家族や友人など周りの人と積極的に議論している |
|---|---|---|---|---|---|---|
| 日本 | 29.1% | 44.8% | 60.1% | 18.3% | 46.4% | 27.2% |
| インド | 84.1% | 92.0% | 95.8% | 83.4% | 89.1% | 83.8% |
| インドネシア | 79.4% | 88.0% | 97.0% | 68.2% | 74.6% | 79.1% |
| 韓国 | 49.1% | 74.6% | 82.2% | 39.6% | 71.6% | 55.0% |
| ベトナム | 65.3% | 84.8% | 92.4% | 47.6% | 75.5% | 75.3% |
| 中国 | 89.9% | 96.5% | 96.0% | 65.6% | 73.4% | 87.7% |
| イギリス | 82.2% | 89.8% | 91.1% | 50.7% | 78.0% | 74.5% |
| アメリカ | 78.1% | 88.6% | 93.7% | 65.7% | 79.4% | 68.4% |
| ドイツ | 82.6% | 83.4% | 92.4% | 45.9% | 66.2% | 73.1% |

出所：日本財団「18歳意識調査　第20回テーマ「社会や国に対する意識調査」」（2019年11月）より引用。

以降、学び続ける意思をもたず、仕事に不満はあっても現状を変えられない、年齢が進むにつれてシニア人材の仕事への意欲が低下する。

このような特徴が生まれつつあるわが国の「ヒト」のあり方に一石を投げかけ、初等中等教育から、高等教育、さらには社会人段階までの新たな社会を支える人材の育成を第6期基本計画では前面に掲げた。AIのテクノロジーの進展に伴って、産業構造が大きく変化するなかで、わが国における労働市場が、はたしてこのような状況にうまくキャッチアップできるのかが問われている。

② 博士課程学生支援の政策パッケージ

答えがない課題に立ち向かう探求力や好奇心、生涯にわたって学び続ける姿勢の問題はわが国においてPh.D.の人材が少ないという事実と直結している。

一方で、すでに19世紀末からprofessional societyに突入していた欧米では、早くから博士人材への社会的需要が拡大してきた。たとえば、欧米の経営層トップの多くが博士号をもっている。政府の上位層の役人は総じてなんらかの分野のPh.D.ホルダーである。本来、博士とは、学者であるべき素質を担保するものというよりは、自分の力で答えのわからない課題を見つけ、それを新たなメソドロジーによって解決していくことができる人を指している。変化に自在に対応できる専門知識を身につけている専門人なら、産業界においても時代を切り開く人材であるはずだ。このような現代社会に求められている「ヒト」の育成に国家が資金を投下すべきである。そのような問題意識から、CSTIは博士課程の学生に対して200億円の経済支援を獲得し、約6,000人の学生への資金援助の政策を始めたところである[12]。

さらに、わが国の人材育成がともすれば閉じられた、ドメスティックなシステムであったことも大きな問題である。Brain Drain（人材流出）をおそれるのではなく、人材の国際流動化（Brain Circulation）を進め、国際的な視点

---

12 内閣府（科学技術イノベーションの基盤的な力に関するワーキンググループ）「報告書」（第10回平成29年3月31日）。
　https://www8.cao.go.jp/cstp///tyousakai/sekai/10kai/siryo2.pdf

をもちグローバルに活躍する人材が「ヒト」育成の肝である。グローバルに通じる頭脳の育成と国をまたいだ人材の流動化は、Japan Modelを体現する「ヒト」の拡大となって、Society 5.0の世界を目にみえるものにするだろう。

## ⑵　10兆円大学ファンドと地域中核・研究大学総合振興パッケージ

　第6期基本計画が策定されてから、そのビジョンを実現するために導入された最も大きな政策は、「10兆円規模の大学ファンド」[13]と「地域中核・特色ある研究大学総合振興パッケージ」[14]である。

　前者は、10兆円の資金を補正予算と財政投融資資金から確保し、それを国立研究開発法人科学技術振興機構（JST）に委託して、投資の専門家からなる委員会によってグローバル投資を実施し、3％プラス物価上昇分をあわせた4.8％のリターンを確保して、毎年3,000億円の資金をつくり、真に世界と伍する意欲のある大学に対して、裁量的な資金を提供すること、その資金額はそれぞれの大学が民間資金を導入する努力に応じてマッチング資金として供与すること、選ばれた大学に対しては自助努力として毎年3％の財政基盤の成長を義務づけること、さらには世界に伍する研究大学を率いるための経営努力を行っているのかをモニタリングしアドバイスを与える外部合議体を設けるというガバナンス改革も求めている。

　この大学ファンドのアイデアは、世界の研究大学がこの30年ほどの間に確立してきた大学基金による大学経営から学んでいる。たとえば、ハーバードの大学基金は4.5兆円、イエールやスタンフォードが3.3兆円、オックスフォードやケンブリッジは数千億円規模の基金を積み上げ、そのグローバル投資によって毎年5％程度の資金を大学にペイバックしている。この潤沢な資金が、積極的な基礎研究への学内投資、学生への豊富な奨学金となって、世界中から優秀な人材を惹きつけ世界の大学競争をリードすることを可能に

---

13　内閣府（世界と伍する研究大学専門調査会）ウェブサイト。
　　https://www8.cao.go.jp/cstp/tyousakai/sekai/index.html
14　科学技術・イノベーション推進事務局「地域中核・特色ある研究大学総合振興パッケージ（素案）」（令和3年12月）。
　　https://www8.cao.go.jp/cstp/gaiyo/yusikisha/20211223_1/siryo2-1.pdf

しているのである。10兆円大学ファンドは、この米国を中心とする大学基金の運用を学び、それをJSTの投資委員会で実践し、やがては選定された大学が自らの力で大学基金に基づく大学経営を行える基盤を構築しようとしている。

　昨年、この10兆円大学ファンドを考えるための専門調査会を開き、2022年の通常国会に国際卓越大学という制度をつくる法律を提出した。夏までにはその法律が成立し、この１年間で具体的な大学選定に入るだろう。わが国において、どの大学がハーバードやスタンフォードと競い合うようなトップスクールになりうるのか、正直まだその数まではわからない。現時点で、５校から７校程度かという声はあるものの、この制度が定着するまでに数年はかかると思われる。

　もう１つの大学改革の基軸は、「地域中核・特色ある研究大学総合振興パッケージ」である。この政策パッケージは、10兆円大学ファンドと密接に連動している。10兆円ファンドのトップ大学に対しては、長期的には毎年数百億円が導入されるが、同時に自己資金の成長が求められる。一方で、いわゆるトップ大学以外にも、すべての領域で世界と戦えるレベルには達していないものの、個別の研究拠点として十分な力をもつ大学が、セカンドティア、サードティアに存在している。また、地域に密着し、地域の産業や雇用、地域の住民の働き方にも大きな影響をもつ可能性のある国立大学も存在する。これらの大学への支援策として、大学の活動に対する支援を目的とする事業へ462億円、関連事業として大学も参画可能で、直接・間接的に資金を獲得しうる事業へ544億円、加えてデジタル田園都市国家構想推進交付金として200億円を積み上げた。合計で1,200億円程度にのぼる。10兆円ファンドが実際にトップスクールに提供されるには３年ほど待たねばならないが、この地域の特色ある研究大学向けの資金供与は来年度にも実施されるのである。

　CSTIとしては、研究を中心とする大学のシステムを構築し直さなければいけないと強く認識している。振り返れば、明治に生まれたわが国の大学制度は、欧州のエリート教育としての大学が日本に導入され、やがては各地域

に1つずつ中核的な国立大学をつくって、どの地域に生まれてもエリート教育を受けることができる体制を構築してきた。一方で戦後は、米国型の、マーチン・トローのいう大衆化した大学の制度が導入され、戦後の高度成長期に生じた大卒人材への需要の高まりとともに雨後の筍のごとくに私立大学が設立された。エリート型と大衆型がない交ぜになっているわが国の大学制度において、真に研究中心で多様な特色をもつ大学群をどう育てていくのか。その重大な契機が大学ファンドという未曾有の政策とともに訪れている。

国立大学もさまざまで、研究を中心とするようなトップ大学もあれば、それに準ずるセカンドティア、サードティア大学群が存在する。一方で、地方の国立大学のなかには、その地域の教育機関の中枢としてその役割を果たしていくべき大学であるにもかかわらず、地域への貢献がなかなかできていない現状がある。自らをあくまで86国立大学全体の一翼を担う大学と考え、地域特性への視座を欠いてきたのかもしれない。

このたびの10兆円ファンドという異次元の大学改革資金が可能となった状況下で、わが国がこれから100年続く高等教育の全体像を描くチャンスが来ている。たとえば、東京大学、東京工業大学、東京医科歯科大学、筑波大学などの卓越した国立研究大学や、慶應大学や早稲田大学のような私立の有力大学が集まっている東京圏、京都大学、大阪大学、神戸大学の3つの研究大学が半径50キロ圏内に集中している関西圏があり、地域に行けば、ハブとなる国立大学の周りに公立大学や私立大学が集中している拠点もある。全国レベルでさまざまなミッションをもった国立大学のグランドデザインを練り直すことが必要になるだろう。

ここ数年携わってきた大学改革の大きなターニングポイントが、この国際卓越大学向けの大学ファンドと地域中核・特色ある研究大学総合振興パッケージを契機として訪れているという実感をもっている。

## (3) 科学技術関係予算の拡大

科学技術基本計画の第1期からずっと政府は対GDP1%という目標値を

立てて科学技術関係予算を増やそうと試みてきた。それが達成できたのは、最初の期だけである。その後はことごとく計画倒れに終わっていた。しかし、第5期の2018年を契機として科学技術関係経費は年率で7％を超えて増加を始めている。結果として第5期は15年ぶりにGDP1％という目標を達成した。その背景には、各省庁のプロジェクト予算に研究開発を組み込み、実質的に単なる補助金の一部を科学技術予算に転換した政策（科学技術イノベーション転換）や補正予算の増額を獲得したことがある。さらには、このたびの10兆円大学ファンド、グリーンイノベーション基金、2022年度から始まる経済安全保障のファンドなどの追加的な予算によって、わが国の科学技術への研究開発費は拡大していくだろう（図表10−5参照）。

　第6期においては、GDP1％という目標値より、5年間で30兆円の公的投資、民間部門における投資も入れれば120兆円という目標値を掲げている。今後の5年間でこの目標値を達成することによって、2030年の世界に向けて、Society 5.0という社会を実現していくことが第6期基本計画の目指すところである。

## 4 まとめにかえて

　この小論では、過去25年間にわたる科学技術基本計画の変遷を紹介するとともに、第6期科学技術イノベーション基本計画の概要と、それが目指してきた未来社会へのメッセージ、そして計画から生まれてきた具体的政策について述べた。2030年までの10年間は文字どおりわが国にとって大きなターニングポイントとなるであろう。そして、その最初の5年間の変化がよりよい社会への道程をつくれるかどうかの試金石となる。その意味で、このたびの科学技術イノベーション基本計画こそが10年後にその機動力になったのだと記憶される政策となることを心から願っている。

228

**[図表10-5] 科学技術関係予算の推移**

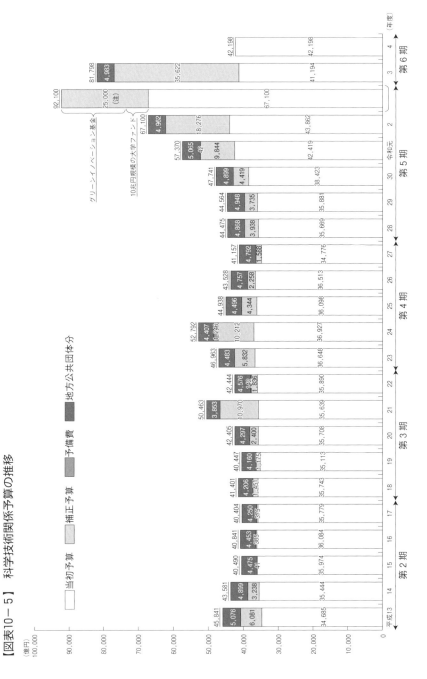

（億円）

| 第1期（平成8～12年度）<br>基本計画での投資規模：17兆円<br>実際の予算額：17.6兆円 | 第2期（13～17年度）<br>基本計画での投資規模：24兆円<br>実際の予算額：21.1兆円 | 第3期（18～22年度）<br>基本計画での投資規模：25兆円<br>実際の予算額：21.7兆円 | 第4期（23～27年度）<br>基本計画での投資規模：25兆円<br>実際の予算額：22.9兆円 | 第5期（28～令和2年度）<br>基本計画での投資規模：26兆円<br>実際の予算額：26.1兆円<br>（グリーン・イノベーション基<br>全事業および「10兆円規模<br>の大学ファンド」を含む場<br>合：28.6兆円） | 第6期（3～7年度）<br>基本計画での投資規模：30兆円<br>現時点での予算額：12.4兆円 |

（注）大規模かつ長期間にわたる科学技術関係に充てられる「グリーン・イノベーション基金事業（2兆円）」および「10兆円規模の大学ファンド」については、第6期期間中における科学技術関係の支出額の状況について把握予定。

（※1）科学技術関係予算のうち、決算後に確定する科学技術関係の独立行政法人国際協力機構運営費交付金、無償資金協力、国土交通省の公共事業費、デジタル庁の情報通信技術調達等経費の一部について、令和2年度の決算実績額等を参考値として計上。また、経済産業省の「中小企業生産性革命推進事業」（R2補正、R3補正）には、科学技術関係に該当しない事業も含めて計上。これらの事業については、執行額が確定後、過去にさかのぼって補正する。

（※2）大学関係予算の学部教育相当部分については、今後、Society 5.0の実現に向けた科学技術イノベーション政策の範囲等について検討することとしており、本集計においては計上していない。

（※3）第5期より行政事業レビューシート等を用いた新集計方法にて算出。金額は、今後の精査により変動する場合がある。

出所：内閣府・科学技術・イノベーション推進事務局「科学技術関係予算　令和4年度当初予算案、令和3年度補正予算の概要について」（令和4年2月）より引用。

## 第11章

# 日本における高等教育の課題
## ―「研究力低下」への対応―

勝　悦子

# 1　はじめに

　日本の大学の世界ランキングでのプレゼンスの停滞が続いている。英国の THE（Times Higher Education）2022年版大学ランキングでは、日本の大学は最高位の東京大学で35位、京都大学61位と、世界ベスト100にランクインしたのはわずか2校であった。上位10校は第1位のオックスフォード大学以下米英の大学が独占しているが、一方で中国の大学の台頭が著しく、16位に清華大学と北京大学の両校がアジアトップとして入っており、ベスト100にランクインしているのは中国6校、香港4校、シンガポール2校、韓国2校と続いている。

　もちろん大学ランキングだけで大学を評価することに意味はない。大学には、教育、研究、社会貢献といった重要なミッションがあり、高度人材の輩出に加え、気候変動、人権、パンデミックなど地球規模の課題に貢献することも大学の大きなミッションである。なかでも「世界に伍する大学」となるには、世界有数の研究大学として世界から研究者や学生をいかに惹きつけるかといった「研究力」が求められている。さらに学術科学、研究力は人材の集積、日本経済のTFP（全要素生産性）の向上にとっても大きな要素となっていることから、研究のハブでもある日本の大学のプレゼンスの向上は、日本経済の再興にも大きく寄与するものと考えられる。

　筆者は、2008年から2016年まで明治大学の国際担当副学長として大学行政に長らく携わり、高等教育政策、科学技術・学術政策等にかかわるようになったが、就任当初は大学の国際化が声高に叫ばれ、たしかに留学生の数は激増し、コロナ前の2019年5月には目標の30万人を上回る31万人に達した[1]。しかし、留学生の数だけが国際化の指標になるはずもなく、研究・教育の質向上、高度人材育成、研究力強化、社会貢献それぞれが、さまざまなステークホルダーを擁する大学においては重要となる。本稿では日本の高等

---

1　JASSO調べ。2021年5月1日現在は24万2,444人。うち高等教育関連で20万1,877人。

教育、大学の研究力を俯瞰したうえで、日本の大学や社会がどうあるべきかについて、特に大学の研究力に焦点を当てて論じたい。

# 2 日本の高等教育政策の推移

## (1) 大学の現状

　まず、日本の大学の構造を概観しておこう。大学の数は1991年の大綱化（後述）以来急激に増えており、文部科学省の「学校基本調査」によれば、2021年にはついに800校を超えた。このうち国立大学は86校、公立大学は98校、私立大学は619校と引き続き増えている。学生数は大学単体では292万人で短大とあわせれば304万人が在籍しており（2021年度）、外国人留学生は、JASSOによればコロナ前では2019年5月約31万人、日本語学校を除く高等教育機関では21万8,000人であった。

　大学への進学率は大学・短期大学58.9%、専門学校等を含む高等教育機関83.8%で（いずれも2021年）、時系列では漸次上昇しているが、大学進学率だけで他国と比較すると、OECD平均を下回っている。今後の人口減少に鑑みれば、いずれ大学全入の時代が到来すると予想されている。

## (2) 日本の成長戦略と科学技術

　一方、日本経済はバブル崩壊後20年以上にわたってGDPの伸びが鈍化し、2008年には中国に抜かれ世界第3位に甘んじている。この間米国や欧州小国のGDPがさらに伸びたため、1人当りGDPは先進国では世界第25位に落ち込んだ（IMFデータベースによる。2021年値）。

　GDPについてマクロ生産関数として組み立てると以下が導ける。

$$Y_t = A_t K_t^{\,a} L_t^{\,1-a}$$

　ここで、Y：実質GDP、K：資本投入量、L：労働投入量、Aは全要素生産性。同式を対数で表すと以下となる（$a$、$k$、$l$はそれぞれ全要素生産性、資

本投入量、労働投入量の対数)。

$$y_t = a_t + \alpha k_t + (1 - \alpha) l_t$$

上式の差分をとり、労働生産性 $(G_t)$ を労働投入量当りの産出量とし $(G_t = Y_t / L_t)$、それぞれの対数値の差分をとれば以下の式が導かれる。

$$\Delta g_t = \alpha (\Delta k_t - \Delta l_t) + \Delta a_t$$

すなわち、左辺の労働生産性の伸び率は、右辺第1項の労働者1人当りでみた資本投入量の伸び率(すなわち資本装備率の伸び率)と、TFPの伸び率を足したものに等しい。TFPは、資本や労働の投入量だけでは説明できない産出量の変動要因であり、科学力、イノベーション、生産効率などが含まれる。日本やドイツでは特に2008年以降TFPの寄与度がマイナスになっている。後述するように日本では科学技術予算や、企業や大学などの研究開発費のGDP比は大きいものの、それが生産性向上につながっていない[2]。

## ⑶ 日本の高等教育政策の推移

ここで日本の高等教育政策を長い目で俯瞰してみよう。現在につながる制度改革に大きな影響を与えた規制改革としてはまず、1991年に行われた「大学の設置基準の大綱化」があげられる。

### ① 大学の設置基準の大綱化と大学院改革

大学の設置基準の大綱化は一般に大学の設置基準の緩和を指すが、その目的は、(i)大学院の充実と改革による教育研究の高度化、(ii)高等教育の個性化・多様化の視点での学部教育の改革、(iii)組織運営の活性化の3点が柱であった[3]。

旧大学設置基準では、学部の種類は伝統的なものに限られていたが、大学の大綱化により自由に学部が設置できるようになり、カリキュラムも独自の判断で組めるようになった[4]。また、学士も学位とするよう学校教育法や学

---

2 　中村康治・開発壮平・八木智之「生産性の向上と経済成長」『日本銀行ワーキングペーパーシリーズNo.17-J-7』(2017年) など参照。
3 　黒田亮一「日本における1990年代の大学改革」『学位研究第3号』(2008年) 7頁。
4 　これに伴い多くの大学で教養学部が廃止され、学部一体のカリキュラムに組み込まれたり、独自の新たな学部が組織されたりした。

位規制（文部省令）が改正され、学位の分野、名称も大学で決めることができるなど自由度が増した[5]。同時に大学院の抜本的改革もなされ、博士課程はそれまでは研究者養成目的のみであったものが、高度職業人の育成として企業や官庁に就業することも目的の１つに加えられた。ただし、博士号人材の増大については、期限付雇用資金を大学に配分するという「ポスドク１万人計画」が1996年度に導入されたが（予算措置は2000年度まで）、必ずしも出口の安定的雇用には結びつかず、後述するように2000年以降博士課程進学数は減少することになる。

### ②　国立大学の独立行政法人化

第２の改革として2004年の国立大学の独立行政法人化があげられる。2003年７月に国立大学法人法関連６法が成立し、2004年４月から国立大学法人に移行した。文部科学省は、国立大学の独立行政法人化の目的として以下をあげている[6]。

第１に、手続の簡素化および大学法人の主体性の確保である。それまでは学内の制度改革等についてはすべて省令で行う必要があったが、独立行政法人化することにより、裁量権が格段に広がる。第２に、優れた教育や特色ある研究に各大学が工夫を凝らせるようにして、より個性豊かな魅力ある大学になるよう、国の組織から独立した「国立大学法人」にするというものである。

ただし、当時は橋本内閣の行政改革真っただ中の時期で、国立大学法人化は、公務員削減を目指す行政改革の一貫として始まったと理解することもできる[7]。2005年移行の運営費交付金は毎年１％ずつ減少することになったが、もともと財政・行政改革から生じたものであるとすればこうした予算面での制約も十分予想できるものであった[8]。

---

5　前掲（注３）黒田９頁。
6　https://www.mext.go.jp/a_menu/koutou/houjin/03052702/001.htm
7　木村誠「法人化で国立大学はどう変わったか、変わるか」『学研・進学情報2013年５月号』６頁。
8　前掲（注７）木村８頁。

### ③　大学の機能分化とガバナンス改革

　第3の改革として、大学の機能分化とガバナンス改革があげられる。これは2016年に始まる国立大学第3期中期計画時のミッションの再定義でも議論され、各大学はそのミッションを地域、分野、グローバルの3つから選択することになった。これに加えて、国際的な競争環境のもとで世界の有力大学と伍していく大学として、同年に「指定国立大学法人」が設置され、当初3大学が、そして2022年4月現在では10の国立大学法人が指定されている。

　2023年に始まる第4期中期計画では、大学自らがミッションを規定し主体的に選ぶこととなり、各大学は自己点検を主体とし、KPIなどの定量的中期目標値を明示して中期的に評価されるというかたちに変わり、国立大学の裁量性がいっそう確保されるようになった。

　またガバナンス改革については、産業構造の変化、グローバル化、デジタル化、地域格差など大学を取り巻く環境が大きく変わるなか、イノベーションの創出、地域活性化も求められるようになり、大学自らがそのミッションを定義し、戦略性をもって大学を経営していく必要性が増した。その際に重要なのが、ガバナンス改革である。大学が求められる機能を十全に発揮し、特に世界の大学に伍していくためには、学長がリーダーシップを発揮して機動的に大学改革を進めていくことができるよう制度改革する必要があった[9]。

　具体的には、学長リーダーシップの強化、教授会の位置づけの変化、外部評価委員会設置、学長選任のプロセスの透明化などで、こうしたガバナンス強化については、安倍内閣の教育再生実行会議、日本再興戦略でも謳われ、2016年には学校教育法および国立大学法人法が一部改正されることになった。

### ④　大学のグローバル化

　こうした大きな流れのなかで、大学のグローバル化についても、社会の要請に応えるべく大きく進んだといえる。古くは1986年の中曽根内閣での留学生10万人計画、2008年の福田内閣で留学生30万人計画等があるが、こうした

---

9　塩見みづ枝「大学のガバナンス改革に関する学校教育法等の改正について」『大学評価研究第14号』（2015年）17～18頁。

留学生受入れだけでなく、グローバル化がいっそう進展するなか、企業等からはグローバル人材育成の必要性が要請された。

かかる状況で2009年にはグローバル30[10]、2012年にはグローバル人材育成事業、そして2014年にはスーパーグローバル大学創成推進事業（SGU）が概算要求で認められ、財政出動とリンクして大学教育のグローバル化が急速に進んだ。これらに歩調をあわせ、9月入学やギャップイヤーの推進、学修時間の確保の課題、入試における英語4技能の導入、英語での専門科目の設置増大、海外大学とのダブルディグリーなどの枠組みの検討も進み、日本企業の一括採用のあり方にまで議論が及ぶことになった。

これらの事業の成果もあり、国際的学生流動は大きく進んだが、これだけでは日本の大学が世界に伍する大学になったかを測ることはできない。

## 3 日本の大学の研究力と高度研究人材の育成

### (1) 論文数でみた日本の研究力

ここで日本の研究力について検討すると、文部科学省学術科学技術研究所『科学技術指標2021』によれば、日本の論文数は1990年代から2000年代初めに大きく伸び米国に次ぐ世界第2位であったが、2000年代半ば以降そのシェア減退し、2019年現在世界第5位に甘んじている。一方で近年飛躍的に伸びているのが中国である。中国の論文数は2000年以降右肩上りに伸び、2018年には米国を抜いて世界第1位となった（図表11－1）。

一国の研究力を測るには論文の数だけでなく、注目される論文数（Top10％、Top1％）がどの程度生産されたかがより重要なメルクマールと

---

10 留学生受入れを促進すべく、英語トラックの創設（英語授業によるコース設置）、共同海外拠点の設置等からなり、当初30大学が選定されるとされていたが、予算減額もあって結局13大学が選定された。グローバル人材育成推進事業は日本人の海外留学を後押しするもので、英語能力の向上等も評価指標に加わる。SGUは双方を兼ね揃えた事業で、トップ型13校、グローバル化牽引型24校が選定されている（2010年事業）。

【図表11-1】 日本の論文数シェアの推移

論文数シェアの推移

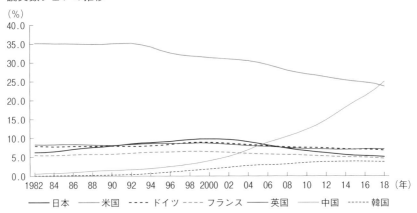

Top10%補正論文数シェア（3年移動平均）

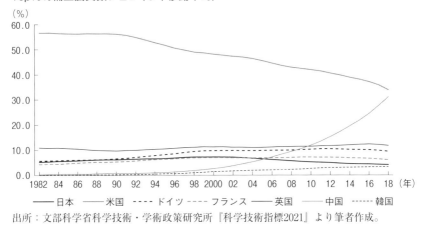

出所：文部科学省科学技術・学術政策研究所『科学技術指標2021』より筆者作成。

なるが、日本は2019年までの3年移動平均で、Top10%補正論文数では世界第10位、Top1%補正論文数では第9位にとどまっている（分数カウント法[11]）。1990年代までは、フランスとほぼ並び世界で3～4位であったもの

---

11 論文数のカウントには整数カウント法と分数カウント法があり、共著の場合、前者がすべての著者を1とカウントするのに対し、後者は人数で割った数値（論文数は1）となる。

が、現在では後ろを振り返れば韓国が肉薄している状況にある。米国は圧倒的地位を維持してきたが、世界全体で論文生産が増大するなか、世界に占めるシェアは徐々に低下し、中国を含む新興国の論文生産の増大が目立つかたちとなっている。論文数のうち国際共同研究については国際共著がどの程度生産されたかも１つの指標であるが、これについては潤沢なEU研究予算のもと欧州で高く（英71.1％、仏66.2％、独62.2％）、日本でも近年伸びてきているもののその水準までには至っていない（36.4％、いずれも2019年値）。また、部門別では４分の３が大学で生産されており、企業の論文数は1995年以降半減した（2015年現在約６％）。

　一方、特許数で研究力を概観すると、パテントファミリー数[12]では2019年現在日本が１位であった。ただし1990年代半ばまで日本のポジションは圧倒的であったが、そのシェアは特に2000年以降低下している。ここでも近年中国が飛躍的にポジションを増大させているが、中国の場合は居住国への出願が圧倒的であり、自国以外の国への出願ベースでみると日本は「発明」の観点からは引き続き世界１位のポジションを保っている[13]。

## (2)　研究人材と博士人材

### ①　研究人材

　次に日本の研究力を研究人材の面から検討してみよう。研究人材の定義は各国でまちまちであるため単純に比較することはむずかしいが、OECDの定義によれば研究開発を行う者とされ、それによると日本は2020年で68.2万人（FTE換算、HCだと94.2万人）[14]と、中国（210.9万人）、米国（155.5万人）に次ぐ世界第３位の規模となっている。絶対数ではなく人口１万人当りの研究者

---

12　パテントファミリーとは、同じ内容で複数の国に出願された特許のことで、パテントファミリーのカウントであれば同じ出願を重複してカウントすることを防げる。パテントファミリー数は、発明の数とほぼ同じ（文部科学省科学技術・学術政策研究所『科学技術指標2021』（2021年）140頁）。
13　前掲（注12）文部科学省科学技術・学術政策研究所参照。
14　研究者のカウントには２つの方法があり、国際的にはFTE（専従換算したもの。Full Time Equivalents）が使われており、実数（HC: Head Count）の数値とは区別される（前掲（注12）文部科学省科学技術・学術政策研究所）。

数でみると、日本は長らく世界第１位であったが、2019年には韓国に抜かれ、韓国の伸びは他を凌駕している。他国は一様に伸びているなか近年日本の伸び率の鈍化が目立つ。ジェンダーでみると、女性研究者の割合が他国に比し低い。また、これら研究者数を大学、企業、公的機関、非営利団体の４つの部門別に概観すると、日本では企業が全体の74.4％と最も大きなシェアで、次いで大学の19.9％、公的機関が4.5％となっている。

専門研究者人材には特に学術的な資格があるわけではないが、博士号を保持していることは、その専門性を測るうえで重要な指標となる。そこで、研究者のうち博士号取得者の国際比較をすると、日本の特徴は企業部門の研究者の博士号取得者の比率が極端に低いことである。たとえば米国では、全博士号取得者の４割が企業部門で、大学部門は44.6％であるのに対し、日本では大学部門が75％を占め、企業部門は13.5％にすぎない（米2019年、日本2020年）。

また分野別で概観すると、日本の特徴は社会科学・人文科学の博士課程在籍者数のシェアが非常に少ないことで、たとえば英国などでは近年博士課程在籍者数が大きく伸びているが、この多くはビジネスなど社会科学分野での博士人材であった。

### ② 博士人材の現状

日本における博士人材については、前述したように1990年代の大規模な大学院改革もあり修士課程入学者および博士課程入学者双方とも1990年代半ば以降急速に増大した。しかし、2000年代初めをピークにその後漸次減少し、2021年度の在籍学生数は修士課程が16万2,458人、博士課程が７万5,295人となっており、とりわけ博士課程の学生数の減少が目立つ。博士号取得者数を国際比較すれば、近年欧州および米国では飛躍的に増大しているのに対し日本は伸び悩みが顕著で、主要国のなかで唯一減少傾向にある（図表11−２）。

分野別にみると修士課程の４割強が工学系で、理学、保健学が続く。工学系は修士修了後多くが就職するため、博士課程では保健学専攻院生が約４割と最も高く、次いで工学系、理学系となっており、人文社会科学は少ない[15]。これら修士・博士在籍者の数値には社会人や留学生の数も含まれてお

【図表11-2】 各国の博士号取得者数（実数）

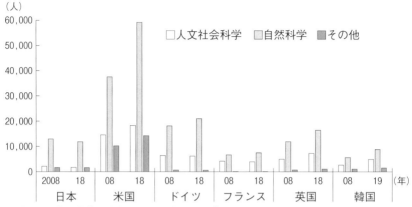

出所：文部科学省科学技術・学術政策研究所『科学技術指標2021』より引用。

り、近年社会科学系在籍学生において中国人留学生の比率が高まっていることに鑑みれば[16]、実態としては「博士離れ」が顕著になっているといえよう。

　このように修士課程、とりわけ博士課程の在籍者が減少した要因としては、以下が指摘できる。第1に、キャリアパスへの不安である。特に博士課程にまで進むと就職の機会がなくなるというリスクが大きいことである。この間、国立大学では法人化による運営費交付金の減少に伴い、任期なし教員数が減少し、一方で競争的資金の増大に伴って任期付教員・研究者の数が増大した。ポスドクでもキャリアが不安定であることが博士人材の裾野を狭めた。

　第2に、経済的な問題である。学振特別研究員、大学の奨学金、国費留学生など生活費などがカバーされている学生もいるものの、大半のポスドクや博士課程の学生にとっては経済的な問題が大きい。これら経済的課題に対応

---

15　一方、2004年に創設された専門職大学院は、ロースクールやビジネススクールなど多くが社会科学系で資格と大きくかかわっている。

16　大学院修士課程、博士課程等に在籍する留学生は2020年現在約5万3,000人となっているが、学部を含めると半分以上が中国人留学生であること、人文社会分野大学院では日本語での教育が主であることを勘案すれば、大学院ではこのうち相当程度の中国人留学生が在籍していると推察される。

した施策が、後述する大学ファンドを利用した2020年度に始まったフェロ、シップ創設事業とJSTの次世代研究者挑戦的研究プログラムなど博士課程学生に対する経済的支援の拡充である。これにより時限的ではあるが最大7,000人の博士課程在籍者に生活費も含めた奨学金が供与される。

こうした経済的課題だけでなく、「総合知」の観点から異分野融合研究を推進すること、またキャリアパスの観点からは、企業との人材交流、異分野共同研究などのエコシステムを創設することが求められるが、それらを目的にリーディング大学院プログラムや卓越大学院プログラム[17]などがすでに起動しているが、これらの事業は企業との研究連携を推進し、国内外の研究者をつなげ、大学院生のキャリアパスまでもにらんだ事業となっている。

もっとも、学生へのアンケート調査によれば、アカデミアへの就職を希望する学生は多いものの、近年任期なしポジションの減少や教員の研究時間確保がむずかしくなったことから希望する層が縮減している。また、大学研究者の年齢構成をみると若手の割合が相対的に低く、任期なしポジションの増設、任期なし雇用につながる任期付雇用制度（テニュアトラック制）など、若手研究者のさらなる雇用促進が求められている。

### ③　研究人材の流動性

研究人材については、キャリア開発、異分野融合、世界的研究従事などの必要性から、研究人材の流動化がきわめて重要となる。前掲の科学技術学術政策研究所の報告書によれば、企業の研究者はほぼ固定化しているのに対し、大学は、公的機関、非営利団体、企業から多くの人材を受け入れている（図表11－3）。

一方で、世界に伍する研究を行うには、国際頭脳循環が欠かせない。中国などでは欧米トップスクールとのダブルディグリーや博士人材の派遣を制度化し、多くの予算をつけ、これらを通じて研究者のネットワークを広げてい

---

17　卓越大学院プログラムは2018年に導入された、国際的研究機関、民間企業等と連携した5年一貫の博士課程学位プログラム。一方、博士課程教育リーディングプログラムは2011年に導入されたもので、専門分野の枠を超えた博士課程前期・後期一貫した学位プログラム。両者とも大学院教育の抜本的改革を推進するもの。

【図表11－3】 部門間における転入研究者の流れ（2020年）

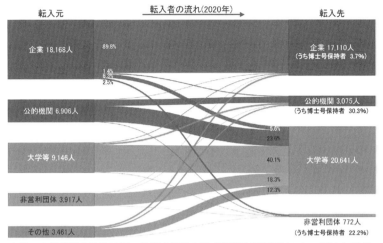

出所：文部科学省科学技術・学術政策研究所『科学技術指標2021』75頁より引用。

る。やや古いデータとなるが、先端分野での世界の研究者（論文公表者）の流動を検討すると主な供給源は中国とインドであり、日本の研究者の国際流動は低く、研究室での外国人研究者の比率も低い[18]。これを裏付けるデータとして米国の大学の博士号取得者数の国別内訳をみると（図表11－4）、中国国籍の取得者数は急増する一方、日本の米国での博士号取得者数は2010年の236人から2020年は114人へと半減している（国別では第27位。ちなみに2020年米国博士号取得者5万5,283人中米国市民は3万4,492人）。

　また、日本の大学の研究者は、世界の主要大学と比較すると自校出身者が多く、国内の組織間流動性も他国に比べて低い。一方、欧州ではEUの研究予算が非常に潤沢であり、国境を越えた研究が一般的となっている。これは国際共著比率が他地域に比べ一段と高いこととも整合している[19]。

---

18　文部科学省科学技術・学術政策研究所「研究者国際流動性の論文著者情報に基づく定量分析」（2011年）参照。
19　文部科学省科学技術・学術政策研究所（2021年）。

【図表11-4】　米国の国別研究博士号取得者数の推移

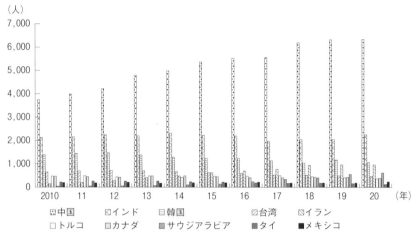

（人）

出所：NSF（National Science Foundation）データベースより筆者作成。

## (3)　科学技術予算と研究開発費の規模

　以上「人の流れ」を概観してきたが、ここで「お金の流れ」を検討しておこう。まず国全体のR&D投資を比較すると、OECD統計[20]によれば、世界第1位の支出額を誇る国は米国で、次いで中国、日本の順となり、日本は世界第3位のR&D投資国となる（購買力平価換算）。ただし、直近のトレンドをみると、米国、中国を含め各国ともに増大しているのに対し、ここでも日本は横ばい状態である。

　研究開発費を部門別に概観すると、日本では企業が14.2兆円、大学が2.1兆円、公的機関が1.4兆円であり、それぞれ3位、4位、4位となっている。企業部門の研究開発費の内訳を産業別でみると、日本とドイツは製造業の割合が9割と高く、米国では6割と非製造業の割合が最も高い。ただし、

---

20　R&D投資については各国で定義がまちまちであり、日本では総務省の「科学技術研究調査」がもととなっている。OECD統計との違いは、総務省の統計では大学の支出に人件費が含まれているが、OECD統計では研究専従換算で研究と教育を分けている点である。

売上高に占める研究開発費の割合でみると、日本で最も大きい分野は医薬品製造業となっている。また、最近では企業の外部支出研究開発費については、海外への支出、および国公立大学への支出が多くなっている。

　一方、日本の科学技術・イノベーション行政は、政府が5年ごとに策定する「科学技術・イノベーション基本計画」を基盤として推進されているが、主要国の科学技術予算（購買力平価換算、OECD）をみると、ここでも中国が2000年代以降急増しており、2019年現在世界トップとなっている。2位が米国、3位が日本である。日本は2012年以降減少したものの、2016年以降増大に転じ2020年には急増したが、これは、グリーンイノベーション基金事業や、後述する大学ファンド予算が2020年度補正予算に組み込まれたことによる。科学技術関係予算には、前述の国立大学法人運営費交付金も含まれるが、省庁別にみると、近年では文部科学省予算の比率が低下し、一方で経済産業省の予算が大きく増大している。

　科学技術予算を国防用と民生用で分けると、日本は民生用が9割以上であるのに対し、米国では国防用予算が2020年で47.3％と他国に比し非常に高い。GDP比でみても国防用科学技術予算は米国、韓国、フランスが高いが、各国ともこの10年で国防用科学予算のシェアが減少しているのに対し米国では増大している。

　図表11－5は、縦軸が雇用1,000人当りの研究者数、横軸は国全体の研究開発費（GDP比）を示したものである。研究者数、研究開発費とも大きいのは韓国だが、日本はドイツ、米国と同じ水準にあることがわかる。中国は人口が多いこともあり研究者比率は低位にあるが、研究開発費の規模は相当に大きい。日本は国の規模に応じた研究開発へのカネとヒトの投入において米国とほぼ同じだが、問題は、これがイノベーション、研究高度化に必ずしもつながっていない点である。

【図表11－5】 研究開発費の規模と研究者

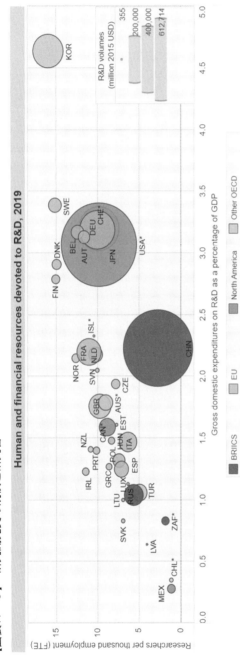

Human and financial resources devoted to R&D, 2019

出所：OECD "Education at a Glance 2021" より引用。

# 大学ランキングでみた
# 日本の大学の国際的プレゼンス

## (1) THEの大学ランキング

さて、論文生産の要である大学の国際的存在感について検討すると、2022年版THE大学ランキング[21]によれば、米国、英国の大学がほぼトップを独占し、日本の最上位は東京大学の35位、次いで京都大学の61位と、トップ100にはこの2校しかランクインしていない。ただし、日本の大きな特徴は、THEにランクインしている大学が118校と、米国の183校に次いで2番目に多いことである。すなわち、日本の大学は私立大学も含め研究力のある大学の裾野が非常に広いともいえる。

## (2) THEの大学ランキングの指標と日本の大学

図表11－6で明らかなように、THEの大学ランキングの評価基準は、研究（評価、研究収入、生産性等：30％）と引用（研究の影響力：30％）が過半を占め、次いで教育、国際化、企業収入などで評価される。教育は外部評価、教員・学生比率、博士課程の学生比率などで、国際化については留学生数、教職員の国際化、海外大学との連携などで評価される。

日本の主要大学について検討すると、産業界からの収入は他国に比し高いスコアであるものの、国際性についてはSGU等種々の国際化事業がなされたが総じて低い（図表11－7）。

教育分野では大学の総収入、教員比率、博士課程学生比率などでスコアが低く、とりわけ全体の30％を占める「引用」のスコアが低位であることが目立つ。教員1人当りの論文数は増大しているものの、引用数のスコアが他国

---

21　THEは、英国Times紙が発行している高等教育情報誌。大学ランキングについてはQSも公表している。QSは英国の高等教育関連機関で当初THEとともに大学ランキングを公表していたが、THEがトムソンロイターと連携した2009年から独自のランキングを公表している。QSは教育を重視した指標といわれる。

【図表11－6】　THEの指数内訳

## Methodology

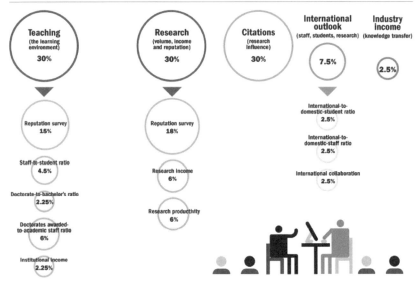

出所：THEの資料より転載。

に比べ低いことは、前述したTop10％補正論文数の低下とも整合してい
る[22]。

　「引用」のスコアを上げるには、研究ネットワークを国際的に広げること
が必要不可欠である。この点では、博士人材を早くから他国トップスクール
に派遣しネットワーク構築に重きを置く中国に劣っている。また、学術
ジャーナルの編集委員への登用、国際学会の主要ポスト獲得などを通じた地
球規模での学術コミュニケーションも大事であり、国際学会などでの日本の
研究者の存在感が増していくことが肝要だろう。筆者も米国経済学会にコロ

---

[22]　もっとも引用指標については、研究大学コンソーシアムがTHEへの申入れを行って
　　いる。同コンソーシアムは、THEが用いているFWCI（Field weighted citation in-
　　dex）はごく少数の一過的に極端な引用数を集めるもので、大学全体のFWCIが極端に
　　ゆがめられており、FWCIだけでなく、いくつかの指標を組み合わせるべきだなどと提
　　言した（研究大学コンソーシアム「THE世界大学ランキングへの申し入れについて」
　　（2019年）参照）。

**【図表11－7】 THE大学ランキング2022年版の主要大学の項目別スコア**

| | | 総合 | 教育 | 研究 | 引用 | 企業収入 | 国際化 |
|---|---|---|---|---|---|---|---|
| 1位 | オックスフォード大学 | 95.7 | 91.0 | 99.6 | 98.0 | 96.3 | 74.4 |
| 2位 | カリフォルニア工科大学 | 95.0 | 93.6 | 96.9 | 97.8 | 83.8 | 90.4 |
| 2位 | ハーバード大学 | 95.0 | 94.5 | 98.8 | 99.2 | 48.9 | 79.8 |
| 16位 | 清華大学 | 87.5 | 88.1 | 95.7 | 86.8 | 100.0 | 50.6 |
| 16位 | 北京大学 | 87.5 | 91.4 | 94.6 | 81.7 | 93.1 | 65.1 |
| 35位 | 東京大学 | 76.0 | 86.9 | 90.3 | 58.2 | 88.1 | 42.0 |
| 61位 | 京都大学 | 69.6 | 78.5 | 78.9 | 58.3 | 80.8 | 38.2 |
| 201－205 | 東北大学 | 50.4-53.9 | 56.6 | 58.7 | 37.8 | 97.2 | 49.5 |
| 301－350 | 大阪大学 | 46.1-48 | 51.9 | 52.1 | 33.9 | 90.2 | 38.4 |
| 301－350 | 東京工業大学 | 46.1-48 | 49.7 | 56.2 | 33.2 | 80.7 | 46.2 |

出所：*THE University Ranking 2022* より筆者作成。

ナ禍前に参加したが、学会はジョブハンティングの場でもあり、各国のトップスクールのみならず中央銀行なども派手にレセプションを行っていた。これに対し、日本の参加機関でレセプションを行っている機関は1つもなかった。広い意味でのコミュニケーションを通じ日本の大学の存在感を増していくことは、世界トップレベルの若手研究者を惹きつけることにもつながっていくことを意識する必要があるだろう。

# 5 大学ファンドと日本の大学

このように日本の大学の相対的ポジションが減退している理由の1つとして、資金面の課題があげられる。欧米トップスクールの大学収入は増加しているのに対し、日本の大学への国立大学法人運営費交付金は毎年減少しており、欧米大学とはますます差が開こうとしている。特に米国のトップスクールは大学基金の規模が近年オルタナティブ投資収益などもあり相当の規模に

なっているのに対し、日本の大学基金は限定的な規模にとどまっている[23]。

　このような資金面での制約を解消するため、2021年には国立研究開発法人科学技術振興機構法の一部を改正する法律等が成立し、科学技術振興機構（JST）に10兆円規模の「大学ファンド」が設置されることになった[24]。大学ファンドによる運用益は特定の大学（「国際卓越研究大学」）への支援と博士課程学生への支援等が含まれる設計となっている[25]。ただし、支援対象は、世界最高水準の教育研究活動を行うための意欲的な事業財務戦略を策定することを可能とする、プロボストやCFO、独立した監事など高度なガバナンス体制を敷いている大学に限られる。特定の大学には大学基金の運用の簡素化、授業料設定の柔軟化、長期借入れ要件等の緩和など規制緩和がなされる予定で、より裁量的、主体的な大学運営が見込まれる。

　一方、第6期科学技術イノベーション基本計画では、Society 5.0の実現に向けた科学技術・イノベーション政策の柱として、大学改革の促進と戦略的経営に向けた機能拡張が謳われており、「……すべての大学が同一のあるべき姿を目指すのではなく、個々の強みを伸ばし、各大学にふさわしいミッションを明確化することで、多様な大学群の形成を目指す」こと、また、「地方創生のハブを担うべき大学では地域と大学の発展につなげるエコシステムの形成を図る」必要性を指摘している。地域中核大学・特色ある研究大学については「総合復興パッケージ」として支援体制が強化される見通しである。

　重要なのは大学間の健全な競争環境を維持することであり、特定の大学だけに資金が投入される場合には、その条件として研究成果の達成、事業規模の3％成長、独自の大学基金の拡大などが求められており、従前よりも厳し

---

23　文部科学省資料によれば、大学基金規模はハーバード大学4.5兆円、イエール大学3.3兆円などに対し、東京大学は190億円と桁が大きく違っている。
24　この背景としては、世界トップレベル研究拠点プログラム（WPI）等の成功もあげられる。国際頭脳循環の拠点を形成する大学に集中的に資金を振り向けた同事業では、Top10％補正論文数で世界のトップスクールと比肩する、あるいは上回る成果があり、基礎研究が主体ではあるものの民間企業からも巨額の研究資金を得るなどの成果もあった。
25　文部科学省審議資料（2022年）。

い自律が求められることになろう。

　一方、学費等の設定において自由度が増すので、たとえば留学生の学費については、優秀な学生への奨学金供与はフラットとしつつも、欧州のように外国人留学生には私立大学並みの学費を課すことも考慮してもよいだろう。学費を上げても学生を海外から集められるような質の高い教育研究体制のインセンティブにもなるからである。こうした収入増を利用してテニュアトラックなどを活用し、任期なしの研究者、教員、URA[26]などの雇用を増やしていく必要もあろう。近年競争的資金導入により教員の研究時間は大きく減少しており、任期付研究者・教員の雇用を増大させれば将来の進路としてアカデミアへの就職を目指す学生も増えるだろう。

　一方で、学問の自由、大学自治については引き続き大学内の議論が続くと考えられる。また、大学内の知的財産保護、安全保障の観点からの外国人研究者の管理については、より厳しく対応することが迫られるだろう。さらには、ノーベル賞受賞者数では2004年以降英国に次ぎ世界2位であることは、基礎研究の充実やそれに基づく応用研究の高度化を示すものでもあり、「公共財」としての国立大学の基礎研究の拡充は引き続き重視すべきである。また、海に囲まれた環境での日本独自の文化の発展は特筆すべきものであり、歴史的に蓄積された日本の知の結集を海外に発信していくことも求められる。

## 6　むすびにかえて

　以上、大学改革について論じてきたが、博士人材の活躍を後押しし学術・科学の裾野を広げていくには、社会において博士人材に対する意識改革を行っていくことが最も重要になろう。すでに述べたように、欧米企業では博士人材やMBA人材が定着しており、また官庁や中央銀行においても博士人

---

26　University Research Administrator。研究の企画促進に従事する人材。

材が活用されているのに対し、日本においては新卒一括採用が長年変わらず、博士人材の雇用が敬遠されている。さらに、企業は高度博士人材に対して報酬増額などの待遇改善を行うべきであり、そうでなければ海外への人材流出も増えるだろう。大学においてもテニュアトラックを基本とし、海外での学位取得、合同研究を行った海外の研究者の積極的雇用など、世界的な研究者の確保に力を入れる必要もあろう。これらを実現するには、大学の雇用体系、給与体系にも手を入れる必要があり、そのためには教職員の意識改革が最も重要となるだろう。

　かつて日本の強みは個々人の労働者の質と合理的な生産管理体制にあった。しかし、デジタル化、AIの台頭で単純労働はコスト面から途上国と比べ劣位となり、「総合知」やイノベーション人材が求められている。こうした産業や社会の構造変化を見通したもとで、社会をよりよいものにしていくことを目的に、国全体の大学政策を考えていくべきだろう。大学はオープンサイエンス、オープンイノベーションの拠点である。その基盤を強化し、社会との連携を高めていくことこそがいままさに求められている。

## 第12章

# 再考
# 日本のリスクへの戦略的な対応とは

原　誠一
酒井　重人

# 1 リスクシナリオの再検討の必要性

　これまでの各章の議論などから、日本の主要リスクをまとめてみると図表12−1のようになる。

　これらのいずれもそのリスクが顕在化した場合、日本の将来に重大な影響を与える。

　第1章で述べられたように、「首都直下地震」や「南海トラフ地震」によ

【図表12−1】　日本の主要リスク

【内生的リスク要因】
　　　＋首都直下地震、南海トラフ地震等の自然大災害リスク
　　　＋人口減少・少子高齢化
　　　＋国家財政リスク（インフレリスク、円の通貨リスク）
　　　＋地政学的リスク・安全保障リスク（台湾有事、尖閣有事、ロシア、北朝鮮等）
　　　＋資源エネルギー調達にかかわる安全保障（安定供給リスク、電力コスト上昇リスク）
　　　＋原発事故・放射能汚染リスク
　　　＋パンデミックリスク
　　　＋経済力・国際競争力の低下
　　　＋DXの遅れ
　　　＋イノベーションの欠如、カーボンニュートラルへの対応の遅れ
　　　＋社会的リスク（社会格差、社会不安の高まり）
【外生的リスク要因】
　　　＋ロシアのウクライナ軍事侵攻と世界の安全保障環境の著しい変化
　　　＋米中対立の先鋭化
　　　＋東西対立、ブロック化
　　　＋国際的サプライチェーンのリスク
　　　＋グローバリゼーションの退潮
　　　＋気候変動リスク、自然環境破壊
　　　＋脱炭素と資源・エネルギー争奪競争、食糧危機
　　　＋格差拡大、分断、政治的不安定

出所：筆者作成。

るインフラ破壊は甚大で、長期にわたる経済損失は、わが国のGDPで支え
うる水準を大きく上回る可能性が高い。しかし、国レベルのBCP（政府業務
継続計画）は、官民を含めてのシミュレーションや訓練が必要と考えられる
のに対し、実装レベル等ではまだ不十分な状態だ。

　安全保障に目を転じてみれば、ロシアのウクライナへの軍事侵攻が続くな
かで、日本の安全保障のあり方が根本から問われてきている。第4章で述べ
られたように、バイデン政権下では他国防衛のために米国は容易には軍事介
入を行わない可能性が高いかもしれない。政権交代があっても米国の姿勢が
大きく変わることはないと認識すべきだ。日米安保条約があるからといって
日本の安全保障を過信するのは危険だ。ウクライナの後、最大の安全保障懸
念事項はアジアである。21世紀に見合った日本の自国防衛体制、安全保障体
制の構築は待ったなしといえる。

　これらのさまざまなリスクが単独で発生するという保証はなく、むしろい
くつかのリスク事象が誘発され連動して起きることも考慮しておく必要があ
るだろう。たとえば、巨大地震発生時に、尖閣諸島等での有事となり、わが
国の国土のインフラ破壊、安全保障上の危機的な展開と同時に、資本逃避に
伴う為替、金利や株式相場の大規模変動が起きるような複合的なリスクシナ
リオだ。

## 2 　現在の状況は「第2の敗戦」ともいうべきか

　一方、現在の日本の姿をあらためて客観的に再考してみよう。明治維新
（1868年）から77年を経て第2次世界大戦での敗戦（1945年）を迎えたが、そ
の敗戦から今日までの77年間を振り返ると、奇跡的ともいわれた高度経済成
長期を経て、バブル経済崩壊以降のいわゆる「失われた30年」という状況に
なった。特にリーマンショック前後からの十数年間はいわゆる「日本化」が
加速し、日本は世界から大きく取り残されている。みようによっては、現在
の状況はもう1つの敗戦ともいえるかもしれない。第2次世界大戦の敗戦が

「第1の敗戦」とすれば、現在の状況は、やや刺激的な表現だが、「第2の（静かな）敗戦」と認識する必要があるという論者もいる。

1989年末、日経平均は4万円をうかがい、世界の株式市場における時価総額の上位50社中32社を日本企業が占め（現在はトヨタ自動車1社のみ）、邦銀が金融機関の世界ランキング上位を独占していた。また、日本が世界のGDPに占める割合は16％で米国に次ぐ地位を盤石のものとしていた。33年後の今日、GDPのシェアは6％程度に落ち込み、総額ではなお世界第3位に位置するが、1人当りGDPは世界第24位と、もはや先進国と呼ぶことができるレベルではなくなっている。

1989−1992年には世界第1位であった世界競争力順位（International Institute for Management Development（IMD）：国際経営開発研究所が作成する「世界競争力年鑑：World Competitiveness Yearbook」に基づく順位）も低下の一途をたどり、2021年版では、64カ国中、第31位である（2019年以降は30位代が定着している）。この世界競争力年鑑の対象国は64の国と地域からなり、競争力に関連する公表された統計と、統計ではとらえきれない競争力を測る項目についての企業の経営層を対象としたアンケート調査結果をもとに指標を作成している（図表12−2参照）。

なお、世界競争力順位は算出の基礎となる指数が随時入れ替えられているため、過去と現在の単純比較はできないが、一般的に国際競争力を構成する

【図表12−2】 IMD「世界競争力年鑑」における日本の総合順位および大分類別競争力順位の推移

|  | 2017 | 2018 | 2019 | 2020 | 2021 |
|---|---|---|---|---|---|
| 総合順位（64カ国中） | 26 | 25 | 30 | 34 | 31 |
| 経済状況（Economic Performance） | 14 | 15 | 16 | 11 | 12 |
| 政府効率性（Government Efficiency） | 35 | 41 | 38 | 41 | 41 |
| ビジネス効率性（Business Efficiency） | 35 | 36 | 46 | 55 | 48 |
| インフラ（Infrastructure） | 14 | 15 | 15 | 21 | 22 |

出所：IMD「世界競争力年鑑」各年版より筆者作成。

とみなされている各種の指数において日本が他国の後塵を拝していることは疑いの余地がない。

「世界競争力年鑑」では、すべての分野をあわせた競争力総合順位のほか、4つの大分類（「経済状況」「政府効率性」「ビジネス効率性」「インフラ」）ごとの順位、さらに各大分類に5個含まれる小分類（計20個）の順位、さらには各分類を構成する個別項目の順位が公表されており、2021年の大分類別順位をみると、64カ国中、「経済状況」が12位、「インフラ」は22位であるのに対して、「政府効率性」が41位、「ビジネス効率性」に至っては48位にとどまっている。

# 3 「第2の敗戦」の原因は何か

では、こうした「第2の敗戦」のような凋落した状況をもたらした大きな要因は何だったのか。それは単一の要因ではなく、仮説的ではあるが次のような要因の複合的な作用となるであろうか。

① バブル崩壊後のデフレ（ディスインフレ）の進行、不良債権処理の長期化、低成長経済の継続

② 人口減少・少子高齢化の進行

③ 国内投資の低迷、企業、個人のリスクオフ化

④ 財政赤字拡大のもとでの社会保障費以外の支出減少（大学支援等の減少）

⑤ リーマンショックの発生

⑥ 東日本大震災、福島第一原発事故の発生

⑦ 低金利（ゼロ）金利政策のもとでの円安進行、1人当りGDPの低迷

⑧ 新型コロナウイルスのパンデミック化のもとでの経済活動の低迷

⑨ 海外のIT革命への遅れ、DXの遅れ

こうした現象は、残念な表現であるが、「日本化」とも呼ばれる。この「日本化」をもたらした原因として、上記の複合的な要因に加え、「日本特有の政府や企業の組織の意思決定の機能不全、問題の先送り体質（決められな

い日本)」を指摘する論者も多い。たとえば、日本の大企業で、それぞれの専門担当者がサイロ的な思考や行動に陥りやすい傾向があること、あるいは「世論におもねるポピュリズム傾向」「前例依存」「他社追随」「論理的決着を避ける」「あいまいな商慣行」「国内志向」「英語力の弱さ」なども加わり、上記の「日本化」を促進させたのかもしれない。また、これらの要因の重なり合いのなかで、日本が長期的にどうあるべきかのグランドデザインを深掘りするような議論が十分に行われていなかったことも大きな要素になるのではないかと思われる。

# 4 日本の「強さ」はどこにあるか

一方、日本の「強さ」はどこにあるのか。前掲の「世界競争力年鑑」のなかでは、下記のように日本の「強さ」は認識されている。

まず「経済状況」は12位なのに対し、対外直接投資額は1位、「経済複雑性指標」1位、GDP3位、財の輸出額5位、失業率5位および若年失業率5位、サービス輸出額10位だ。世界経済に占める地位は大きく低下したものの、いまなお世界第3位の経済規模を有し、対外投資の分野においては存在感を発揮している。一方雇用の形態は別として全般的および若年層の失業率が低いことも強みとみなされている。

ここで個別項目として採用されている「経済複雑性指標」とは"Economic Complexity Index"（ECI）の訳語で、一国の経済システムにおける生産力の特徴を測るための指数であり、経済を全体としてとらえて表現するのが目的である。具体的には、ある国が独自に蓄積してきた知識が製品に反映しているという前提で、国のもつ多様性の指標および製品の偏在性の指標を組み合わせることによって、主として他国への輸出品の複雑性を示したものだ。ある国のECIが「高い」ということは、その国の輸出品目が多岐にわたっており、かつそれらが遍在性の低い（偏在性が高い）品目であり、またそれらが多様性の高い国で生産されているということを意味する。しかしな

がらECIが高いということに安住していることが、これまでの「モノづくり」中心の日本のあり方の限界を示している面も否定できない。

「政府効率性」は41位なのに対し、殺人件数（の少なさ）は２位、政府補助金（対GNP比）は７位、脱税８位など、重大犯罪件数の少なさに代表される治安のよさと徴税効率の高さ、私企業への（相対的な）政府補助金の低さが強みとみなされている。

さらに「ビジネス効率性」は48位だが、企業における顧客満足の重視は１位、ビジネスリーダーの社会的責任感（１位）、企業における人材の獲得と維持（１位）、銀行部門の資産（対GDP比）（３位）、株式時価総額（３位）、株式新規公開額（４位）、国内上場企業数（４位）、労働力成長率（４位）、クレジットカード流通枚数（４位）、株式取引金額（５位）など、顧客満足の重視や社会的責任感、人材の獲得と維持といった定性的評価項目に強みがみられるが、世界第３位の経済規模と株式市場の大きさから自動的に導かれる数値の順位が高くなっている。

「インフラ」は22位であるが、企業における持続可能性の重視は１位、ブロードバンド加入者割合（１位）、インターネットユーザー数（10位）、コンピュータ使用数（４位）、Ｒ＆Ｄ人材数（２位）、Ｒ＆Ｄ支出額（３位）、特許出願数／取得数／有効特許数（３位）、人口当り特許出願数（４位）、（産業界の）Ｒ＆Ｄ支出額（および対GDP比）（４位および５位）、環境関連技術の開発（２位）、科学論文数（５位）、ハイテク産業付加価値割合（７位）、ハイテク輸出額（９位）、平均健康寿命（４位）、新生児の平均余命（２位）、保健医療費（対GDP比）（５位）、である。PCやインターネットが広く普及しており、特許およびＲ＆Ｄ関連の順位、環境関連技術の開発等は高い順位となっている。さらに初等から中等および高等教育も充足しており、一般的な教育水準は高いといわれる。また乳幼児死亡率が低く、結果として新生児の平均余命は伸びている一方で、健康寿命が長くなるにつれてこれを支える保健医療費の増加が課題となっている。

# 5 日本にとっての「最悪のシナリオ」とは何か

「いまそこにあるリスク」の先送りを続けていけば陥りうる、日本にとっての「最悪のシナリオ」（Worst Case Scenario）をあえて想定してみよう。たとえば、下記の①から⑤が同時、あるいは短期間のうちに連続して発生する可能性を考えてみる。

① 経済成長の低迷、新規設備投資、技術開発投資の低迷、国際競争力のさらなる低下、国家安全保障、経済安全保障の具体的議論と対応が遅れ続けるなかで、

② 首都直下地震と南海トラフ地震、富士山噴火が短期間のうちに相次いで発生する。その結果、日本列島をまたぐ大規模なインフラ破壊、電力・エネルギーの供給、物流マヒの事態となり、過酷な生活難と甚大な経済損失が発生する。

③ 復興のための資材調達や物流は長期にわたり困難な状態に陥り、インフレが急速に進行、財政不安から資本逃避、円の通貨危機、円安進行となる。

④ そのタイミングで、サイバー攻撃を伴う日本周辺での有事が同時発生する。

⑤ 日本から高度人材等の海外流出がさらに顕著化する。

　上記の各事象を単独のリスク事象としてのみとらえ、それらが連鎖して起きることはないと考えるのは、むしろおかしく、そう都合よくリスクが顕在化してくれるとは限らない。こうしたリスクの連鎖はありうるべきものであり、だからこそこうした「最悪のリスクシナリオ」の分析が重要であると考えている。こうした想定しうるリスクが連鎖して顕在化したらどうなるかについて、論理的、継続的な分析を行うことが重要だ。また、その結果を官民で適切に共有していくべきである。

## 6 「よいシナリオ」のために何をすべきか

それでは、上記のような事態になる前に、具体的に何を講じていけば、最悪の状況でも被害を緩和し、あるいは大規模地震等の発生があったとしても早期の対応と回復がなしうるようになるであろうか。ここでいう日本にとっての「よいシナリオ」とは、そうした最悪の事態が発生したとしても、適切に対応できるような強靭なインフラや経済力をもち、官民および政治の力で立ち向かうことが期待できる状態と想定してみよう。そのうえで、本書の各章で示唆された方向性や最近の具体的な政策対応等を考えてみよう。

① 国家安全保障、経済安全保障の具体的な戦略、計画、対策

すでに議論してきたように、わが国の安全保障環境は急激に厳しさを増している。米中間の覇権争いは深刻化し、また中国による台湾周辺の空海域での軍事活動は活発化している。ロシアのウクライナへの軍事侵攻は、軍事力によって国際秩序の一方的な現状変更を行うもので、冷戦後の国際秩序を覆す動きでもあり、東アジアにおける安全保障体制の本質的な見直しを検討する契機となりうるものだ。日米安保条約のもとでの尖閣有事や台湾有事への具体的対応や、防衛力、抑止力強化のための対応が早急に議論されていくことが必要だ。自由民主党の安全保障調査会は、2022年4月、わが国の防衛力の抜本的強化を政府に求める提言[1]を行い、同年6月には、政府の「骨太方針」[2]に防衛力の抜本的な強化の方針が盛り込まれた。今後、外交・安全保障の強化、法的対応とともに、経済安全保障、エネルギー安全保障、食料安

---

1　自由民主党政務調査会、安全保障調査会は、「新たな国家安全保障戦略等の策定に向けた提言～より深刻化する国際情勢下におけるわが国及び国際社会の平和と安全を確保するための防衛力の抜本的強化の実現に向けて～」で、中国、北朝鮮、ロシアの軍事力強化等の現状を分析したうえで、新たな「国家安全保障戦略」「国家防衛戦略」「防衛力整備計画」を策定、NATO諸国の国防予算の対GDP比目標（2％以上）を念頭に、5年以内に必要な予算水準の達成を目指す、専守防衛の考え方のもとで、弾道ミサイル攻撃を含むわが国への武力攻撃に対する反撃能力の保有を含めた、必要な抑止力、対処力の強化を、総理および防衛大臣に申し入れた。

2　閣議決定「経済財政運営と改革の基本方針2022」（令和4年6月7日）。

全保障の強化、対外経済連携のための具体的施策のため、国会等で現実をふまえた議論がされる必要がある。

　もとより国の安全保障は軍事力のみに依存するものではなく、経済、文化、外交など多面的な関係のなかで築かれるものである。各国が自国と自国民の利益を第一に置くのは当然のことである。しかし、それがむき出しの利益追求になれば弱肉強食の世界に堕してしまう。他国がわが国に対し公正と信義をもって対応してくれるのを単に期待するだけではなく、わが国も、普遍的な価値観にのっとった行動をとり、自らの行動の根拠を説明し続け、他国との連帯を強めることが必要であろう。

### ②　大規模地震災害リスクに関する国レベルのBCPの構築

　大規模地震災害リスクに関する国レベルのBCPは、近年構築が進んできてはいるが、官民を含めての定期的なシミュレーションや訓練等を通じた実装レベルへの対応が必要だ。また、上記の安全保障の観点からの複合的なリスクシナリオもふまえた議論が必要であり、急務である。上記①の事態や、新型コロナウイルスによるパンデミック等への対応と共通するが、緊急事態、有事対応のために国全体での指揮・命令系統の整備、法制対応等は必須だ。

### ③　科学技術、研究力の強化、イノベーション創出の環境支援

　第10章で上山氏が述べたように、わが国がポスト・コロナの国際社会をリードしていくには、わが国の「分かち合いの価値観」が言語化され国際的に認知されるように努力するべきであり、また、技術立国たる日本に世界から寄せられる信用は、デジタル化し集積されたデータの信頼性のみならず、その元となる「医療」「材料研究」「工学」など、さまざまな分野で生まれる「リアルデータ」の信頼性の高さに由来している。われわれは、そこにこそJapan Modelの基盤があることを認識し世界に発信していかなくてはならない、との考え方は、基本となる重要なものだろう。量子、AI、バイオテクノロジー等の戦略的分野を含めた、わが国の科学技術、研究力の強化が、「第6期科学技術・イノベーション基本計画」や分野別戦略を通じ、官民で着実に実行され、わが国の先端技術等に関する研究力、実装力が高められることがきわめて重要である。

第6章で鈴木氏が述べたように、再生可能エネルギー、原子力などの確立した脱炭素技術の利用を確実に推進し、また技術開発を加速して再生可能エネルギー、水素コストを抜本的に下げるとともに、グリーントランスフォーメーション（GX）への官民の投資が十分な水準で具体化させることが必要だ。

第8章で中曽氏より示された、グリーンボンドの発行市場をはじめとしたグリーンファイナンス市場の発展、参加プレーヤーの裾野の拡大、人材の育成を目指す情報プラットフォームの構築、ドル建ての国内債市場の拡充などを具体的に検討していくことで、日本の科学技術、研究力の強化、イノベーション創出、脱炭素の環境づくりを支援し、また国内外のリスクマネーを動かすことに向けた強い推進力になっていくことを期待したい。

また、内外のリスクマネーを日本のイノベーションやGXを支えるために稼働させるため、税制、スタートアップ支援、人材支援、適切なプライシング等、総合的な施策や制度づくりが必要であることは論をまたない。

また、ウクライナ危機を契機として、経済圏のデカップリングリスクも意識されており、こうした経済通貨圏に関する構図からも、日本が自由な貿易と投資が可能な体制を維持し、主要国と共通の価値観をもっていることが、大きな利点になっていくのではないかとの認識も重要となろう。

④　デジタル力の強化、Web3.0への対応

第9章で議論されたように、フィンテックの進行をみると、実際には、テクノロジー企業が規制コストを伴うライセンス業に進出することはなく、金融機関が金融機能のモジュールを提供し、ソフトウェア企業がユーザー接点のなかに金融機能を埋め込む（Embedded Finance）かたちが主流だ。しかし、日本では国家安全保障の観点からも、今後の決済のグランド・デザインを誰が担うかという議論が必要だ。また、わが国でのデジタルトランスフォーメーション（DX）を進めるため、行政のデジタル化の推進とともに、関連規制の緩和、人材の育成・確保、各分野のデータ・プラットフォームの整備などが早急に進められるべきだ。

デジタル世界では、いわゆるWeb3.0の時代が到来している。電子メール

とウェブサイトで始まったWeb1.0に続き、スマートフォンとSNSを中心に展開しているWeb2.0、その次にくるのがWeb3.0と位置づけられる。Web2.0は、GAFAMなどの大手プラットフォーマーによりデータやユーザーが囲い込まれている状態だが、それに対しWeb3.0は、ブロックチェーン技術に基づいた分散化されたネットワーク上で、特定のプラットフォームに依存せず、ユーザーが直接相互につながるデジタル世界になるとされる。

　米国等は、国家ベースでの取組みも始めている。日本では、自民党が2022年3月、NFT（Non-Fungible Token：非代替性トークン）の論点に加え、決済手段となる暗号資産や、ブロックチェーンシステムのルール整備の課題等を提言している[3]。

　たとえば、欧米の大手銀行グループは、メタバース、Web3.0、NFT等の分野で積極的な動きをみせ、日本でもメガバンクが2022年に海外の事業者とNFT関連事業で協業することについて発表している。日本は、アニメやゲーム等の分野で高い国際競争力を有しており、潜在力は高いとも考えられるが、規制や税制が足かせとなり、Web3.0関連ビジネスは制約を受けている。今後、Web3.0、NFTビジネスに関する国家戦略の策定、推進体制の構築、法的整備を急ぐことが重要であろう。

　⑤　高等教育、リカレント教育、人的資本の強化

　第3章や第10章で示された、新しい人材育成の視座、「ヒト」への国家投資戦略は、人口減少・少子高齢化が進行するなかで、日本の将来を大きく左右するコア部分である。「理科系・文科系」という形式的なアプローチは修正し、初等中等から高等教育さらにはリカレント教育も含めた人材育成、いわゆるSTEAM教育（Science, Technology, Engineering, Arts and Mathematics）が広く導入され、具体的な変化が進行することを期待したい。また、第10章や第11章で言及されたように、わが国における先端研究人材の厚みを増すための施策、継続的な高度人材の育成、招聘強化のための諸策、上記のデジタル力の強化、Web3.0への対応のための人材育成と確保等は急務である。

---

3　自由民主党デジタル社会推進本部NFT政策検討PT「NFTホワイトペーパー（案）Web3.0時代を見据えたわが国のNFT戦略」。

以上に加え、

⑥　企業、個人が「リスクをとって進む姿勢を強める」こと、企業経営で MTP（Massive Transformative Purpose）の追求がされていくこと、家計・企業からのリスクマネーの創出と投資の促進がされること、

⑦　日本独自の文化の国際的な評価をさらに高めるとともに、多様性、異文化への受容性を高めながら、日本のハードとソフトの総合的な強さにつなげていくことを、意識的かつ戦略的に進めること、

⑧　日本の中長期課題や不都合な真実（本書で論じられている重要なリスク等）に関する建設的な議論が、国民的なレベルで、真摯に、透明性をもって展開されること（メディアの役割と責任は重い）、たとえば、財政健全化をいつまでも先延ばしにすることは、将来世代のリスクをより大きくする可能性につながる、

等があげられる。これらの施策そのものは平易な表現かもしれないが、実際に効果を出せるように実行していくことは必ずしも容易ではない。なぜなら、いままでは十分にできていないからだ。以上の諸政策の実現のための財源が国全体で確保される必要があるが、一方、限られた税収・財源のなかで、長期的に最大の効果をもたらす資源配分のために努力を尽くすべきだ。また、これらはいま取りかかるべき課題であり、これらが実行できるか否かは、読者の皆さん一人ひとりの決意、思考、創意、行動にかかっているともいえる。

---

## 7　国家ビジョンと戦略を検討するために

基本的なことになるが、「３つのモノ」の再構築、すなわち、「モノ（製品・サービス）づくり」「モノサシ（尺度）」、そして「モノガタリ（戦略）」を考えてみよう。

戦後の日本の高度成長を支え、いまなお「経済複雑性指標」において世界第１位の地位を占めるモノづくりの分野は、小型化・多機能化といった漸進

的な改善を得意とし、高品質の製品を低価格で世界に供給することによって日本の地位向上におおいに貢献してきた。また、職人芸を高く評価し、現場での高度な擦り合わせが求められる製品を数多くつくりだしてきた。しかしながら、機能追求が自己目的化した製品・技術のガラパゴス化を避け、縮小し続ける国内市場から世界市場へと販路を拡大し、製品の付加価値を高める必要がある。また、リアルな世界とヴァーチャルな世界をつなぐ先端的な技術やイノベーションが求められている。

　そのなかで、世界基準となる「モノサシ（尺度）」を自ら構想し、しかもそれを世界が受け入れられるよう発信、交渉する力も必要だ。さらに、長期的なトレンドを見据え、大きな構想を含んだ「モノガタリ（戦略）」に果敢に挑戦していくことが必要だ。そのなかで新しい構想や野望ある人材も多く輩出されてくるだろう。多くの人々が共感できるモノガタリを紡ぐために、われわれはどのような国として、あるいは国民として、次世代に価値や思いを引き継ぎ、また人類の歴史に記憶されたいのかを問い続ける必要があるであろう。読者の皆さんの行動に期待したい。

**Q1** 「第1の敗戦」および「第2の敗戦」に至る各77年間の時期について
あらためて振り返ってみたいと思います。①明治維新から日清・日露戦争
を経て第2次世界大戦終結までの時期と、②第2次世界大戦（大東亜戦
争）敗戦から高度経済成長期を経てバブルの絶頂までの時期に関し、（表
現は必ずしも適切でないかもしれませんが）ある意味で「成功」した要因
と、その後の敗戦に至る「失敗」の要因を、どのように考えますか。

**A1** 両時期に共通している「成功」の要因として日本本土を主戦場としな
い戦争がもたらした経済的な影響もありますが、それぞれの時代に政・
財・官の中核を担っていた人材が果たした役割が大きいと思います。具体
的には明治維新、あるいは第2次世界大戦での敗戦を、それぞれ当事者と
して経験した世代の人々を「初代」とします。「第2の敗戦」においては、（明治）大正世代＋昭和一桁世代＋焼け跡世代（～1946年生まれ）の
人々を指します。その「初代」が現役として活躍していた頃までが、それ
ぞれの「成功」の時期に重なっています。この方々は、明治維新や第2次
世界大戦敗戦という国家の存亡の危機を自ら経験しており、それまでの価
値観が180度転換するような状況のなかで、国家の建設や国家の再興に関
与してきました。

　一方、明治維新後や、第2次世界大戦の敗戦後に誕生した次の世代は、
「2代目」です。「第2の敗戦」においては、団塊の世代＋しらけ世代＋バ
ブル世代（1947～1970年生まれ）を指します。この「2代目」の人々は、
初代の有していた危機感を間接的に受け継いだものの、それをさらに次の
世代（「3代目」）に必ずしも引き継ぐことができていないのかもしれませ
ん。すなわち、「2代目」が引退する頃から、第1の敗戦前においては大
陸への侵略とその後の転落が始まり、第2の敗戦では、リーマンショック
前後から始まる「日本化」の加速につながっているように思われます。

　「売り家と唐様で書く3代目」という川柳がありますが、第2の敗戦に

おける現在の「3代目」、すなわち、氷河期世代＋プレッシャー世代＋ゆとり世代（1970〜2004年生まれ）ですが、その「3代目」に残された課題は、「売り家」の資産を相続していないどころか莫大な財政赤字を引き継がされたうえに、他者との差別化をなしうる「唐様」の文化を引き継いでいないことです。その意味でジャパン・リスク・フォーラムのメンバーの大半を占めるわれわれ「2代目」の責任は重大であると思います。

**Q2** 「グランド・デザイン」の欠如が失敗の真因でしょうか。

**A2** 「グランド・デザイン」という言葉については必ずしも統一的な定義はありませんが、一般的には長期間にわたる（国家を含む組織の）大規模事業等の包括的な全体構想を指すことが多いようです。

　第1の敗戦においてはグランド・デザインの欠如を原因の1つであるとする指摘がありますが、実際にはグランド・デザインが存在しなかったのではなく、不正確な情報と希望的な状況判断に基づく情緒的な全体構想は作成されていました。しかしながら構想策定関係者などの認知バイアスに加えて、集団としてグループシンクの影響を受けていることが強くうかがえます。さらに、全体構想策定後の環境変化に基づいた軌道修正も行われず、当初の構想に固執するなかで壊滅的な敗戦を迎えたのだと思われます。他方、第2の敗戦ともいわれる時期についても、いま振り返ってみると、長期的な日本全体のグランド・デザインに資する議論は十分に展開されていたとは言いがたいと思われます。

　これらから得られる教訓でもありますが、グランド・デザインの構想策定段階において、現実的、客観的な状況認識をふまえ、アップサイドのシナリオとともに、（最も起きてほしくないような）ワーストケースシナリオまでも考慮すること、さらにそれらのシナリオの顕在化に備えたコンティンジェンシープランを策定して、それを継続的に更新していくことが重要だと思われます。

**Q3** 「第2の敗戦」から立ち直るための方策をどう考えますか。

A 3　第 2 の敗戦においてはこの国のあり方およびそれを達成する手段のあるべき姿を国民と共有したうえで、いかにしてそれを実現するのかを議論することを避けて通ることはできないと思われます。決して平坦な道のりではなく、これまで直視することを避けてきた問題についても、まずそのような問題が存在することについて真摯に向き合い、得られた結論をすみやかに実行に移す必要があります。この点に関しては先ほどの世代区分との関連で国際的にも認知されている「Z 世代（1995～2010年生まれ）」に期待しています。この世代は真のデジタルネイティブでネットリテラシーが高く、グローバル感覚に優れてダイバーシティを尊重し、真の価値を求める傾向が強いとされています。この世代の意見などに広く耳を傾け、また過去の出来事をできるだけ正確に伝えていく努力をすることが重要と思います。

# 事 項 索 引

ジャパン・リスク
──差し迫る脅威、日本の生き残りをかけた戦略は？

2022年11月1日　第1刷発行

編著者　有吉　章／酒井重人
著　者　伊東　寛／引頭麻実／上山隆大
　　　　大久保琢史／大槻奈那／奥村隆一
　　　　勝　悦子／駒形康吉／指田朝久
　　　　ジョセフ・クラフト／陣野浩司
　　　　鈴木英夫／瀧　俊雄／田近栄治
　　　　中曽　宏／原　誠一
発行者　加藤一浩

〒160-8520　東京都新宿区南元町19
発　行　所　一般社団法人 金融財政事情研究会
企画・制作・販売　株式会社きんざい
　出 版 部　TEL 03(3355)2251　FAX 03(3357)7416
　販売受付　TEL 03(3358)2891　FAX 03(3358)0037
　　　　　　URL https://www.kinzai.jp/

校正：株式会社友人社／印刷：株式会社日本制作センター

ISBN978-4-322-14184-9